具身认知视角下
小学数学体验课程的开发与实施研究

王小燕　陈　丽　编著

重庆大学出版社

图书在版编目（CIP）数据

具身认知视角下小学数学体验课程的开发与实施研究 /
王小燕，陈丽编著. --重庆：重庆大学出版社，2023.3
ISBN 978-7-5689-3668-2

Ⅰ.①具… Ⅱ.①王… ②陈… Ⅲ.①小学数学课—
教学研究 Ⅳ.①G623.502

中国版本图书馆CIP数据核字（2022）第250308号

具身认知视角下小学数学体验课程的开发与实施研究

JUSHEN RENZHI SHIJIAO XIA XIAOXUE SHUXUE TIYAN KECHENG DE
KAIFA YU SHISHI YANJIU

王小燕　陈　丽　编著

策划编辑：范　琪

责任编辑：陈　力　版式设计：范　琪

责任校对：王　倩　责任印制：张　策

*

重庆大学出版社出版发行

出版人：饶帮华

社址：重庆市沙坪坝区大学城西路21号

邮编：401331

电话：（023）88617190　88617185（中小学）

传真：（023）88617186　88617166

网址：http：//www.cqup.com.cn

邮箱：fxk@cqup.com.cn（营销中心）

全国新华书店经销

重庆天旭印务有限责任公司印刷

*

开本：720mm×1020mm　1/16　印张：19　字数：322千

2023年3月第1版　　2023年3月第1次印刷

ISBN 978-7-5689-3668-2　定价：68.00元

编委会

序

体验是一种重要的学习方式，尤其是在小学数学教学中，因受学生年龄特点和思维发展水平的制约，很多内容都无法通过严格的科学定义和逻辑推理去获得。教师只能引导学生在特定的情境中通过具体感知活动获得数学概念和命题的感性认识，通过体验获得数量关系和空间形式的感性经验，这既是小学数学教学过程中数学知识的抽象概括性与儿童思维具体形象性之间对立统一矛盾的客观反映，也是对数学知识学习水平层次的一种阶段性要求，遵循这种要求实际上也是遵循小学数学学习的基本规律和特点。从这一角度讲，我们可以把体验理解为对某些特定的小学数学知识学习方式和学习水平层次要求的一种定位。因此《义务教育数学课程标准（2011 年版）》明确提出了体验的学习指标，并将其界定为"参与特定的数学活动，主动认识或验证对象的特征，获得一些经验"。课程标准的这一要求极大地影响和改变了我们的教学观念和教学方式。经过十余年的努力，体验学习在小学数学教学中已有明显的体现，不过至今仍有诸多问题困扰着广大小学数学教师。从教学实践层面讲，主要困惑有三个方面：一是小学数学课程中有哪些内容需要学生去体验？二是学生在这些内容的学习中体验什么？即具体的体验点是什么？三是教学中怎样引导学生进行有效体验？这些问题不解决，小学数学教学中的体验学习就无法真正落实。

为了破解这些难题，重庆市沙坪坝区育英小学课程创新基地负责人王小燕带领其研究团队展开了小学数学体验式学习研究。经过三年的努力，他们完成了重庆市教育科学规划课题"具身认知视角下小学数学体验课程的开发与实施研究"，并形成了反映研究成果的著作。著作内容丰富，既有体验学习的相关理论介绍，也有体验课程资源开发的探索，还有小学数学体验课程评价，但更多的是小学数学课程中具体内容体验学习的研究与指导。他们针对当前小学数学教学中指导学生体验学习的三大难点问题展开了深入研究。首先，对小学一至六年级数学教科书内容进行了全面细致的梳理，找出了需要体验学习的知识内容，这些内容需要学生在全面经历相应教学活动过程的基础上感悟、体会，从而获得感性经验才能完成学习任务。其次，对筛选出来的教科书内容进行了深入挖掘，在教学内容分析和学情分析的基础上确立了各部分内容的体验点（所谓体验点实际上就是指明该部分内容学习中所要体验的东西）。如在"用厘米作单位量长度"的内容学习中，他们确立了"建立统一长度单位的必要性"和"建立1厘米的实际长度观念"两个体验点，这就是本课程内容学习中学生需要通过体验去获得感性经验的具体内容，内容指向明确，表达清楚具体。然后，他们又针对各部分内容中所确立的体验点提出了体验的基本途径和方法。最后，还附上了数量不等的教学片段，进一步在操作层面对如何进行体验做出了示范和引领。纵观全书内容，该研究是一项旨在从实践上解决如何引领学生开展体验学习的实证性研究，作者的研究思路清晰，方法具体，具有较强的操作性和可借鉴性。

该研究是一项开创性的探究活动，笔者有幸参与了王小燕研究团队的一些研讨活动，深知他们在梳理教材内容、选择课例对象、确定各部分内容的体验点、研究体验方法和措施等过程中的艰辛，其中绝大部分内容都经过了多次研讨，反复修改才敲定。我对作者这种执着的探索精神和认真负责的态度深表钦佩，同时对他们所取得的研究成果表示由衷的祝贺！深信他们的研究对进一步转变小学数学学习方式，优化小学数学教学过程，提高学生的数学学习效率，发展学生的数学核心素养会产生积极的推动作用。

教学研究是一个长期探索并不断完善的过程，建议研究团队在已有成果的基础上做进一步深化研究，全面深挖小学数学课程中需要学生体验的内容，更加精确地提出各部分内容的体验点和体验方法、途径，从而更好地推进小学教学体验学习的深入开展。

李志树

2022 年 3 月

基地建设引领学科特色发展

2017年11月，育英小学"数学体验课程创新基地"入围沙坪坝区首批立项的小学学科课程创新基地建设项目。自申报成功以来，在市、区相关专家的指导和引领下，学校以"基地建设"为抓手，立足学生的学习需求与成长的愿望。从"教学本位"转向"人的发展本位"，从"学科本位"指向"课程本位"，通过课程文化的浸润、课程的开发与实施，有效落实了对学生数学核心素养的培养。

一、问题导向

小学数学教育一直备受广大教育研究者的关注，他们在课程的理论、目标、内容、实施及评价等领域做出了许多有价值、有意义的工作，有了丰富成效。而通过对当下的小学数学教学的调查研究，我们发现，一线数学教师学科本位严重，缺乏广义的课程观和资源观，不利于自身的专业成长；学生也更多只是单向地从书本去理解抽象的数学，在封闭的教室中学习静态的数学，数学学习缺乏鲜活的情境体验、真实的实践探究、个性的发现创造，不利于学生核心素养和关键能力的提升。在课程标准中，"体验"是学生学习的重要行为动词之一。其含义是参与特定的数学活动，主动认识或验证对象的特征，获得一些经验。与"体验"同类型的词是"体会"。通过对《义务教育数学课程标准（2011版）》中"体验"与"体会"两词的统计，"体验"出现39次，"体会"出现60次。在每个学段都提出了体验的学习要求。"体验"成为真正获取知识的不可缺少的途径。

"数学体验"课程是以"育未来英才"这一学校发展愿景为统领，以"用自己的课程教与学"的课程观为指引，以具身认知的观点为理论支撑，以创设体验学习环境为特征，通过开发丰富的体验资源和拓展学生体验学习的渠道，形成相应的数学课程体系，从而改进学生数学学习的方式，综合提升学生的数学素养，促进教师的专业发展，推动学校的内涵发展。

二、解决路径

数学课程基地建设以问题与目标为导向，自 2017 年起，分以下几个步骤开展探索与实践。

（一）确立基地建设理念

20 世纪 80 年代，第二代认知科学兴起，"具身认知"（Embodied Cognition）的影响越来越大。具身认知理论认为，学习是全身心参与的过程，是身体与环境相互作用过程中的自我体验和感受。从具身体验性出发，现代教学应该通过学习者感触到、听到、看到、闻到等身体反应，突出并延长体验环节。实现"体验中学""体验中悟"，从而将"脖子以上的学习"发展迁移为"全身心融合的学习"。

体验学习在国内外的发展源远流长，其研究史可追溯杜威、皮亚杰、勒温、詹姆斯、荣格、弗莱尔与罗杰斯等人。体验学习的集大成者大卫·库伯教授的著作《体验学习——让体验成为学习和发展的源泉》创造性地提出了四阶段的体验学习圈模型（图 1）。

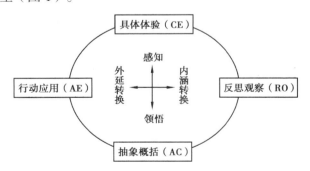

图 1　库伯体验圈学习模型

基于具身认知观点以及在体验学习理论、新课标的指导下，聚焦学生数学核心素养的提升，我们提出了"立足标准　面向全体　注重体验　聚焦素养"的基地课程建设理念。

（二）明确基地建设目标

1. 以具身认知为视角，构建体验课程体系

基地建设以提高小学生的数学素养为最终目的，以增强数学活动经验为特色，构建相应的体验课程体系。

2. 优化学习方式，提升学生数学素养

以关注学生数学体验活动，重视学生活动经验为特色，通过营造丰富的体验环境，拓展丰富的体验课程资源，优化学生的学习方式，让学生在体验中学习、成长。

3. 搭建成长平台，提高教师专业水平

以基地建设为依托，以骨干教师为支撑，打造数学师资团队，大力提高教师教学实践和研究的水平，推进教师向专家型、学者型方向发展。

（三）架构基地建设框架

聚焦数学学科素养，从文化浸润、课堂创生、资源拓展、师资研修、技术支持五个方面架构，形成育英小学数学体验课程创新基地建设发展格局结构图（图2）。

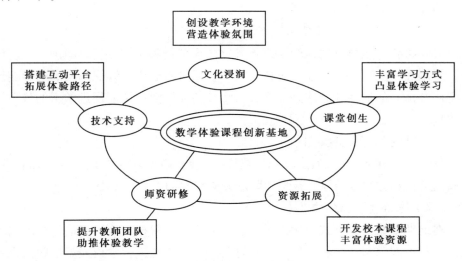

图2　育英小学数学体验课程创新基地建设发展格局结构图

1. 建设基地场馆，布置校园环境

学校立足于学生对数学知识的直观体验，加强对环境课程的创建，建成"一

室一园一角 " 以及校园数学步道。

（1）建立创意数学实验室

学校设有创意数学实验室，为学生提供情境体验的场所，"做数学"的空间，引导学生通过数学实验、动手操作理解数学原理。

（2）建立年级数学体验园

每个年级在走廊处建立了数学体验园，设有创意展示、创意体验、创意互动等内容，有利于儿童随时随地地和同伴进行学习与探究。

（3）完善班级"数学角"

落实班级"数学角"的建设。结合每个年级教材的核心概念和知识的重难点，每个班设有以数感、长度、方位、面积等直观体验为主的数学体验区。

（4）开辟"数学步道"

利用学校现有的场景，设计一系列的数学体验以及挑战的活动，如计算、估计、测量、几何探索和论证等，丰富学生的学习素材，培养学生的学习兴趣。

2. 丰富学习方式，凸显体验学习

（1）体验点的分析梳理

团队成员把小学数学教材中的知识点按四大领域进行分类整理，形成知识结构网络图。然后在专家团队李光树老师的指导下，各年级逐一开展各领域、各板块体验点的梳理。

（2）体验学习的教学实践

各年级备课组再针对体验点进行教材内容分析和学情分析，明确知识的定位，要培养学生哪些关键能力及核心素养，以及对学生后续认知发展的影响。接着研究体验的途径和方法是什么，什么样的体验活动更能促进学生的数学学习兴趣。

（3）体验案例的反思汇编

针对每个课例，执教者进行总结提炼，从教材内容分析、学情分析、体验点、体验的途径和方法以及体验教学片段形成典型案例。

（4）体验教学的总结凝练

在前期丰富的体验式教学设计与实践研究后，根据大卫·库伯提出的四阶段体验学习圈模型，初步形成了具有育英特色的体验式教学模式。主题内容、体验活动、学习环境是体验式教学模式的三大要素。"主题内容"是整个教学设计的出发点，承载着教学目标和内容。"体验活动"围绕体验点展开，分为四个步骤："具体体验"是指学生在教师的组织下参与针对性的体验活动；"反思观察"主要是学生对具体体验的回顾与思考，分享与交流；"抽象概括"是对体验的过程、收获的梳理总结；"行动应用"是对知识的巩固、拓展与应用。在整个过程中，教师要为学生提供支持体验活动的物理和心理的学习环境（图3）。

图3　育英小学数学体验课程课堂教学模式

3. 研发校本课程，拓展体验资源

为丰富数学体验课程的资源，拓展学生数学体验的路径。在基地建设中，共开设了以下三类校本课程。

（1）数学创意课程

数学创意课程是将数学学具（配图、扣条、麦斯方块、奇妙的图形）和相关教材知识进行有机整合，精心设计体验活动,让学生在操作实践中感知、比较、归纳，关注学生数学活动体验的校本课程。

（2）游戏课程

数学游戏课程是以数学游戏为基本体验活动的数学课程。我们希望通过数学游戏体验活动，促使学生进一步掌握数学基本知识、基本技能，并在游戏中获得一些基本的数学思想方法和数学活动经验。提高学生对数学的学习兴趣，在游戏中激发好奇心和创造力，体会数学的价值，培养良好的数学情感。

（3）阅读体验课程

数学阅读体验课程是通过阅读合适而丰富的数学学习材料，让学生学会进行数学化分析（信息提取、转译、内化），从而形成并表达自己的数学观点。在这个过程中，增长学生的知识和见识，培养学生自主学习的能力，感受数学的应用价值。

（4）开启体验课程评价

为了掌握学生在数学体验学习中的发展与变化，关注学生在数学体验学习后的学习效果，帮助教师总结与反思，调整和改进数学教学，促进学校数学体验课程研究的深度融合，我们在"与课程标准一致"和"教学评一致"这两个大原则下，以学生的"体验学习"为主要观测点，针对前期课程研究团队梳理的国家课程（教材）中的体验点的掌握情况，对学生进行评价，其显示的评价结果，也是检验体验课程基地建设效果的重要指标。

三、成果成效

（一）成果内容

①初步建构了以国家课程为主，校本课程为辅的体验课程体系。全面梳理了国家教材内容的体验点，提出了以主题设计、环境设计、体验活动设计为核心的体验式教学模式。并从环境课程、创意课程、游戏课程、阅读课程几个方面完成了体验课程资源的开发与设计，优化了课程资源。

②在团队成员的共同努力下，课程基地通过了重庆市沙坪坝区教委组织的专家团队的验收，并获得优秀等级。成功申报重庆市教育科学"十三五"规划重点课题《具身认知视角下小学数学体验课程的开发与实施研究》，并已顺利结题（图4）。

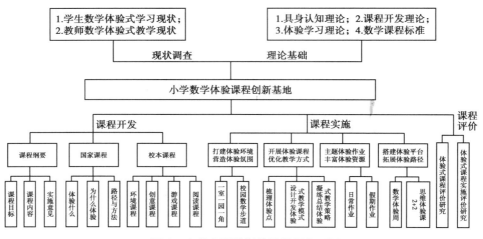

图4 育英小学数学体验课程体系图

③团队成员约 50 人次在以课程建设为主题的教育教学论文、优秀活动设计及活动案例比赛中获奖。在《数学教育学报》、中国人民大学复印报刊资料库《小学数学教与学》《小学数学教育》《小学教学》等刊物公开发表论文 20 余篇。

④分析、实施并开发以体验为特色的典型录像课例 50 余节，相关教学案例 80 余节。汇编学生优秀体验作品集萃。

（二）成果创新

1. 研究视角创新

目前，具身认知理论下小学数学课程开发的相关研究较少。"具身认知"是相对于"离身认知"的一种新的认知视角，强调认知是全身心参与的过程，引申到教育范畴，它倡导以一种全新的方式看待学习。将具身认知的相关理论应用于小学数学课程的开发与实施，是小学数学课程开发与实施以及评价理论的一次全新尝试与探索。

2. 课程实践创新

一是用具身认知理论指导体验课程，强调课程内容具身体验，丰富数学学科课程资源，有助于学生通过体验，更深层次地理解部分数学学科知识（如长度、位置等）和培养学生的数学学科核心素养（如数感、空间观念、量感等）。二是以具身认知理论指导课程实施，注重创设丰富的学习环境，增强学生在真实情境中体验数学知识，使学生经历"抽象的数学概念—真实情境中的具身认知体验—发展核心素养"的过程。三是通过数学体验课程的开发与实施，改变教师的课程观和教学观，真正落实以生为本的教育理念。

（三）实施效果

1. 学生发展

课程的有效实施，优化了学生数学学习的方式，学生的体验感更强，从而有效激发了学生学习数学的兴趣。同时，可使学生的数学语言表达更加准确、数学思维更加灵活，数学素养明显提升。

2. 教师成长

通过三年的课程基地建设，很好地促进了教师成长；其间也不断吸纳优秀青年教师加入团队，增强了教师队伍的整体实力，很好地优化了师资结构。

3. 学校变化

课程基地建设以来，学校承办了多次全国、市区级大型学术研讨会。高规格会议的承办，全方位地展示了教师的成长和学生的变化，得到了与会专家的高度认可。接待了来自福建、甘肃等地校长团队、骨干教师团队 5000 多人次来校参观学习。同行们充分感受到了课程建设在促进学生与教师发展、学校内涵发展等方面的重要价值。

4. 学术传播

数篇学术性成果的发表及获奖扩大了学校体验式课程基地的学术影响。项目负责人以及团队成员在各级各类研讨会上作交流发言，多家媒体对体验式课程基地进行了报道。基地相关成果在四川、甘肃等学校进行推广，得到了相关教育主管部门的高度认可。

王小燕

2021.6

目录
CONTENTS

第一章
小学数学体验课程的理论基础与政策依据

第一节　具身认知理论

　　具身认知理论是继认知主义和联结主义之后，认知心理学中一种快速发展的理论思潮。具身认知最初是一种反对笛卡尔身心二元论的哲学思潮，20世纪80年代中期以来，具身认知的概念日益凸显，成为"第二代认知理论"中的重要流派，深受心理学家和教育学家的关注。具身认知理论，是区别于认知心理学的一种"后认知主义"的一个焦点论题，它的出现代表认知心理学发展过程中的一个新取向，在一定意义上也标志着当前的认知科学研究正经历一次深刻的观念转变，即从传统的基于计算机隐喻和功能主义立场的离身认知观转变为现代的基于心智的具身性、情境性和系统性的具身认知观。

一、具身认知的哲学渊源

具身认知理论与其他所有理论观念一样，并不是凭空产生的无源之水、无本之木，而是有着自身众多的思想先驱和深刻的理论渊源。有关身心关系的哲学论断，大概经历了笛卡尔的身心二元论、海德格尔的"在世存在"观以及梅洛·庞蒂的"具身主体性"观几个阶段。

（一）笛卡尔的身心二元论

所谓身心关系，简单来说就是心理与身体或是心灵与物质的关系问题，在关于身心关系的主张中，最有影响力的是笛卡尔提出的身心二元论。身心二元论强调人的身体与心理分别属于两种不同性质的自为的实在——物理实体和精神实体，两者之间相互独立。物理实体的本性是"广延"，即占据空间：人的身体总是处于特定的空间和时间之中；精神实体的本性则是"思维"，它不包含任何的物质成分，具有主观能动性。笛卡尔构想了心灵和身体的区分，但是他也承认了心身的结合和相互作用的事实，他说："在我看来，人类心灵无法同时既构想身体与灵魂的差别又构想它们的结合，因为这必然要将它们构想成一个东西，同时又将它们构想成两个东西，而这是荒谬的。"

（二）海德格尔的"在世存在"

对于具身认知思想的产生和发展来说，海德格尔是一个极为关键的、承上启下的中介环节：一方面，海德格尔对胡塞尔（E. Husserl）意向性观点的批判，实际上就是对离身认知研究中表征主义理论的批判；另一方面，海德格尔在阐述"在世存在"（being-in-the-world）的概念时，所体现出的实际上就是一种非表征或者说反表征的研究思想。

1.海德格尔对胡塞尔和塞尔的意向性观点提出了质疑和批判

在海德格尔看来，人们在与他人或外部世界发生关系或者建立联系时，并不总是需要一个持续不断的意向内容或是某种形式的心理表征来引导自身的行动。相反，在很多时候，人们的目的性行为都是在没有明确的意识参与的情况下得以展开和进行的。例如，踢足球、打篮球、刷牙、驾车去办公室、在与人谈话的过程中做出手势、在床上翻身等。人们在完成上述不同类型的行动时，头脑中并不总是在表征着自己即将要去做的事情，这些动作看上去更像是个体为应对所处情境而做出的某种直接的、甚至是类似于条件反射式的反应。以至于在有些时候，人们需要在完成了一系列动作之后，才能够真正地意识到自己刚才究竟做了些什么。

2. 海德格尔"在世存在"思想

海德格尔在论述"在世存在"的概念时，强调了情境或背景在人们日常生活中的作用，人的存在是世界中的存在，作为主体的人同世界本身是一体的、是相互关联的。在海德格尔看来，人的所有行为，无论是有计划还是无计划的，有目的或是无目的的，都常常是在不被人们自己所注意到的情境或背景之中进行的。当人们进入某一特定的情境中时，会自动地表现出与所处情境相匹配的、相适应的适当行为。人们对于世界的认识，就是在以身体为中介的与他人或他物的互动过程中所实现的，并且在整个互动过程中，人是嵌入世界之中的，或者说是与世界结成一体的。这意味着人无法独立于世界来表征、认知世界，心智的认知活动在本质上就是一种生存活动，人就是在世存在的活动者，这便是心智或认知具身化的第一步。

（三）梅洛·庞蒂的身体现象学

现象学在具身认知思想的产生与发展过程中发挥了重要作用。最早系统阐述身体、环境等相关因素在人的认知活动中所发挥的作用的研究可以追溯到1942年梅洛·庞蒂的《行为的结构》一书，他认为人的身体是直觉活动主体的现象学思想，是具身认知理论最为直接和最为重要的思想来源之一，奠定了具身认知研究的理论基础。

1. 梅洛·庞蒂将人的身体确定为知觉和行动的主体

在梅洛·庞蒂看来，传统的知觉分析常常会轻视甚至忽略身体在知觉活动中所发挥的作用，而仅仅将身体看作是一种纯粹的生理性存在。正因如此，无论是在传统的哲学认识论研究中，抑或是在经典（传统）的认知心理学研究中，知觉活动的主体被确定为是内在的心智而并非人的身体。梅洛·庞蒂明确地反对上述这种理性主义观点。因为在他看来，人的身体并不仅仅是一种生物学意义上的生理结构，身体本身还是一个能动的机体。然而，即便身体如同理性主义所主张的那样仅仅是一种生物学或是生理学意义上的存在，但这也并不意味着人们需要假设一个存在于身体内部的内在心灵：一方面，人的身体中没有哪一个部分是纯粹机械的物质存在，也没有哪一个部分是纯粹意识的精神存在；另一方面，身体的任何功能都不能被严格地区分或者定位，只有在身体整体活动的意义上才能够去谈论某一特定身体部位所起到的作用。这就是梅洛·庞蒂所说的人的身体所具有的"暧昧性"（ambiguity）。正是因为这一独特的性质，才决定了人的身体是知觉和行动的主体，即身体感受具有一种基础性的地位，知觉和行动都是依赖于身体的，人们探索知识、认识世界的起点便是自己所拥有的身体。正如梅洛·庞蒂所说的那样："身体本身就在世界中，就像心脏在机体中：身体不断地使可见的景象保持活力，内在地赋予它生命和供给它养料，与之一起形成一个系统。当我在寓所里走动时……我当然能在思想中俯视寓所，想象寓所，或在纸上画出寓所的平面图，但如果不通过身体的体验，我就不可能理解物体的统一性。"

2. 梅洛·庞蒂系统地阐述了人的知觉所具有的非表征性的特征

在梅洛·庞蒂看来，知觉的非表征性特征是由人的身体主体的知觉活动本身所具有的特点来决定的。一方面，梅洛·庞蒂认为人的身体的运动机能可以被理解成一种最初的或者说最为基础的意向性，即意识最初并不是"我思……"，而是"我能……"；另一方面，身体的运动机能也是所有意义的意义（des Sinn-aller Signifikationen）在被表征空间的范围内产生的最初领域。这就意味着，人们的身体机能本身就是意义生成的场所。同时，梅洛·庞蒂还强调身体运动机能的意向过程是非表征的，即运动并不是运动的思维，身体所处的空间也并不是一个被表征的空间。他用以下的例子对上述的观点加以说明："如果我有驾驶汽车的习惯，我把车子开到一条路上，我不需要比较路的宽度和车身的宽度就能知道'我能通过'，就像我通过房门时不用比较房门的宽度和我身体的宽度。"可以说，梅洛·庞蒂所做出的最为重要的贡献之一，就是对环境与行为之间的关系做出了动态的辩证说明：人的行为在某种程度上可以被看作是对自身所处环境的连续不断的回应。

二、具身认知的心理学基础

在心理学方面，心智研究的具身思想最早甚至能够追溯到19世纪末格式塔心理学关于"无意向思维"的研究，回顾心理学的发展历程，虽然人们在很早的时候便能够从感性方面意识到身体在认知世界过程中所起的作用，但是对于具身认知研究影响最深远的思想先驱或理论先行者，当属皮亚杰和维果茨基，其中皮亚杰的"发生认识论"（genetic epistemology）和维果茨基的"认知的动作内化理论"强有力地推动了有关认知发展与身体动作之间的多学科、系统性研究。皮亚杰主张人的认识或知识源于主、客体相互作用的动作及其协调，强调人际的互动所能发挥的作用，重视对认知的起源以及认知的发生、认知发展过程的研究。再看，在维果茨基的理论中，人的活动被赋予了至关重要的地位。有研究概括了他的理论思想与当代的具身认知研究密切联系的三个方面：第一，对于认知的相互作用论的强调，认为认知是在主体与环境相互作用的基础上发展起来的；第二，主张高级的心理活动是以身体的感知运动能力为基础的；第三，提出了认知的动态发展观。在他们之后，有关认知发展与身体动作之间的跨学科的系统研究开始得到广泛、深入地开展。

（一）皮亚杰的"发生认识论"

作为 20 世纪最伟大的心理学家之一，皮亚杰本人更希望人们称他为发生认识论者而非发展心理学家，毕竟对于皮亚杰本人来说心理学的研究所扮演的角色只不过是他从事哲学认识论思考的方法论插曲，发生认识论（genetic epistemology）研究才是他穷尽一生的终极追求。

所谓发生认识论，简单地讲，可以理解为是对于康德（I. Kant）意义上的先验范畴的个体发生过程所进行的研究。发生认识论的目的就在于研究各种不同类型的认识的起源，从最低级形式的认识开始，并追踪这种认识向以后各个水平的发展情况，一直追踪到科学思维并包括科学思维。将发生认识论与当代的具身认知研究进行比较，可以发现二者具有许多共同之处。例如，发生认识论与具身认知都具有鲜明的跨学科性质，二者对于认知的研究都超越了心理学本身的研究视野和研究范畴，并且都不约而同地转向了生物学（特别是脑和神经系统的研究）的研究视角，或者说都开始了向身体及其经验的回归，更为重要的是，二者在某些重要的理论问题上持有相同的研究立场。

（二）维果茨基的认知的动作内化理论

在 20 世纪初期，维果茨基最早提出了认知的动作内化（internalization）理论。该理论将人的活动赋予了至关重要的地位。在维果茨基看来，人的心理是在活动中发展起来的，高级的心理活动首先应当是以外部活动的形式而存在的，只有通过内化的过程将其转变为内部活动才能进入人的头脑之中。这便意味着，人们所拥有的高级心理活动可以被理解为是最初的身体活动或者说身体的感知运动内化的结果。因此，对于人的心智和认知的研究，必须建立在考察人的身体活动的基础之上。在某种意义上可以说，维果茨基对于人的活动的认知，不仅仅是一种研究理论，同时也是一种研究方法，这一方法为心理学研究（特别是发展心理学的研究）中的定性评价（qualitative assessment）或者说过程评价（process assessment）提供了一种有效的途径和理论的基础。

此外，维果茨基还强调社会文化和人际交往对于个体心智或认知发展的影响。在维果茨基看来，社会文化在某种程度上可以被看作是人的心智或是智能的来源，个体的认知发展在最初的阶段是通过人际的互动（既包括人与人的互动，也包括人与社会环境之间的互动）来实现的，而不是首先通过内化的过程来实现的。正是在此基础之上，维果茨基提出了"最近发展区"（zone of proximal development）理论：即强调个体认知发展的潜力在很大程度上受限于最近发展区。所谓最近发展区，就是指"儿童现有的独立解决问题的能力或水平"与"在成人或能力更高的同伴的帮助下所能达到的潜在的能力或是发展水平"之间的区域。这意味着人的认知或思维能力是具有一定弹性的，是可以发生变化的，因而，在特定的情境中会体现出一定的可塑性。

不难发现，维果茨基的理论思想与当代的具身认知研究有着密切的理论联系，其联系至少可以概括为以下三个方面：第一，对于认知的相互作用论的强调，认为认知是在主体与环境相互作用的基础上发展起来的；第二，主张高级的心理活动是以身体的感知运动能力为基础的；第三，提出了认知的动态发展观。

三、具身认知的基本主张

具身认知的基本观点是：认知是身体的认知。叶浩生在《具身认知的原理与应用》中写道，具身认知就是一种个体从发展早期便掌握的、通过建立身体经验和抽象概念、高级心理活动之间的内隐、双向影响机制来认识世界的方式。相关研究在阐述具身认知的含义时都强调身体在认知过程中发挥重要的作用，人们通过身体感知和认识世界。梅洛·庞蒂认为人的身体是直觉活动主体的现象学思想，最早系统阐述身体、环境等相关因素在人的认知活动中所发挥的作用，奠定了具身认知研究的理论基础。皮亚杰的"发生认识论（genetic epistemology）和维果茨基的"认知的动作内化理论"强有力地推动了有关认知发展与身体动作之间的多学科系统性的研究。具身认知的中心观念是：认知、思维、记忆、学习、情感和态度等是身体作用与环境的活动中塑造出来的。从根本上讲，心智是一种身体经验，身体的物理体验制约了心智活动的性质和特征。心智基于身体、源于身体。已有研究将具身认知的特点归纳为三个方面：认知的涉身性、认知的体验性和认知的环境嵌入型，并将具身分为实感具身、实境具身和离线具身三种类型。

回顾认知心理学的整个发展历程，可以清晰地发现人们对于心智和认知的观念经历过两次重大的转变或者变革。第一次变革是发生在 20 世纪 50 年代的"认知革命"，这次革命摒弃了行为主义心理学对于心智和认知的狭隘看法，重新将人的主观意识和内部心理过程纳入了科学心理学的研究视野中来，直接促成了认知心理学的诞生，并确立了基于表征理论和计算理论的研究范式。从 20 世纪七八十年代开始，一些新的认知观念（诸如具身性、生成性、情境性、系统性，等等）开始逐渐涌现并慢慢地发展起来，认知心理学的研究也开始经历自身第二次重要的观念转变。在这场剧烈的变革之中，具身认知（embodied cognition）理论备受关注。学术界一般认为 1977 年《认知科学》（*Cognitive Science*）期刊的创立和 1979 年第一次认知科学年会的召开这两件里程碑式的事件，标志着具身认知研究思潮的正式兴起。

伴随着具身认知思潮的兴起，认知心理学自身所持有的"身体观"已经在发生着重大的改变，具体体现为：人的身体开始从之前所处的边缘位置慢慢走向心理学研究的舞台中心，身体不再只是所谓心智或认知的"生理基础"，而是一跃成为了人类心灵的塑造者。人的认知也不再被简单地看作是发生在人们头脑之中的孤立事件，而是一个鲜活的身体（living body）在实时（real-time）的社会生活情境之中所进行的适应性活动。

在参照国、内外学者（例如夏皮罗、克拉克、萨伽德、拉考夫、李其维、叶浩生等）相关观点的基础上，我们现从以下三个方面对具身认知研究的基本理论主张加以概括和分析：即心智的具身性（the embodiment of mind）、认知的情境性（situatedness）以及认知的系统性（systematicness）。

（一）心智的具身性

心智的具身性是具身认知理论中最根本、最核心的特征，拉考夫（G. Lakoff）、约翰逊（M. Johnson）甚至将心智的具身性看作是 20 世纪认知语言学和认知心理学研究领域中的三大研究成果之一。在具身认知理论看来，人的心智和认知并不像经典（传统）的认知心理学所设想和所主张的那样是与人的身体毫不相关的，其所奉行的离身的或者说非具身的认知观在本质上就是错误的，或者说至少是不完全正确的。心智的具身性可以理解为人的心智和认知活动依赖于人们特定类型的身体结构以及身体所具有的感知运动能力或者说运动方式。所谓人的身体结构，有着两个层次的含义：既包括客观的生理层面的身体结构，也包括主观的经验层面的身体结构。而所谓身体的活动方式，实际上可以被看作是认知主体与外部环境（世界）之间所进行的某种形式的互动。这种互动所带来的一个必然的结果便是人的主体经验的产生。因此，心智的具身性在某种程度上也意味着或者说等同于心智的体验性（即身体所经验到的）。

强调心智的具身性，实际上就是把"外浮于虚空之中"的人的心智和认知重新落实到人们的主体经验之中去，进而又将这种主体经验与人的身体（自然也包括人的大脑）联系在一起，于是，所有的心智现象和认知活动都与人的身体活动（包括认知、语言、情绪等高级活动）交织在了一起，进而共同构成了心智的不同种类的表现形式，人的心智便植根于身体以及身体与外部环境（世界）的相互作用之中。

（二）认知的情境性

认知的情境性最初也是为了批判经典（传统）的认知心理学而被提出的，所谓认知的情境性，实际上就是主张人的认知总是发生于特定的情境之中，或者说人的绝大多数的认知活动都可以被看作是情境化的或者说是与情境直接相关的。

具身认知对于情境性的强调，在一定程度上突破了经典（传统）认知心理学仅仅以内部（indoor）逻辑符号来表征外部（outdoor）环境信息的局限性，在内部的心智（认知）和外部的环境（世界）之间建立起了某种形式的密切的联系。在这个意义上，环境也能够起到信息表征和逻辑计算的作用，并且可以直接地指导人的某种类型的具体行为。这便意味着，心智的表征和计算工作能够部分地卸载到身体和环境之中：仅当人们需要知道或是了解环境中的某些信息时，才会使它们上升到意识的层面为人们所觉知，在其余的时间里人们则是将这些信息留存在特定的认知情境之中而不去察觉，或者说不使其上升到人的意识层面。可以说，情境认知的一个最为重要的理论主张，便是强调要在具体的、特定的情境之中来考察人的心智和认知。此外，认知的情境性理论的提出还在一定程度上使人们能够更好地理解身体与外部环境（世界）之间的关系，同时填补了长久以来笛卡尔的"身心二元论"的观点所造成的人与外部环境（世界）之间的裂痕，这对于许多其他现实问题（例如智能体的自治问题）的解决也具有重要的理论意义和实践价值。

（三）认知的系统性

具身认知相对于经典（传统）的认知心理学（离身认知）研究而言，最具革命性的变化体现为对于认知系统性的强调。所谓认知的系统性，实际上就是以一种系统论的视角或者说是整体观的立场来看待人的心智现象和认知活动，强调人的心智和认知并不是单单发生于人们头脑之中的孤立事件，而是由多种因素共同构成的系统性事件，这些构成因素彼此之间有着密切的联系，是不可或者说是很难分离的。对于认知的系统性的一种最为简单和直接的理解方式，就是将其看作由大脑、身体与环境（世界）所构成的动力系统（dynamic system）。动力系统理论（dynamical systems theory，DST）是对于系统性认知的最好诠释。

四、具身认知的意义

（一）本体论层面的变革："身心关系问题"的突破

"身心关系问题"对于心理学来说有着意味深长的、极其特殊的理论含义，甚至可以说直接构成了科学心理学独立的本体论基础：正是因为接受并采纳了笛卡尔"身心二元论"的观点，科学心理学才得以在19世纪末期脱离哲学的母体，逐渐发展并成为了一门独立的学科。回顾科学心理学的整个发展历程，从内省主义到行为主义再到认知心理学，身心关系问题一直以来都是不同思想流派、不同理论主张之间争论的焦点问题，以至于任何关于身心关系问题的正确理论的提出，都能在极大程度上改变人们对心智和认知的看法，从而推进科学心理学研究的不断发展和不断深入。也正是基于上述原因，可以做出如下的一种合理的推断：即如果具身认知思潮的兴起可以被看作是认知心理学内部的一场思想的革命，那么就必然可以推断出具身认知理论在身心关系问题上取得了某种程度的突破。

（二）从身心二元论到身心一体论

心理学自身也从未停止过对于身心关系问题的积极的、有益的探索。到了20世纪的七八十年代，伴随着具身认知思潮的兴起，身心二元论所遭遇到的困境终于迎来了转机，心理学对于身心关系问题的探讨，也得了进一步的深入。

所谓身心一体论，就是主张人的心智和身体原本是凝聚在一体的，心智和身体是同一个本体的两个不同的方面，它们彼此之间既可以分离，也能够统一，二者所呈现出的是一种"一而二""二而一"的关系。正如在之前的分析中所指出的那样，笛卡尔身心二元论所遭遇的最大困境就在于它割裂了人的心智所具有的物理实在性和体验实在性，因而永远也无法解释心智所具有的统一实在性。因此，如果心理学自身希望在身心关系问题上有所突破，就不应重蹈身心二元论的覆辙。这便在某种程度上决定了具身认知所提出的身心一体论一定不是一种二元论，而应当是一种"身心一元论"，或者说是一种"两面一元论"（dual aspect monism）：即强调人们所处于的世界是由一种本体所构成的，这种本体的每个现实实体（actual entity）都有着两种不能归约的方面，这便是物理方面（即物理实在性）和体验方面（即体验实在性）。

从"身心二元论"到"身心一体论"，具身认知理论的确在身心关系问题方面取得了实质性突破，具体体现为身心一体论很好地说明了生命与心智之间的关系问题，并且可以从"生命——心智连续性论题"（life-mind continutity thesis）的视角出发进行更为详细的阐述。

（三）具身认知观点在教育中的启示

自古希腊开始，身体在教育与教学过程中就受到贬抑或忽略，教育与教学效果体现在"脖颈"以上，与"脖颈"以下的身体无关。在这样的教育模式里，身体要么是通向真理的障碍，要么仅仅是一个把心智带到课堂上的"载体"或"容器"，学习被视为一种可以"离身"的精神训练。但是具身认知挑战了这样的教育观念。

具身认知的观点认为学习是全身心参与的过程，它是一种新的视角，以一种全新的方式看待学生怎样学习、教师怎样教学和学校怎样组织。它把身体由教育教学的"边缘"提升到"中心"地位。叶浩生从本体论、认知论和方法论三个方面阐述了具身认知对传统教育观产生的冲击。张良等认为具身认知引发了对课程本质观的反思、提供了重建教学实践的契机，并且还呼吁课程与教学整合的价值诉求。殷明、刘电芝等在研究中明确提出具身认知理论指导下必然会引发教学的变革——开展身心融合的体验式教育。

第二节 体验学习理论

本节将重点讨论体验学习的内涵和它的智慧起源，通过厘清这些理论知识，更能有效地指导体验课程的开发与实施，正如体验学习的创建者之一库特·勒温所说："没有任何东西比高明的理论更适于应用。"

一、体验学习的内涵界定

体验学习虽然本意来自经验学习，但我们认为"体验"这个词的内涵比"经验"要丰富些。体验不仅包含了学习的结果，也包含了学习的过程。它是一个动态的概念。经验在汉语中的含义是："1. 经历、体验；2. 由实践得来的知识或技能；3. 通常指感觉经验，即感性认识。是人们在实践过程中，通过自己的肉体器官（眼耳鼻舌身）直接接触客观外界而获得的，对各种事物的表面现象的初步认识。"可见，在汉语中，经验的含义主要是指"感性认识"或由亲身经历而获得的对事物的真实和客观的认识，这种经历只是一种经验。

而体验与经验不同，它更多的是强调人通过亲身经历而形成对事物独特的、具有个体意义的感受、情感和领悟。它是一种价值性的认识和领悟，它要求"以身体之，以心验之"，它指向的是价值世界。很多人将体验当作一种特殊的经验，这种看法主要是揭示了体验与经验之间的联系。如有人认为，"体验是经验中的一种特殊形态。"也有人认为，"体验是以经验为基础，对经验的一种深化和超越"；体验是"一种注入了生命意识的经验""是一种激活了的知识经验""是一种个性化了的知识经验"。

体验学习的体验，开始来自杜威所说的经验，这个在 20 世纪 30 年代风靡一时的概念，当时也是一个颇有争议的术语。杜威当年就认为经验有两种不同的方式，一种是"有经验"，一种是"认识经验"。因此，体验也有两个层面：一个是原始体验，即通过随机反思所产生的体验；另一种是第二手体验，也就是指通过"系统性思维的干预"而产生的"反思性"体验。这两种体验之间并非简单的单向线性关系，因为不仅第二手体验的事物可以解释原始体验的事物，而且原始体验的事物也可以解释第二手体验的事物，并且有可能提炼、升华、理论化。台湾学者李坤崇对体验和体验学习问题作了比较明晰的解释，他认为体验是指在真实情境中与种种事物接触而产生的经验。体验学习是教师引导学生亲身体验大自然，参与社会服务，实地进行调查、访问、参观与实验，实际进行讨论或发表见解，并经由实践、体验、省思与分享，以觉察活动意义和达成学习目标的学习。

体验学习就是以学习者为中心，把人们从自己的体验中获得的学习结果视为最佳的学习方式，是体现学习者内心价值和焕发其生命力的过程，它不仅包括了把具体观察和反思、概括综合起来的直接积极的个人体验，实际上也包含了杜威所说的"做中学"——从真实情境和实践行动中学习的意思。

二、体验学习的发展历程

体验学习的思想在中国也是源远流长。早在两千多年前，孔子就指出："不观高崖，何以知颠坠之患？不临深泉，何以知没溺之患？不观巨海，何以知风波之患？"（《孔子家语·困誓》），历史发展中"格物致知""知行合一""生活即教育"等教育思想里都可见体验教育的影子，但专门针对体验学习的研究在 21 世纪后慢慢兴起，在我国近年来的课程改革中，体验式学习颇受重视，包括体验学习的内涵研究，体验学习的学科教学设计，学习模式研究，体验课程开发等。中国体验式学习实践的步伐上衍生出许多体验式课程，譬如综合实践活动课程、探究型课程、翻转课堂等，但是在教学领域的应用研究较少，集中在体育、外语、语文等学科之中。

国外关于体验式教育的研究可以追溯到古希腊时期，著名的哲学家、教育家苏格拉底、柏拉图、亚里士多德的教育思想里都可见体验的影子。

20 世纪 70 年代中期，西方教育界出现了一场研究思潮的转型，即从关注教育普遍规律的探究转到找寻教育情境的意义，在教育理念上逐渐钟情"实践理性"，而对"工具理性"采取批判、反思的态度。主张"实践理性"的专家们批判"工具理性"过分强调学科知识的结构、学术的逻辑，从而使课程实施和教学展开成为理性化和科学化的普遍性程序，但却没有很好结合教学实际，没有很好地反映师生的需求。因此，要求课程与教学应该更多重视教师学生、教材和环境之间的持续互动和平衡，强调师生是课程与教学的主体和创造者，他们之间是一种"交互主体"的关系，其交互作用是最生动、深刻、微妙而复杂的，是课程意义的源泉。在他们看来，教材、环境无论设计得多么科学和理性，如果对活动主体关注过少，必然失去教育情境的"生态平衡"。在这种思潮的影响下，柯尔保、布鲁纳德、杰维斯等人相继提出了体验学习的概念，并成立了体验学习研究与推广理事会，受到美国教育界的关注。他们认为，无论在普通教育还是职业教育，无论对儿童还是对成人的教学，无论是阶段性学习还是终身学习，都应该提倡体验学习，因为体验是人们教育和成功的基础。

后来，人们给体验学习赋予了新的含义，拓展了它的内容。如布鲁纳德认为体验学习总的来说有两种不同含义：一是用于描述给予学生在即时和相关的背景下获得和应用知识、技能和情感机会的一种学习方式，因此它包含着"直接面临所学习的现象而不仅仅是思考面临的现象或考虑做某事的可能性"；二是指"直接参与生活事件课程的教育"，这里的学习是指人们自己从事的活动，这种学习正是通过对每天经历的反思而进行的，而实际上，我们大多数人都是这样学习的。

在 20 世纪 80 年代，美国著名教授大卫·库伯（David A. Kolb，1984）正式提出了体验教育。他在《体验学习——让体验成为学习和发展的源泉》（*Experiential Learning*：*Experience as the Source of Learning and Development*）中把学习看作是一个整合了体验、感知、认知与行为四个方面的同一过程，提出了体验式课程的概念。库伯教授（以下简称库伯）的《体验学习——让体验成为学习和发展的源泉》借鉴了约翰·杜威（John Dewey）、库特·勒温（Kurt Lewin）与让·皮亚杰（Jean Piaget）的学习理论，创造性地提出四阶段的体验学习圈模型（图 1.1）。

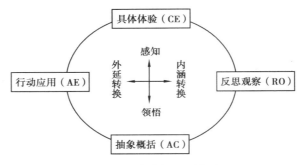

图 1.1 体验学习圈模型

体验学习圈模型构建了程序化、科学化的体验学习过程，在世界范围内已广为引用。除此以外，有研究者梳理关于体验学习理论的主要内容有：①学习为一个过程，而非重要结果；②学习是植根于体验的连续过程；③学习过程需要解决适应世界的辩证对立模式之间的矛盾；④学习是适应世界的综合整体性的过程；⑤学习包含个体与环境的相互作用；⑥学习是创造知识的过程。

以上模型和理论用于指导课程开发中学生的学习过程设计。现如今，体验性学习日益受到重视，国际体验式教育协会（Association for Experiential Education，AEE）、美国探索教育（Project Adventure）、英国外展学校（Outward Bound School）等应运而生，为孩子们带去更多的实践与体验的机会。

三、体验学习的特征

体验学习大致有以下几个特征。

一是情境性。体验学习过程往往与情境有关。开启新课时，要根据学习目标、内容和学生的特点创设一个情境开展教学活动，这个情境可以是真实的，也可以是模拟的；并且考虑学习者学习方式的差异而创设不同的学习环境，以满足不同学习者的需要，让他们通过观察、反思、抽象、概括，最后把体验运用到新的情境中解决问题。

二是实践性。体验学习是一种需要学生结合具体的、与他们的生活、学科、社会等密切联系的主题或问题进行观察、探究、实践及讨论，最后得出自己认同的结论。整个过程都需要学生亲身参与、经历和体验，需要他们自己在实践中概括总结，最终能够运用这些经验。

三是反思性。所有学习的精髓，归根到底无非就是我们如何处理和看待自己体验或经历过的方式方法。我们无论采取什么样的方式学习，最终都要通过自己的体验反思、提炼、升华，才能有质的飞跃。因此，与以记忆为主的机械学习不同，反思是体验学习的关键，它要求学习者有意识地关注所学的东西并设法巩固。学习者既可以反思内容，也可以反思过程；既可以反思主体（自己或老师的行为），也可以反思客体（学习的对象及其方法）。

四是学习者中心。尽管体验学习强调课程的目标、内容和环境的适当性，但在活动方式上是以学习者为中心，关注学习者自己的感受、价值取向以及学习方式。需要学生自己观察、反思和总结，学会在不同的环境中学习、思考和解决问题。

第三节　课程开发理论

一、课程的定义

课程代表着教育思想在实践中的表达。"课程"一词，源于拉丁语，本意为"田径"或者"赛道"。后来，它演变成了学习过程或教学大纲的意思。如今，这一定义更为广泛，包括学校或教育机构所有计划的学习经历。课程的形式必须能够传达给与学习机构有关的人员，必须能够接受批评，必须能够随时转化为实践。

课程分为三个层次：为学生规划的课程内容（The planned curriculum），给学生提供的内容（The delivered curriculum），以及学生所体验到的内容（The experienced curriculum），如图 1.2 所示。课程是人类能动性的结果，它的基础是一套价值观和信念，即学生应该知道什么，以及他们是如何知道的等一系列问题。任何机构的课程通常都存在争议和问题。在当代教育中，有人认为课程应与学生未来所服务的机构和社区实现"共生"。作为课程基础的价值观，应该加强提供专业领域的知识。为了保持课程的有效性和发挥作用的持久性，课程本身就必须顺应教育中不断变化的价值观和期望（Prideaux，2003）。

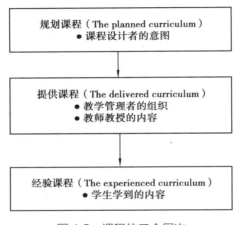

图 1.2　课程的三个层次

二、课程开发

（一）课程开发的理论基础

1. 施瓦布"实践模式"

作为 20 世纪美国著名的课程理论专家，施瓦布的实践课程探索模式在课程领域有着极大影响。其课程模式继承了古希腊实践观哲学传统，也蕴含了杜威教育哲学思想和欧洲人本思想，主要有以下特点：

第一，强调实践课程的终极目的是"实践兴趣"，认为教师和学生既是课程的有机组成部分，也是课程相互作用的主体，关注自身过程的行为目的，环境的理解与相互作用，来实现学生需求兴趣的满足和能力品格的提升。课程哲学思想正好与"趣味数学"用趣味作引导营造趣味性环境来培养学生的数学能力和品格相一致。

第二，学生和教师是课程中的主体和创造者，并且共同参与课程开发过程，虽然课程的主要设计者是教师，但学生亦有权对课程的学习、体验等质疑。

第三，强调目标与手段、过程与结果的统一和连续，学习群体是课程开发的中心，特别关注课程过程中学习者的兴趣与需要。

第四，强调通过集体审议的方式来解决课程中存在的问题，参加审议的人员包括学校人员、社区人员、各类专家等多方代表，在集体审议中通过理论对实践进行规划，通过实践弥补理论的不足。

2. 斯腾豪斯"过程模式"

作为英国著名的课程理论专家，斯腾豪斯所倡导的"过程模式"课程理论，通过实际参与课程计划来检验和发展思想，本质上与实践的课程模式理论相一致，其过程模式课程理论有以下特点：

第一，没有确定最初的目标，因为很多有价值的东西并不是能提前预设和明确说明的，所以在课程过程中要详细说明学习内容，而不预先设定达到的目标。

第二，注重过程，因没有预先设定目标，教师不必往期望的行为或观点上进行导向教学，应该关注学生学习的过程，而不是期望的目标。

第三，确信某些内容与方法具有内在价值，过程模式坚持认为，学生在通过自身实践和问题讨论的过程中，可以形成学生的某种能力、习惯、思想或某些潜质。

综上，实践模式与过程模式都强调了教师与学生是课程的主体，都关注过程中各种因素的相互作用，实践模式更加关注理论结合实践，过程模式更加关注过程与反思。两者相辅相成，共同为校本课程的开发奠定了思想基础，并促进校本课程的发展。

3. 斯基尔贝克的"情景模式"

斯基尔贝克认为，校本课程开发要充分考虑学习者的需求和发展，并且课程的设置还要和学校的具体环境和情况相结合。在课程实施过程中，教师和学生应该被给予充分发挥的空间，根据不同的情景选择不同的教学内容和教育方法。他把校本课程开发分为五个阶段：分析情景—拟定目标—构建课程方案—解释与实施—追踪与重建，并认为这五大步骤相互联系，可他们的逻辑顺序并非一成不变。也就是说，在具体课程开发和实施过程中，根据实际需要，可以从任何一个阶段入手，也可以几个阶段同时进行，这是和"目标模式"最本质的区别。

"情景模式"强调课程的实施不是一成不变的，课程实施要根据实际情况，包括学生的学习情况、教学实施的情景等变化来适当调整，因此在校本课程开发与实施过程中，要对教师的教学和学生的学习效果进行有效的检测和管理。

4. 杜威"实用主义"教育理论

实用主义教育理论，是19世纪末20年代初在美国兴起的一种教育思潮，主要以约翰·杜威为代表。杜威提出实用主义教育观点，展示了独特的教育思想，如教育即生活，教育应该和学生的生活相联系，而不应该相互分离；教育即生长，教育是促进儿童的生长；认为教育即生活经验的不断改造，因而又提出"活动课程""做中学"，鼓励学生积极动手动脑去感受世界。

实用主义教育理论主张采用活动课程的形式来开展教学，提倡在经验中学习，在处理问题中学习，在实实在在的实践操作中体验学习，做到学以致用。真实生活就是获取知识的场所，掌握知识的途径是实践活动，通过在现实生活环境下进行实践活动，可以使学生在多个方面得到成长，只有通过亲自做的方式来获得经验，有了经验就有了知识，从而将所学到的知识与生活相联系。这种在实践中学习的方式，在获得知识的同时，情感、思维等方面也得到发展，从而能够更好地理解知识。

5. 泰勒经典课程开发理论

拉尔夫·泰勒，其1949年出版的著作《课程与教学的基本原理》被视为现代课程理论的奠基石，也被誉为"现代课程理论的圣经"。泰勒提出了关于课程编制的四个问题，即泰勒原理：第一，学校应该试图达到什么教育目标？第二，提供什么样的教育经验才能实现这些目标？第三，怎样有效地组织这些教育经验？第四，怎样才能确定这些目标正在得以实现？可概括为：目标、内容、方法和评价。

泰勒的研究围绕着解决这四个问题的方法和程序展开。确定教育目标是课程设计的出发点，教育目标构成课程开发的核心，选择教育经验与组织教育经验是课程开发的主要环节，评价是整个系统运行的基本保证。泰勒所提出的四个问题是从实际的教育状况出发的，他对每一个问题的提出都进行了分析，再进一步对每一个问题提出解决的思路与方法。这四个问题一一对应着课程开发过程中的四个主要的步骤：选择与确定课程目标、选择并组织课程内容、实施课程、评价课程。

6. 多尔的后现代课程观

多尔是后现代主义课程观的重要代表，他把课程当作一个综合性的产物，将眼光进一步深入科学、哲学、艺术等领域。他以"开放、对话、体验、自组织"为基础，从知识观、课程观、教学观方面赋予了课程新的认识论和方法论。

首先，从知识观来看，后现代的知识观认为知识是不断更新的，没有永远存在的不变的绝对真知。我们对知识进行学习，不是对知识进行全盘的接收，而是在学习的过程中，不断对知识进行自己的探索，根据时代的发展，赋予知识新的意义。

其次，从教学观来看，后现代教学观提倡给学生提供自由的可供孩子思索的空间。在教学过程中，给学生传授知识要注意传授的方法，切实把学生当作学习的主人，学生要善于发挥自己的主观能动性，培养对问题的探索精神，不能"一刀切"，要善于接纳不同的观点，给学生创造一种轻松的学习环境。

最后，在多尔的课程观里，课程不是一成不变的永远的科学，课程要根据人的发展、社会的变革赋予新的意义。多尔的后现代课程观，强调文化的多元视角，强调具体的课程情景与学生自身的联系，这些都为课程的开发提供了有力的理论基础。

7. 乔治·西蒙斯"联通主义"学习理论

乔治·西蒙斯（G. Siemens）基于活动理论和社会学习理论，首次提出将联通主义作为新时代的学习理论。它是一种适应我们所生活的"互联网+"社会的新型学习范式。联通主义注重知识与个体学习之间的联系、学习网络的构建、随时随地学习的可能以及互动共享学习社区的形成。"联通主义"学习理论有以下特点：

第一，联通主义强调知识和个体学习间的密切联系。知识应通过个体在社会中自主探索生成而不再依靠"填鸭式"的教学。

第二，联通主义主张学习网络的构建。它突破了传统学习固有的线性学习思维，强调学习是一个在操作、寻径、意会和创新彼此交互作用影响下螺旋式的知识创生和网络构建、开拓并得以优化的过程。

第三，联通主义有利于实现"随处可学"的教育理念。联通主义学习理论致力解决以往仅依托传统教室的学习理论不足以反映"互联网+"时代的学习的弊端，以及实现从传统教育到"互联网Ⅴ"时代教育的转变促进学习过程对互动和协作的需要。

第四，联通主义学习理论致力构建互动共享型学习社区。科学技术改变了"互联网Ⅴ"时代的学习和工作方式，学习者可以根据自身学习偏好以及掌握的技术确定其学习内容和开展学习的途径。

8. 认知主义学习理论

认知主义学习理论认为，学习者获得知识经验的过程不是他们在外部环境的影响下被动地进行情景刺激与行为反应的联结，而是通过自己积极主动地将要学习的知识进行信息的内部信息加工活动，从而形成新的认知结构的过程。学习者都是根据自己的实际需要和兴趣选择适合自己的学习资料，然后通过积极主动的内部信息加工活动形成自己需要的认知结构。因此，认知主义学习理论解读的系列微课在学习资料设计方面要充分考虑学生的实际需求和兴趣，在呈现教学内容时要有系统、有组织，要符合微课教学时间短、教学内容精、资源容量小的特点。

微课教学作为一种新兴的教学模式，可以针对不同的教学目标制作不同的微课，学习者可以根据自己的学习目标、学习需要的材料等选择合适的微课进行自主学习。基于微课教学时间短、教学内容精、主题突出的特点，既可以将微课引入传统课堂，吸引学生积极主动参与教学，又可以将微课发给学生，让学生利用移动电子设备进行自学，完成学习目标。

（二）课程开发原则

课程开发作为一个较为复杂的过程，除了要遵循一般教材编写的原则外，还需要考虑特殊性。因此，在《义务教育数学课程标准（2011年版）》中对数学教材编写建议的基础上，结合其他课程的指导原则，小学数学课程内容资源开发应遵循以下原则：

1. 真实性

真实性是开发小学课程内容资源的最基本的要求，它既体现了课标中"呈现内容的素材应贴近学生现实"的理念，也是其他将文化融入课程内容资源中都重点强调的原则。

2. 有效性

有效性是开发过程中需要特别注意的一个原则，它是对文化在课程内容资源中的呈现方式应遵循课标中"科学性"的具体要求。这里的"科学性"更强调的是文化素材应体现课程内容的数学实质，应有利于提高学生数学实质的理解，有利于提高学生对所学内容的兴趣。

3. 可接受性

可接受性则是课标中提出的"可读性"的一种体现。小学课程资源在选择素材时应考虑到各年龄段学生的智力发展水平，应符合学生的认知基础，按照由易到难地确定文化素材的范围和深度，使学生能更容易学习、接受和理解，为学生提供思考的空间。

4. 系统性和连续性

系统性和连续性不仅要求课程内容资源中呈现的情境更加完整、全面，而且要求学生在这些情境下学习的数学知识内容也要体现课标中提出的"过程性"和"整体性"。因此，小学数学课程内容资源不应是单一的、独立的案例的罗列，而应按学科的内在逻辑体系和文化素材之间的联系进行组合，使之具有一定的系统性和连续性。也就是说，这些文化素材不应只是以一个个片段出现，而是应该围绕某个知识点或知识体系系统地、连续地出现，使学生在情境下体验数学知识的形成过程和应用过程，并对小学数学知识体系有更整体的认识。

（三）课程设计模式

课程设计是一种陈述方式，它通过确定课程的各个要素，说明它们之间的关系，并指出组织的原则和该组织对其运作所依据的管理条件的要求。当然，课程设计需要有明确的课程理论作为支持，课程理论建立了考虑的来源和应用的原则（Taba，1962）。关键词似乎是"组织"，事实上，设计通常是元素、部分或细节的有机排列或结构。一个非常近似的说法是"模式"或"组织模式"，这实际上是本研究所使用的表述方式。

1. 规定性模式

规定性模式关注的是目的，而不是课程的手段。其中比较著名的例子之一，是拉尔夫·泰勒（Ralph Tyler）在1949年初步提出的"目标模式"（图1.3）。根据这一模式，泰勒提出了课程设计中的四个重要问题。第一个问题是关于要达到的"目的"，这也是四个问题中最重要的一个问题。目的陈述已经被称为

"目标"，它应该以易于衡量的学习者行为变化的方式来书写。一旦确立了目标，就可以使用这些目标来确定课程的其他要素（学习内容、教学和学习策略、评估和评价）。这种模式引起了一些批评，例如，有些人认为建立行为目标既困难又费时。更为严重的批评是，该模式将课程限制在可以很容易用行为术语表达的学生技能和知识的狭窄范围内。高阶思维、问题解决和获取价值的过程可能会被排除在外，因为它们不能简单地用行为术语来表述。由于这种批评，目标模式逐渐流行起来，明确课程目标的重要性已被广泛接受。

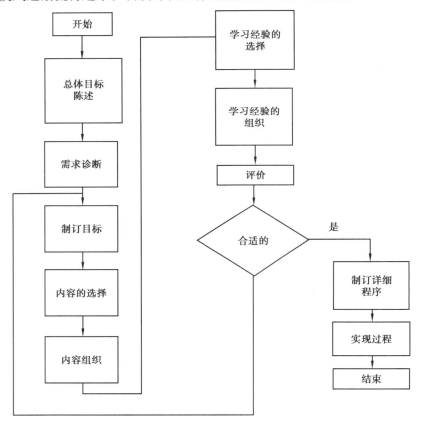

图 1.3　泰勒"目标模式"流程图

近些年，出现了另一种规范性的课程设计模式，成果导向教育（Outcome-Based Education，OBE），在许多方面与目标模式相似，而且是从一个简单的前提开始，课程应由学生所获得的成果来界定。课程设计通过从成果到其他要素（内容、教学经验、评估和评价）的"退行"进行。成果的使用在教育中越来越普遍，这对课程设计者着重关注学生将要做什么，而不是教师将要做什么产生了重要影响。目前已经被公认的是，课程设计者将在他们的计划中，使用广义的课程目标和更具体的目标形式，包括意图陈述，或者根据广义和特定的课程成果来表达意图。这类陈述的基本功能，是要求课程设计者从对学生的影响和作用的角度，明确考虑他们所做工作的目的（Prideaux，2003）。

2.描述性模式

描述性模式的一个具有持久性的示例，是马尔科姆·斯基尔贝克（Malcolm Skilbeck）提倡的情境模式（situational model），该模式强调环境或情境在课程设计中的重要性（图1.4）。在此模式下，课程设计者对自己课程实施的情况进行全面而系统分析，评估外部和内部因素的影响，并确定对课程的影响。尽管情境模式中的所有步骤（包括情境分析）都需要完成，但是并不需要按照任何特定顺序进行操作。课程设计可以从分析课程情境或要实现的目标、目的或成果开始，但也可以从内容审查、评估修订或评价开始，全面考虑评估数据。课程设计的可能性在很大程度上取决于过程发生的环境。课程设计中的所有要素都是相互联系的，各要素并不是单独的步骤。内容应遵循明确的意图陈述，并且必须从考虑外部和内部环境中得出。但同样，内容必须通过适当的教学和学习方法传递，并由相关工具进行评估。在不考虑其他要素的情况下，不应决定任何一个要素，例如课程评价。

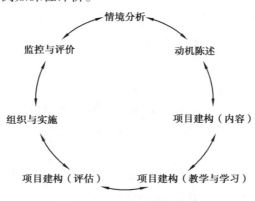

图1.4　课程设计情境模式

课程地图（curriculum maps）提供了一种显示课程要素之间联系的方法，也以清晰简洁的方式展示了课程的基本特征。它们为课程的系统组织提供了一种结构，可以用图表来表示，并且可以为课程组织进入计算机数据库提供基础。

课程地图的起点可能会因对象的不同而有所不同。本研究中用于学生的地图，将把学生置于中心，这与为教师、管理人员准备的地图有不同的侧重点。然而，它们都有一个共同的目的，那就是显示课程的范围、复杂性和凝聚力。这些地图提供了一种追踪课程计划、实施课程和经验课程之间相互联系的方法。但是，像所有地图一样，必须在细节和整体清晰度之间取得平衡。

（四）课程开发过程

由此观之，课程在开发过程中有这样的特点：首先，参与人员多样性，包含教育行政部门、校方、教师、学生、家长、专业的社会人士都可以加入到课程的评价中，设计人员吸取建议后再修改实施，再评价，再修改，再实施如此循环、群策群力。其次，地方教育职能部门和专业机构，还应该在校本课程的设计、实施上进行交流和指导。要相信，仅仅靠一个学校和一位老师是无法设计开发出一门课程的。整个过程都体现出校本课程的开发是一个民主决策和变革的过程，它也要求所有的参与人员体现出合作、民主、客观的专业素养和基本的公民素养。由此，我们将校本课程的开发过程整理为五个步骤：

1. 环境分析

第一，校本课程是一个针对性极强的课程，它不是针对全国、地方的，它的受众仅仅是一个学校的部分学生，因此在开发前期要对这部分学生进行分析。第二是学校环境分析，包含学校领导对这门课程的看法和重视程度，学校能够在技术上给予什么样的支持等。环境分析是校本课程开发的基础，一定要客观、细致、理性、谨慎地进行分析，并提前解决相关问题。

2. 课程目标设置

首先校本课程的课程目标首先考虑的是教学对象，针对不同的对象设置目标；其次它应该作为弥补我们传统课堂教学目标实施情况来拟定。因此在设置目标时应向过程和方法、情感态度价值观上进行倾斜。

3. 课程组织

需要考虑到课程实施的时间、课程内容选择、课程组织结构、课堂呈现方式等。对教学对象还是应该有很强的针对性，避免实施过程中碎片性的插入知识。

4. 课程实施

课程设计后首先由学校进行评定、修整后进行实施。其次，实践教师在实施过程中进行反思、收集学生和任课教师的相关评价，根据实施过程中出现的问题再修改，之后再实践。总体而言，实施过程和课程开发是个循环上升的过程。如此往返后进行推广，再经历前面提到的实践—评价—修整—实践的过程。

5. 课程评价

第一，针对学生的成绩组织不同的评价方式，课程过程中小组互评、学生自评，课程结束后教师评价，综合起来确定学生成绩。第二，针对课程本身的评价可以运用到下一轮校本课程的修整中。

第二章
小学数学体验课程资源开发

新的课程标准倡导要积极利用并开发各种课程资源，数学教学除了加强国家课程的实施，还应该结合课标、教材和学生的生活实际，关注小学数学课程边界的拓展，加强校本课程的开发。以校本课程为载体，给学生提供丰富的学习素材和多样化的学习条件，更好地发展学生的思维能力和实践能力，培养学生的创新意识，有效地培养学生的数学兴趣和数学特长。

《义务教育数学课程标准（2011 版）》明确指出："数学活动，特别是课堂教学应激发学生兴趣，调动学生积极性，引发学生的数学思考，鼓励学生创造性思维。"针对国家课程中数学学习活动体验的不足，我校在小学数学体验课程基地建设的背景下，开设数学创意体验课程、数学游戏体验课程、数学阅读体验课程，以丰富我校数学体验课程的资源，拓展学生数学体验的路径。

第一节　创意体验课程资源开发

数学创意课程是将数学学具和教学相关知识进行有机整合，精心设计体验活动，让学生在操作实践中感知、比较、归纳，着重培养学生动手动脑，启发学生思维。关注学生数学活动体验及数学素养发展的校本课程。

一、创意体验课程目标

（1）通过数学体验活动，加深学生对数学基本知识、基本技能的理解，并在活动中积累基本的数学思想方法和数学活动经验。

（2）在活动过程中，培养学生用数学的思维方式去观察、发现、分析体验活动中数学现象的意识，能尝试发现活动中的数学事实。

（3）通过丰富的体验活动，提高学生对数学的学习兴趣，培养学生创新，体会数学的价值，让学生感受数学之趣，体会数学之用，领悟数学之妙。同时，在体验活动中提高学生交往、合作的意识与能力。

二、创意体验课程内容

针对创意体验课程的开设，团队老师们首先分年级梳理国家课程中需要，而常规教学中又难以体验充分的知识点或学生数学素养的发展点；而后针对这些知识点或素养发展点，老师们集思广益，研究探讨出具体的体验活动设计及相关学具的配套与制作；然后将体验活动的教学设计应用于教学实践，做出反思调整。经过两年的调整改进，形成了囊括42个主题，一到六年级系统化的"数学创意体验园"的校本资源。

每册"数学创意体验园"都图文并茂地呈现了"体验活动主题""教材关联""数学素养发展""体验活动准备"及"具体活动设计"五大板块。"教材关联"即为说明该体验活动主要适用于常规教学的哪部分知识的补充拓展，方便教师结合自己的常规教学进行有益添补。"数学素养发展"即是针对课程标准中对学生数学素养发展要求，该体验活动对学生数学素养发展的具体承载。"体验活动准备"即是该体验活动开展的学具或多媒体准备。"具体活动设计"即是针对学生数学素养发展的目标，具体开展的可执行的数学体验活动。例如三年级某一体验活动主题之"分数去七巧板家做客"，这次体验活动适合安排在学生初步认识分数后，通过研究七巧板中每个图形面积各占整个正方形的几分之几和寻找七巧板中的分数等活动，加深对分数意义的理解，发展学生几何直观、空间观念及归纳推理能力。

各年级创意体验内容安排如下：

一年级的老师们梳理一年级的相关知识并结合具体的教学实践后，发现学生对计数单位、运算能力及空间想象能力等需要进一步的体验活动来加深理解；同时，学生几何直观、空间观念及模型思维等方面数学素养的提升也需要更多的体验活动支持。在了解到这样的学情后，老师们精心设计以下6个主题式的体验活动（表2.1）。

表2.1　一年级主题式体验活动内容安排表

体验活动 主题	教材关联	数学 素养发展	体验 活动准备	体验活动设计
（1）数的 认识	100以内数的认识、万以内数的认识。加深对数的抽象性、计数单位以及十进制的理解	数形结合思想、抽象思维能力	拼图达人学具、多媒体课件	活动1　认识学具，拼出10； 活动2　应用学具，拼出100； 活动3　拓展体验，拼出1 000
（2）认识 图形	加深对立体图形与平面图形联系的理解	空间观念	理想果的果实、多媒体课件	活动1　认识学具，拼出长方形； 活动2　应用学具，拼立体图形； 活动3　拓展体验，拼创意图形
（3）初识 七巧板	认识基本图形	空间观念、动手能力	七巧板、多媒体课件	活动1　认识七巧板； 活动2　找一找：图形间关系； 活动3　拼一拼：拼出图形
（4）凑数 游戏	20以内的加减法	运算能力	数字圆片、课件	活动1　认识学具，拼算式； 活动2　应用学具，凑20
（5）趣味 搭配（一）	感知立体图形间的关系以及平面图形与立体图形的关系	空间观念	麦斯方块、多媒体课件	活动1　想一想，拼一拼； 活动2　移一移，画一画； 活动3　一起来拼搭
（6）趣味 搭配（二）	认识图形	空间观念	麦斯方块、多媒体课件	活动1　想一想，拼一拼； 活动2　拼一拼，画一画； 活动3　一起来拼搭

二年级的老师们梳理二年级的相关知识并结合具体的教学实践后，发现学

生对乘法口诀、倍的认识、有余数除法及规律的探索等需要进一步的体验活动以加深理解。同时，学生运算能力、空间观念及模型思想等方面数学素养的提升也需要更多的体验活动支持。针对具体的学情，老师们精心设计以下8个主题式的体验活动（表2.2）。

表2.2 二年级主题式体验活动内容安排表

体验活动主题	教材关联	数学素养发展	体验活动准备	体验活动设计
（1）口诀编编	乘法口诀	数形结合、运算能力	千变万化扣条、多媒体课件	活动1 拼编：4的乘法口诀； 活动2 拼编：5的乘法口诀； 活动3 对口诀，找规律
（2）巧算达人	乘加乘减	数形结合、运算能力	千变万化扣条、多媒体课件	活动1 拼一拼，算一算； 活动2 组合拼，会巧算； 活动3 连连看，算一算
（3）数一数	《角的初步认识》	应用意识、创新意识	千变万化扣条、平面图形、多媒体课件	活动1 数角：三条边； 活动2 数角：四条边； 活动3 数角：五条边； 活动4 数角：多条边
（4）有趣的角	《角的初步认识》	应用观念	千变万化扣条、多媒体课件。	活动1 找角：生活中的角； 活动2 折角：折出角； 活动3 画角：画出角
（5）倍的认识	倍的认识	数感、模型思想、抽象能力	麦斯方块、多媒体课件	活动1 数一数； 活动2 分一分； 活动3 拼一拼
（6）观察物体	从三个方向观察简单物体	空间观念、归纳能力	麦斯方块、多媒体课件	活动1 找一找，立体图找平面图； 活动2 画一画，立体图画平面图； 活动3 拼一拼，平面图拼立体图
（7）有余数的除法	有余数的除法	运算能力、操作能力	千变万化扣条、多媒体课件	活动1 给图形，说算式； 活动2 给算式，做图形
（8）探索规律	规律	观察能力，逻辑思维能力	千变万化扣条、多媒体课件	拼摆说： 活动1 形的规律； 活动2 颜色与形状的变化规律； 活动3 位置变化规律

三年级老师们梳理三年级的相关知识并结合具体的教学实践后，发现学生对周长、面积、分数及三角形认识需要进一步的体验活动来加深理解；同时，

学生几何直观、空间观念、数学结合及归纳推理四个方面数学素养的提升也需要更多的体验活动支持。针对具体的学情，老师们精心设计以下 8 个主题式的体验活动（表 2.3）。

表 2.3　三年级主题式体验活动内容安排表

体验活动主题	教材关联	数学素养发展	体验活动准备	体验活动设计	
（1）有趣的四连方	对周长的概念有了初步认识，会计算正方形、长方形的周长	空间观念	理想果的果实、多媒体课件	活动 1	说出三种图形的周长；
				活动 2	用 3 个正方形，拼一拼，算周长；
				活动 3	用 4 个正方形，拼一拼，算周长
（2）周长变变变	从不规则图形的周长过渡到规则图形周长	几何直观、空间观念、归纳推理	正方形方块、多媒体课件	活动 1	拼一拼，针对 4 个正方形；
				活动 2	拆 1 片，针对 6 个正方形；
				活动 3	拆 2 片，针对 6 个正方形
（3）围篱笆的学问	长方形的特征、长方形周长计算方法	应用意识、创新意识	千变万化扣条、平面图形、多媒体课件	活动 1	选一选，围一围；
				活动 2	一面靠墙，围一围；
				活动 3	两面靠墙，围一围
（4）拼拼才知道	掌握长方形、正方形周长及面积的计算公式	空间观念	正方形方块、点子图、课件	活动 1	拼一拼，填一填；
				活动 2	画一画，算一算
（5）分数在哪里	分数的具体含义，初步掌握同母分数加减法的计算方法	数形结合思想	麦斯方块、多媒体课件	活动 1	照着样子拼一拼；
				活动 2	同桌合作组合；
				活动 3	小组合作组合
（6）神奇的规律	能对发现的规律做出适当的说明	数形结合思想、创新意识	千变万化扣条、正方形方块	活动 1	拼一拼，想一想；
				活动 2	想一想，摆一摆；
				活动 3	想一想，画一画；
				活动 4	我会创造
（7）做个三角形	认识三角形，三角形的分类	几何直观、空间观念、归纳推理	扣条、多媒体课件	活动 1	做三角形，感知特性；
				活动 2	做四边形，对比感知；
				活动 3	三边关系、三角关系
（8）"分数"去"七巧板"家做客	分数的初步认识	几何直观、空间观念、归纳推理	七巧板、多媒体课件	活动 1	用分数表示每一块；
				活动 2	寻找七巧板中的分数

四年级的老师们梳理四年级的相关知识并结合具体的教学实践后，发现学生对图形的特征、周长及规律的探索等需要进一步的体验活动来加深理解；同时，学生几何直观、推理能力及模型思想等方面数学素养的提升也需要更多的体验活动支持。针对具体的学情，老师们精心设计以下 8 个主题式的体验活动（表2.4）。

表2.4　四年级主题式体验活动内容安排表

体验活动主题	教材关联	数学素养发展	体验活动准备	体验活动设计
（1）七巧板的角	直角、平角、周角的基础上，探索七巧板中七个图形的内角	几何直观、推理能力	七巧板、多媒体课件	活动1　标记已知的角的度数； 活动2　探索未知角的度数； 活动3　探索拼组图形中角的度数
（2）探索规律	用除法解决有关物体排列的规律	类比推理能力	奇妙的图形（学具）、多媒体课件	活动1　回顾图形重复的规律； 活动2　说出后面图形的顺序，你知道第100个是什么图形吗？ 第101个、102个、103个、104个呢？ 活动3　方法的逆应用
（3）好玩的图形	探究给定图形之间的关系并计算角度	应用意识、创新意识	奇妙的图形、多媒体课件	活动1　探究给定图形间的联系； 活动2　不同的方法证明等边三角形每个角是60°； 活动3　应用三角形，验证平行四边形、梯形和六边形的角度关系
（4）围一围	三角形的分类（按边分、按角分）以及三角形三条边的关系	数学建模思想	千变万化扣条、多媒体课件	活动1　用三根同色扣条做出一个三角形； 活动2　用两种颜色的三根扣条做出三角形； 活动3　三根不同颜色的扣条，分别做出锐角三角形、钝角三角形和直角三角形
（5）角的秘密	角的分类以及角的度量相关知识	数学建模思想及合作能力	千变万化扣条、多媒体课件	活动1　两根扣条拼出不同的角； 活动2　对不同大小的角进行分类； 活动3　用一根扣条画不同的角

续表

体验活动主题	教材关联	数学素养发展	体验活动准备	体验活动设计	
（6）图形摆摆	了解平行四边形、梯形、三角形的特性	数形结合推理能力	千变万化扣条、多媒体课件	活动1	用扣条摆出下面的图形，独立找出长方形、正方形、三角形、平行四边形、梯形；
				活动2	拿掉两根扣条，把它变成两个正方形、三个正方形；
				活动3	用12根同样长的小棒摆出3个同样大小的梯形，使这3个梯形组成一个等边三角形
（7）有趣的图形	理解周长的意义，能够求出一些不组合图形的周长	数形结合、归纳推理	千变万化扣条、多媒体课件	活动1	测量扣条的长度，并完成表格；
				活动2	了解周长的意义，并知道图形周长的计算方法；
				活动3	计算出这些不规则图形的周长
（8）组合图形的规律	平行四边形的个数和拼出图形周长之间的关系	数形结合、归纳推理	七巧板、多媒体课件	活动1	相同的平行四边形拼在一起，再求周长；
				活动2	平行四边形和三角形依次拼接，求周长

　　五年级的老师们梳理五年级的相关知识并结合具体的教学实践后，发现学生对表面积、分数及规律的探索等需要进一步的体验活动来加深理解；同时，学生几何直观、空间观念及模型思维等方面数学素养的提升也需要更多的体验活动支持。针对具体的学情，老师们精心设计以下8个主题式的体验活动（表2.5）。

表2.5　五年级主题式体验活动内容安排表

体验活动主题	教材关联	数学素养发展	体验活动准备	体验活动设计	
（1）变化的表面积	《长方体、正方体的表面积》	空间观念，逻辑推理	麦斯方块	活动1	拼2×2大正方体；
				活动2	探究表面积的变化规律；
				活动3	拼3×3大正方体；
				活动4	探究表面积的变化规律
（2）有趣的分数	对分数的进一步认识	数感、有序思考	麦斯方块	活动1	找分数；
				活动2	拼分数
（3）图形的运动	图形的平移旋转在七巧板中的应用	应用意识	七巧板	活动1	鱼图；
				活动2	数字图；
				活动3	自主创作

体验活动主题	教材关联	数学素养发展	体验活动准备	体验活动设计
（4）七巧板	探索七巧板及其他图形	空间观念	正七巧板、多媒体课件	活动1　按样拼图； 活动2　举一反三； 活动3　编故事
（5）有趣轴对称	认识并理解轴对称的特点	抽象归纳	理想果果实、学习单	活动1　认一认； 活动2　拼一拼； 活动3　画一画
（6）奇妙的多边形	理解多边形面积的计算方法	转化思想、归纳推理	奇妙的图形	活动1　拼一拼：同一种图形； 活动2　拼一拼：两种图形； 活动3　拼一拼：三种图形； 活动4　自由拼
（7）神奇的规律	感受密铺的几何美和数学规律	几何直观、归纳推理	奇妙的图形	活动1　一种图形拼出的规律； 活动2　多种图形拼出的规律
（8）设计包装方案	长方体的表面积	空间观念、模型思想	理想果果实	活动1　拼一拼、想一想； 活动2　制作包装盒

六年级的老师们梳理六年级的相关知识并结合具体的教学实践后，发现学生对表面积、分数及规律的探索等需要进一步的体验活动来加深理解；同时，学生几何直观、空间观念及模型思维等方面数学素养的提升也需要更多的体验活动支持。针对具体的学情，老师们精心设计以下6个主题式的体验活动（表2.6）。

表2.6　六年级主题式体验活动内容安排表

体验活动主题	教材关联	数学素养发展	体验活动准备	体验活动设计
（1）比一比，谁的面积大	正多边形周长相等时边数越多面积越大，用极限思维发现边数越多越近似于圆形	极限思想，几何直观	千变万化扣条、多媒体课件	活动1　做一做：制作四条长度相同的扣条带，分别围成正三角形，正四边形、正六边形、正十二边形； 活动2　比一比：围成的哪个正多边形面积大？ 活动3　想一想：怎样围图形的面积最大呢？ 活动4　拓展：篝火晚会为什么要围聚成圆形的呢？

续表

体验活动主题	教材关联	数学素养发展	体验活动准备	体验活动设计	
（2）巧变圆形	圆的面积	几何直观、转化思想、极限思想	双色圆形卡纸、剪刀、小组合作学习单、多媒体课件	活动1	剪一剪：将三个圆片如图分别平均分成4份、8份、16份；
				活动2	拼一拼：发现圆形可以转化成近似平行四边形；
				活动3	想一想：无限地等分下去会越来越近似一个什么图形？
（3）放大图	图形的放大与缩小、比例尺	数形结合	麦斯方块	活动1	按比例放大：正方形；
				活动2	按比例放大：三角形；
				活动3	按比例放大：梯形
（4）图形与规律	规律，体会图形与数的联系	数形结合、抽象思维	拼图达人若干套、多媒体课件	活动1	边长为4个小方格；
				活动2	边长为5个小方格；
				活动3	边长为n个小方格
（5）三视图	三视图	几何直观、转化思想、极限思想	小正方体、学习单、多媒体课件	活动1	画一画：根据立体图画三视图；
				活动2	搭一搭：根据三视图搭立体图
（6）有趣的小棒	理解多边形面积的计算方法	转化思想、几何直观、空间观念	千变万化扣条、学习单、多媒体课件	活动1	摆三角形：用5根扣条，6根扣条，最多摆几个？
				活动2	摆正方形：用7根扣条，12根扣条，最多摆几个？

三、创意体验课程的实施

（一）分年级实施，统一备课

学校将创意课程的实施纳入数学组教研活动安排，创意体验课的上课时间和老师都排入各班级常规课表，授课内容及方式分年级组集体讨论、备课。

（二）创体验教室，定点授课

学校专门开设数学创意体验教室，体验活动需要的学具都安置在教室相应的地方。在具体的教学实践中，老师把孩子们带到数学创意体验教室，针对每个主题体验活动，依据校本资源"数学创意园"的指导和班级的学情，自主做好教学设计，应用好相应的学具，开展体验学习活动。

（三）搭研训平台，教研结合

基地专门成立了数学创意体验课程建设小组，在数学创意体验教室定期开展创意体验课程的教育教学研讨会、课例展示活动、课程资源开发、校本培训等活动，各项任务分工明确，责任到人，保证课程的常态化实施。

第二节　游戏体验课程资源开发

素质教育注重学生的直接经验，注重学生的活动体验，注重学生的全面发展。学习活动中的游戏体验是从应试教育向素质教育转变的有效途径。游戏，有着与人类发展史同步发展的悠久历史。德国教育家福禄培尔曾说，儿童通过游戏和活动，可以使本性得到自然发展，游戏对儿童的身心发展具有重要作用，游戏可以发展儿童的体力、智力、品德、创造力等。数学游戏集娱乐性与教育性于一体，具有不可替代的教育价值，是传递学科知识、促进学生全面发展的重要途径。数学游戏，其集知识性和趣味性于一身，可以有效调动儿童学习数学的积极性，激发和保持儿童数学探究的兴趣。游戏与数学在逻辑思维和线性规则的相似性，为两者的融合以及数学与游戏相促相长提供了基础。原本世上的学习都始于游戏，而游戏又能为日渐枯燥的学习增添些趣味，使得学习过程多些参与积极性。通过游戏来学习数学，学生可以更深刻地理解数学的内涵，能为儿童学习数学提供直观的感性材料和愉悦的学习过程，进一步发展学生的创造性思维。

一、游戏体验课程目标

为进一步促进学生数学核心素养的提升，将游戏化数学活动与数学学习相结合，通过游戏化活动在实践中逐步培养学生的思维品质，让抽象、枯燥的数学知识变得有趣，让学生爱上数学，主动学习数学。为真正把游戏化的数学活动落到实处，为学生的成长搭建平台，我校特开设数学游戏体验课程。数学游戏课程是以数学游戏为基本活动的学习历程，是对国家数学学科课程的补充。其课程目标主要有：

①通过数学游戏，促使学生进一步掌握数学基本知识、基本技能，并在游戏中获得一些基本的数学思想方法和数学活动经验。

②帮助学生初步形成用数学的思维方式去观察、分析游戏活动中的现象的意识，能尝试发现游戏中的数学事实，探究游戏中的规律。

③提高学生对数学的学习兴趣，在游戏中激发好奇心和创造力，体会数学的价值，培养良好的数学情感。

④促进学生社会化的发展，在游戏中提高交往、合作的意识与能力。

二、游戏体验课程内容

1.玩转扑克牌

扑克牌虽是一种娱乐工具，但只要我们正确引导，巧妙运用，定会成为数学教学中有效的教学资源，为我们的数学教学增添趣味、快乐与实效。

扑克牌蕴含着丰富的数学文化。相传，扑克是中国人发明的。在宋代，民间就流传着一种叫"叶子戏"的牌戏，后来，来华的外国商人将这一牌戏带到欧洲。精明的威尼斯商人慧眼独具地将这一牌戏与日历有机地联系起来。他根据历法的规律，制造出一种新式的牌戏。根据一年有52个星期，制成52张牌，外加大小王共计54张。又根据春、夏、秋、冬四季制成红桃、方块、梅花、黑桃四种图案。根据一天黑白之分，将扑克4种花色分成黑、红两色。每种花色共13张，代表着每个季节有13个星期。K、Q、J三种花牌共12张，代表一年分为12个月。

扑克牌蕴含着丰富的数学知识，是一种能够启迪思维，培养探究能力与创新能力的有效载体。合理利用扑克牌，开发相关的游戏体验课程，可以增强数学知识的直观性、趣味性和娱乐性，激发学生学习数学的兴趣。

【扑克牌比大小游戏】

两名同学，每人各出一张牌，知道大小的一方以拍桌子的方式来告诉对方，先抢到的同学优先说结果，判断正确者可以吃掉对方的牌。牌多者赢。举例：双方各出的牌为5和9，先拍桌子说出"9大"的同学可以吃掉对方手中的牌。在借助具体图形比较大小的基础上，学生学会快速比较两个数的大小，同时学会抓住事物主要特征而忽略其他不相关的特征。

【对换扑克牌游戏】

一个同学出示一张牌，另一个同学拿出和等于这张牌面数值的两张牌来换取。举例：出示牌 7，问：可以怎么换？学生可能会想到 7=1+6，7=2+5，7=3+4。借助于扑克牌上的图形，在游戏体验中不但巩固了数的组成这一知识，还渗透了数形结合、一一对应思想，有意识培养有序思考的能力。

【扑克牌"凑十"游戏】

两副扑克牌，取出每种花色的 1~9（A 作为 1）共 36 张牌。两名学生各执一副，打乱牌面数，然后将其中"和为 10"的两张牌配对，看谁先配完就赢。游戏目的是强化"凑十"概念，为后续计算学习做好铺垫。

【抢算吃牌游戏】

两名学生双方各出一张牌，拍桌后抢先说出两牌之和或差或积，先算出者胜。胜者可以吃掉对方的牌，如果一齐说出来，就各得一张，最后牌多者胜。根据年级所学内容难度设定抽取牌面张数与数值。本游戏体验课程意在对简单加减法口算和乘法口诀进行练习，提升计算能力。

【24 点抢牌游戏】

一副牌中抽去大小王剩下 52 张，规定 A、J、Q、K 分别代表 1、11、12、13，也可以规定 A、J、Q、K 都当成 1，也可只用 1 ~ 10 这 40 张牌。任意抽取 4 张牌，（可以两个人玩，也可以四个人玩），用加、减、乘、除（可加括号）把牌面上的数算成 24。每张牌必须用一次且只能用一次。谁先抢算出来，四张牌就归谁，如果无解就各自收回自己的牌。哪一方把所有的牌都赢到手中即获胜，或者最后谁抢算出来的牌最多谁就获胜。

用扑克牌算 24 点抢牌游戏适用于小学中高年级。学生参与体验感强，满足每个人参与游戏的愿望，可极大地调动学生的兴趣。将加、减、乘、除四则混合运算的练习自觉愉悦地融入游戏中，培养了孩子的数学计算能力和反应能力，同时也得到成功满足感。

2. 火眼金睛来找茬

提供相同难易程度的对比图案，学生自主观察，将不同的地方圈出来，以每个参赛选手的速度和正确率进行排名。训练学生的观察力、反应力和辨析能力（图 2.1）。

3. 玩玩一笔画

一笔画游戏来源于"七桥问题"，是一笔画完全部图形，中间不能重复或断掉（图 2.2）。它考察我们的思维能

图 2.1　火眼金睛来找茬

力，可以开发智力，提高耐性。让学生从图画的角度了解数学，感悟数学与艺术、生活的密切联系及数学文化之魅力。学生尝试画一画的游戏体验活动后，可观察思考用数学方法解决问题。找到一笔画的规律：凡是由偶点组成的连通图，一定可以一笔画成。画时可以任一偶点为起点，最后一定能以这个点为终点画完此图；凡是只有两个奇点的连通图（其余都为偶点），一定可以一笔画成。画时必须以一个奇点为起点，另一个奇点为终点；其他情况的图都不能一笔画出（有偶数个奇点除以二可以算出此图至少需几笔画成）。

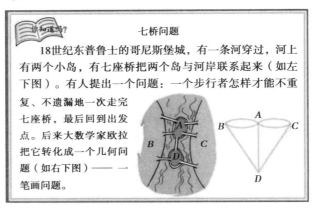

图 2.2　　"七桥问题"

4. 玩转七巧板

七巧板又称七巧图、智慧板，是中国民间流传的智力玩具。七巧板是一个正方形切割成的七块几何平板：包括两个大三角形、一个中三角形、两个小三角形、一个正方形和一个平行四边形。七巧板游戏可以用七巧板随意地拼出你自己设计的图样，也可用所有的七个板块按图形要求，平面地拼出各种几何图形或器物、山水、动物，还有不同姿态的人物等。七巧板游戏可一人玩，也可多人进行比赛。学生以智力七巧板为载体，开展系列七巧板游戏活动，完成操作或解答。借助七巧板形状分析，明白重要几何关系，领悟图形的分割与合成，培养观察力、想象力和逻辑思维能力。

5. 巧思移小棒

根据题目要求或提示，移动小棒使算式或图形成立。通过游戏，让学生进一步掌握图形、数字的基本特点，寻找规律。在巧移、巧用、巧创的体验活动中，运用对比、猜想、验证等方法探究实践，培养学生的想象力和逻辑思维能力。

6.“最强大脑”比赛游戏

出示一组 100 位无规则的数字编码，学生按规定时间对屏幕上出现的数字位置和顺序进行现场记忆，当屏幕上的数字消失时，学生必须在规定的时间里正确地在题单上填出相应的数字以及位置。记忆是人脑对经验过事物的识记、保持再现或再认，它是进行思维、想象等高级心理活动的基础。脑记忆力游戏体验，可强化学生记忆能力，增强数感，培养学习兴趣。

7. 玩转魔方

魔方，也称鲁比克方块。三阶魔方是由富有弹性的硬塑料制成的 6 面正方体。核心是一个轴，并由 26 个小正方体组成。包括中心方块有 6 个，固定不动，只有一面有颜色。边角方块（角块）有 8 个（3 面有色），可转动。边缘方块（棱块）12 个（2 面有色），亦可转动。除三阶魔方外还有二阶、四阶至十七阶，近代新发明的魔方越来越多，它们造型不尽相同，但都趣味无穷。

“玩转魔方”游戏活动要求在规定时间内，将魔方的每个面转成相同的颜色，如果全部完成，以时间短者胜出；如有未完成的，以转的面数多者胜出，评选出“魔方高手”。魔方不仅是益智玩具，也是一种教学用具，是一个可以变化的空间立体图形，能使小学生形成空间与图形的概念，并对一些数学概念产生直观的理解，促进学生空间观念的发展。魔方与数学之间存在着密切的联系，在玩中可以体会数学知识、数学方法和数学思想，发现魔方中隐含的数学内涵，学会用数学的眼光寻找规律，理解规律，使魔方与数学思想方法有机结合起来，促进学生数学的学习，改善数学学习效果。

8. 数独比赛

数独是源自 18 世纪瑞士的一种数学游戏，是一种运用纸、笔进行演算的逻辑游戏。标准数独是由一个给予了提示数字的 9×9 网格组成，盘面是个九宫，每一宫又分为九个小格，所以又称“九宫格”（图 2.3）。我们只需根据 9×9 盘面上的已知数字，推理出所有剩余空格的数字，将其空格填上数字，使得每一行，每一列以及每一个 3×3 宫都没有重复的数字出现。如数独游戏是项流传很久的益智游戏，非常考验人的脑力，特别适合孩子进行脑力开发。数独游戏的玩法比较多，可以运用基本交叉排除法、宫内排除法、行列排除法、区块排除法来玩，轻松解决游戏中的疑难问

		2			5		4	
5	8	6			2		3	
			1				5	2
8	1			9		4		
			4		3			
		3		2			9	1
3	4				9			
	2		3			7	8	4
	7		2			3		

图 2.3　数独

题。玩数独游戏比赛时，以按规则完成数独活动又快又准者获胜。

9. 玩转华容道

华容道是中国古老的民间益智游戏，它与七巧板、九连环等同属中国传统益智玩具（图2.4）。它还有个代名词叫作"中国的难题"。华容道游戏属于滑块类游戏，就是在一定范围内，按照一定条件移动一些称作"块"的东西，最后满足一定的要求。

图 2.4　华容道

如"三国华容道"，通过移动各个方块，帮助曹操最大的方块从初始位置移到棋盘最下方中部，从出口逃走。不允许跨越棋子，所有操作在规定框内完成，设法用最少的步数把曹操移到出口。

三、游戏体验课程的实施

以上数学游戏体验课程适用年级建议见表2.7。

表 2.7　游戏体验课程年级安排表

课程主题	活动适用年级建议
扑克牌比大小游戏	一年级
对换扑克牌游戏	一年级
扑克牌"凑十"游戏	一年级
抢算吃牌游戏	一、二年级
24点抢牌游戏	三至六年级
火眼金睛来找茬	一、二年级
玩玩一笔画	一、二年级
玩转七巧板	三、四年级
巧思移小棒	三、四年级
玩转魔方	三至六年级
"最强大脑"比赛游戏	五、六年级
数独游戏	五、六年级
玩转华容道	五、六年级

在数学游戏体验课程实施形式上建议用比赛形式。比赛活动要做到：活动前有方案、有准备；活动中有秩序、有组织；活动后有反思、有总结。以教研组为团队开展各年级数学游戏课程。在组织活动时先拟定好活动方案，做好成员分工，对活动准备、活动评价、活动记录等都要做好安排，以保证活动效果。在课程实施中，可以开展班级、年级、校级多个层次的比赛活动。以"数学活动节"为体验平台，用比赛形式组织初赛和决赛，带动参与热情，增强体验竞技感和成功仪式感。

实施竞技类数学游戏体验课程具备竞争性特点，会进行速度和准确度的比较，会有输赢之分。竞争元素能培养学生的竞争意识，在竞争中发现自己的缺点和不足，在竞争中强化心理素质；比速度能够锻炼学生的反应能力，巩固所学知识，提高思维敏捷性；比准确度能够培养学生的认真细心品质，提升思维准确性；分输赢能够培养学生面对输赢的良好心态，从小培养学生"胜不骄，败不馁"的优秀品质。

第三节 阅读体验课程资源开发

数学是一门科学，也是一种文化，更是一种语言。《义务教育数学课程标准（2011 年版）》指出，由于学生所处的文化环境、家庭背景和自身思维方式的不同，学生的数学学习活动应当是一个生动活泼的、主动的和富有个性的过程。随着社会的发展，科学技术的进步及社会的数学化，一个人不可能终身依靠老师，每个人都必须学会自学，阅读是自学的主要形式，自学能力的核心是阅读能力，在数学教育中应重视数学阅读。因此，我校数学体验课程开设了数学阅读体验课程，旨在拓展学生数学体验的路径，开阔眼界，综合培养学生的数学学习能力，培养学生良好的数学阅读习惯和较强的数学阅读能力。

数学阅读体验课程是根据学生的年龄特征，结合教材中的学习内容，挑选出适合孩子的阅读材料，精心设计阅读体验活动，让学生在阅读中学会进行数学化分析（信息提取、转译、内化），并能通过各种分享平台用多种方式表达自己的数学观点，以此培养学生的阅读能力、理解能力、语言叙述能力、自学能力和创造能力。

一、阅读体验课程目标

数学阅读包含语言符号（文字、数学符号、术语公式、图表等）的感知和认读、新概念的同化和顺应、阅读材料的理解和记忆等。同时，它也是一个不断假设、证明、想象、推理的积极能动的认知过程。由于数学语言的符号化、逻辑化及严谨性、抽象性等特点，数学阅读具有不同于一般阅读的特殊性。数学阅读课程的目标主要有：

①通过数学阅读，丰富学生的数学语言，培养学生数学交流能力。

②在阅读过程中，学会提取、整理、内化数学信息，培养自主学习的能力。

③培养学生用数学的眼光看世界、用数学的思维思考世界的能力，提升学生的数学素养。

④通过数学阅读体验，增长学生的知识和见识，感受数学的应用价值，增强对数学学科的学习兴趣。

二、阅读体验课程内容

数学阅读课程内容的选择应立足于教材，挖掘教材中的衍生点，结合数学的趣味性和奇妙性；立足于培养学生学习数学、研究数学的兴趣，精心选取学生感兴趣的、能启发思考、开阔视野的学习材料；立足于让学生在数学阅读过程中积累数学活动经验，提高数学阅读能力和数学思维品质；立足促进学生形成良好的数学观和数学意识，具有积极的数学情感体验；立足于拓宽学生的数学视野，感受数学的魅力。

1. 精选适合学生自学的教材内容

在实际教学中，教师习惯于把教材中的精髓挖掘出来，又通过自己的理解表达给学生，这种方式能让部分学生很难在数学课堂有限的时间内被动地理解并掌握这些疑点或难点，同时不利于学生阅读数学的能力和习惯的培养。因此，基于学生可能存在的学习疑点或难点，课后为学生提供适合的数学阅读资源，以问题或阅读建议的形式引导学生边阅读边思考，让学生充分阅读，深入理解形成自己的思考，这样的学习方式可以让学生对知识的理解更加深刻，吸收的效果会更好。

　　表 2.8 是根据一至三年级学生学习内容设置的不同的数学阅读材料以及达成学习目标。这个年级段的学生还处于直观形象为主阶段，图画可以让他们产生有意义的思维和想象，因此阅读以数学绘本为主。

表 2.8　一到三年级推荐阅读书目

一至三年级推荐		
年　级	阅读故事	数学问题
一年级	《乱七八糟的魔女之城》	1. 乱七八糟的魔女帮助怪物整理房间，空白部分可以放什么？ 2. 柜子里的衣服是按什么顺序挂的？
	《世界上最帅的猪》	1. 帮助阿里松数一数一共有多少个鸡蛋？ 2. 阿里松吃了 15 个鸡蛋，还剩多少个？
	《时间的故事》	1. 各个国家的时间为什么不同？ 2. 和妈妈一起制作我的年谱。
	《和邻居亲密相处》	1. 帮助叔叔和阿姨平均分一张饼和八块饼干。 2. 三只猴子平均分一个蛋糕，可以怎么分呢？
	《公主殿下来的那天》	1. 爷爷和小灯笼的房子谁的大一些？ 2. 小灯笼的两个朋友送来的镜子，谁的大一些？
二年级	《小娜龙的一天》	1. 时间的单位有哪些？ 2. 时、分、秒相互之间的换算关系。
	《小菜虫，分豆豆》	1. 分豆豆的过程可以用什么算式计算？ 2. 分花瓣时，为什么从 3 变到了 5？
	《三只小熊》	1. 你认识哪些长度单位？ 2. 米、分米、厘米、毫米之间的关系是什么？
	《五只小狗真淘气》	1. 怎样口算两位数加（减）一位数、两位数加（减）整十数？ 2. 小狗们怎样解决了问题？
	《小小的二手市场》	1. 二手市场买东西时，需要什么技能？ 2. 能帮小朋友计算他买的东西需要多少钱吗？
三年级	《音符里藏着数学规律》	1. 音符里有些什么规律？ 2. 创造一串有规律的音符。
	《小胡椒日记》	1. 一月到十二月各有多少天？ 2. 一年有几周？一年有几天呢？
	《宇宙无敌舰长》	1. 发射的炮弹是什么形状？它的外形是什么样子？ 2. 正四棱锥是什么样子的？

续表

一至三年级推荐		
年 级	阅读故事	数学问题
三年级	《柠檬汁大拍卖》	1. 统计图中不同高度的长条表示什么？ 2. 5 天的销量有什么变化？为什么？
	《艾迪来猜龄》	1. 参加游戏的青少年可能是几岁？ 2. 为什么艾迪第二次会下水？如何修正艾迪的问题，才能问出老先生的年龄？

2. 将教材中编排的"你知道吗？"等内容适度改造延伸

随着课程改革的深入推进，数学的文化价值越来越被重视。各个版本的小学数学教材，不仅在知识的编写中有意识地渗透数学文化，还专门开辟了"你知道吗？"栏目进行显性体现，具体内容有数学史料、数学背景知识、数学的生活应用、数学家的故事等，以激发学生学习数学的兴趣，开阔学生的视野，引导学生感受数学文化的魅力（表 2.9）。但因为篇幅受限，多是"点到为止"。以下是我们将部分"你知道吗？"内容作为课程资源进行适度改造延伸，以期发挥其更大教育价值。

表 2.9　各年级推荐书目安排表 1

年 级	"你知道吗？"	推荐书目
一年级上册	阿拉伯数字的由来	《数字的故事》
一年级下册	生活中的 100（百）	《魔法数学》
	计时工具的变化	《时间的奥秘》
二年级上册	单位长度"米"的来历	《万物的尺度》
二年级下册	生活中的数学规律	《燕子，你还记得吗？》
	七巧板	《七巧板村的故事》
三年级上册	分数符号的来历	《各国的早餐》
三年级下册	建筑中的对称	《我和爷爷的建筑之旅　建筑与数学》
	小数点的由来	《看里面系列：揭秘小数》
四年级上册	聪明的高斯	《数学家的故事》
	奇妙的乘法	《看里面系列：揭秘乘法表》
四年级下册	著名的数学家华罗庚	《数学家的故事》
五年级上册	九章算术	《数学演义——好玩的数学》
五年级下册	古老的方程	《未知中的已知：方程的故事》
六年级	古老的几何	《走进奇妙的几何世界》
	统计的产生与发展	《美妙的数学王国之旅——统计的故事》

3. 补充一些有价值、可探究的课外阅读材料

陈省身先生讲："不是什么样的数学都是好的数学。"因此，一方面，我们要寻找学生对什么内容感兴趣，另一方面，还要做好数学内容的研究，把握好内容的本质。选择适合学生的数学阅读绘本或书籍供学生阅读（表2.10—表2.12）。

表2.10　各年级推荐书目安排表2

一、二年级推荐书目		
序　号	书　名	作　者	出版社
1	李毓佩数学童话集（小学低年级注音版）	李毓佩	海豚出版社
2	我是数学迷（美国数学绘本）	辛迪·诺伊施万德	外教教学与研究出版社
3	安野光雅数学绘本	安野光雅	九州出版社
4	我的一天	金岁实	长春出版社
5	鸟儿鸟儿飞进来	韩恩善	长春出版社
6	鼓鼓和蛋蛋的梦想	六辛润	长春出版社
7	美术馆里遇到的数学	马仲物	长春出版社

表2.11　各年级推荐书目安排表3

三、四年级推荐书目		
序　号	书　名	作　者	出版社
1	全世界孩子都爱玩的700个数学游戏	柯友辉	新世界出版社
2	李毓佩数学故事系列（全7册）	李毓佩	湖北少年儿童出版社
3	数学帮帮忙（全25册）	达芙妮·斯金纳	新蕾出版社
4	有趣得让人睡不着的数学	樱井进	人民邮电出版社
5	启发每个人思维的数学小书	莉莉安·李伯	中国青年出版社
6	趣味数学366（第2版）	任现森	清华大学出版社
7	爱克斯探长（数学侦探故事）	李毓佩	中国少年儿童出版社
8	数学维生素	朴京美、姜镕哲	中信出版社

表2.12　各年级推荐书目安排表4

五、六年级推荐书目		
序　号	书　名	作　者	出版社
1	数学小丛书（共18册）	华罗庚等	科学出版社
2	神奇的数学（牛津教授给青少年的讲座）	马库斯·索托伊	人民邮电出版社

续表

五、六年级推荐书目			
序　号	书　名	作　者	出版社
3	李毓佩数学历险记（小学高年级）	李毓佩	海豚出版社
4	帮你学数学（院士数学讲座专辑）	张景中	中国少年儿童出版社
5	数学花园漫游记（趣味数学）	马希文	中国少年儿童出版社
6	中国古算解趣	郁祖权	科学出版社
7	数学美拾趣	易南轩	科学出版社

三、阅读体验课程的实施

（一）创设阅读资源环境

1.推荐"数学阅读书目"

老师们把前面挑选出的适合孩子的阅读书目推荐给不同年级的孩子，鼓励家长给孩子购买数学读物，让学生接触更多优秀的数学书籍，开阔视野。

鼓励孩子订阅《数学大王》《趣味数学》等杂志，让孩子每月及时关注最新的数学学习材料，关心身边的数学信息，体会数学的价值。

2.建立"数学阅读乐园"

学校是数学阅读的重要场所，在每层楼设置了数学阅读专区，分年级摆放着各种数学阅读图书。课间或放学后，学生可以随手翻阅，想读就读。对于自己喜欢的数学图书，孩子还可以借走，进行深度、细致的阅读。

班级建立的"数学角"也是数学阅读资源的重要载体。张贴的数学家的故事，每月轮换，可以让孩子们认识更多的数学家；张贴学生自己创作的数学故事、数学阅读小报等，可以让孩子自由地交流分享阅读收获。

（二）开展阅读实践活动

1.课内专时阅读

根据教学内容，基于学生可能存在的教学疑点、难点，提前为学生提供适合的数学阅读资源，引导学生在周三阅读课开展数学阅读，并将阅读收获记录在阅读卡上。

例如，一年级"时间"单元，学生认识了钟表上的整时和几时半，对时间的认识有了一定的兴趣，于是，我们"乘胜追击"准备了绘本故事《时间的故事》，让学生先自主阅读，再开展交流。孩子一下子就被绘画精美、情节生动的数学绘本吸引了，对时间的理解更加深刻，培养了学生珍惜时间的美德。

又如，五年级孩子学习方程以后，单纯机械的练习只会降低孩子们的学习兴趣，于是，老师们准备了数学故事《天元术》，学生自主阅读，然后交流心得，在对比交流中学生进一步了解并理解了方程的过程，同时了解了代数思想的发展史，感受到了古人非凡的智慧。

2. 课外自主阅读

前期工作中，我们通过家长会、线上沟通等方式，阐述了数学阅读的重要性，建议家长配合学校的数学阅读计划，为孩子购买推荐的数学阅读读物。因此周四无作业日，周末、假期期间都布置了数学阅读的学习任务，学生可以在家自主进行数学阅读。同时我们也提倡家长和孩子一起开展亲子共读，并对孩子的数学阅读进行必要的指导。

（三）搭建阅读分享平台

为及时获取学生数学阅读效果的反馈信息并保持、提升学生阅读的热情，我们努力开展以阅读为载体的数学课外活动，为学生创设展示和交流的平台。

1. 讲故事

每周一的数学小舞台，"数学故事大王"们在故事书、报刊、杂志上找到很多有意思的数学故事。在孩子们绘声绘色的讲述下，深奥的数学知识经过故事的演绎变得不再乏味，悠长的数学历史经过故事的讲述变得不再神秘，数学家们严谨的治学态度和他们发现数学原理的历程引人入胜，将"听众"带入了迷人的数学殿堂。学生表演说话的能力提高了，视野开阔了，搜集整理资料的能力也得到了培养。每学年在低段还会举行"数学文化百家小讲坛"讲数学故事大赛，让学生以本期的推荐故事或书目为主，选择感兴趣的内容以讲故事的形式为大家生动地呈现出来，在让学生更好地掌握知识的基础上，为学生提供展现自我、交流数学的平台，拓展孩子们的数学文化知识，培养数学学习兴趣，提升综合实践能力。

2. 做小报

阅读了数学故事，孩子们也可以自己动手制作数学小报。小报的内容可以是自己摘录的，也可以是自己创作的，数学小报图文并茂，可读性强。孩子们通常先确定一个主题，如"数学趣闻""图形里的秘密""认识长度"等，然后搜集相关的资料，排版、绘制成完整的数学小报。数学小报可张贴在教室里，先在班内进行评比，由学生自己担任评委，后再进行年级、全校性的评比。

3. 编绘本

孩子的想象力极为丰富，阅读让他们对数学世界更加地了解，对数学知识的理解更加深刻。绘画功底深厚的孩子，开始用画笔展现他们对数学的认识，绘制数学绘本是他们喜欢的方式。在绘制"数学故事"时，学生将一个个知识点巧妙地"嵌"入绘本故事，编织复杂情节，在生动精彩的故事中体验到他们心中数学的妙趣。数学绘本可展示在教室的数学小书角内，供班级传阅、评比，再进行年级、全校性的评比。

4. 创新诗

我国是诗词的国度。孩子们可以将语文和数学结合，让感性的文学与理性的数学诗意地结合在一起，将数学元素巧妙地、大量地运用在诗词创作之中，数学元素与诗词结合，给人以无限回味的余地，幻化出无穷的魅力，表现出令人意想不到的诗情画意。为繁荣校园诗歌创作，营造学校良好的文化学术氛围，每学年在高段举行"数有理　诗有味　当数学遇上诗词"诗词创作大赛，为学生提供一个数学诗歌交流平台，使好的数学诗歌作品得到应有的肯定，使更多的人关注诗歌、关注文学，关注数学与文学的联系。

5. 说趣题

孩子们对数学中的命题趣题也特别感兴趣。周一数学小舞台、周三的阅读课都是他们展示智慧的时间，孩子们从数学专著及其他各类书籍中摘录出来各种有意思的趣题，如鸡兔同笼、物不知数、斐波那契兔子问题、牛吃草问题、奔跑的狗等，站在讲台上的"小老师们"用稚趣的语言给小听众们有模有样地讲解答疑，深奥的数学知识变得有趣生动。通过这个过程，孩子们不仅了解到灿烂辉煌的数学文化，领略到前人的高超智慧，也使他们的智慧得到开发，思维得到训练。

第三章
小学数学"数与代数"体验内容教学设计

第一节　数与代数体验内容分析

　　"数与代数"部分是小学数学课程的重要内容，是整个数学知识学习和其他学科学习的基础。这部分内容主要包括"数与运算"和"数量关系"两个主题。《数学课程标准（2011 年版）》指出，"数与运算"包括整数、小数和分数的认识及其四则运算；"数量关系"主要是用符号（包括数）或含有符号的式子表达数量之间的关系或规律。现将小学阶段"数与代数"内容的体验点做如下分析。

一、"数与代数"教材内容分析

（一）数的认识

　　"数的认识"在小学阶段的学习主要分为认识整数、认识分数（正分数）和认识小数三大块。

1. 认识整数

认识整数包括四大内容：认识万以内的数、认识万以上的数、因数与倍数、认识负数。各内容都以理解数的意义为数学重点。认识数，我们需要让学生在生动具体的情境中体验，理解数的意义；在基本的技能训练中，体验、掌握数的读写；在丰富的数学活动中（生活情境、比较、交流、解决问题、计算体验等）形成数感；结合学习内容，参与创造符号，体会数学符号的作用以及发展过程，形成符号意识。学生认识负数，是实现认识数的质的飞跃。数不但表示数量的多少，还表示相反意义的量，是数的发展的一个飞跃。我们可以通过丰富多彩的现实生活情境，借助直观形象，分步呈现数轴（正数、0、负数）等办法，帮助学生理解负数的意义。

2. 认识分数

认识分数在表达平均分结果时，遇到了分的结果比 1 还要小的情况，比如一半、小半、大半等，如何表示这样的结果呢？这时候只有自然数显然是不够的，于是引进了分数。这时候认识的分数，都是把一个物体平均分成若干份，表示一份或者几份的数就是分数。这就是"分数的初步认识"。后来扩展到不但可以把一个物体平均分，如果把一些物体、一个计量单位等看作一个整体，平均分以后，其中的一份或者几份，虽然是一个或几个，可以用自然数来表示，但也可以理解为是这个整体的几分之一或几分之几。这样建立的分数概念就基本完整了，这也就是教材中的"分数的意义"。"分数的意义"对于小学生来说是个比较抽象的概念，教材分两次完成了对分数的认识，加上最后认识的百分数，对分数的认识分成了三个阶段。对分数的初步认识，应充分运用形象和直观手段，让学生在具体的情境中操作感悟计数单位，如通过操作活动初步理解分数，能够将图与分数相互表示，深入理解单位"1"。密切联系学生的生活实际，认识百分数，体验百分数的广泛应用。

3. 认识小数

认识小数也分为两个阶段：第一阶段是小数的初步认识。第二阶段比较系统地认识小数的意义。因此，我们应从生活实例、表示度量结果的需要出发，建立小数的概念。运用生活中各种鲜活的实例体验，让学生感受小数的现实作用。利用他们已有的经验有助于理解小数的意义，发现小数的性质，进行比较大小的活动；运用数形结合，从直观到抽象的体验，从而实现感性认识到理性认识的飞跃。依托知识迁移体验，建立小数与分数的联系，有利于小数的模型的建立，培养关于小数的数感。设计多种活动体验，把原来认识的整数数位表扩充到小数，把分数单位和小数的计数单位联系起来，使学生逐步在头脑中建构起完整的认数体系。

数的意义本身是抽象的，只有为学生提供充分的可以感知的现实背景，让他们在其中充分体验，才能真正理解数的意义，建立数感。

（二）数的运算

"数的运算"是人们在日常生活中应用最多的数学知识，它是小学数学教学的基本内容，培养小学生的运算能力一直是小学数学教学的主要目的之一。纵观整个小学数学教学，其中计算教学占有相当大的比重，而计算课知识间又存在内在联系。整数、小数、分数的运算都是把相同单位上的数相加减，小数乘法、除法的计算实际上都要按照整数乘法、除法的计算法则计算，所不同的就是小数点的处理问题。就运算而言，加法是减法和乘法的基础，加法和减法是互逆的，乘法是加法的简便算法。乘法又是除法的基础，乘法和除法是互逆的，除法还是减法的简算。就知识体系而言，学生是学习了整数以后，再学小数和分数，因此我们教师必须明确计算知识之间的联系，把握教学起点，开展计算教学。口算、笔算、估算、简算也存在密切联系。口算既是笔算、估算、简算的基础，也是计算教学的重要组成部分。笔算需建立在口算的基础上才能进行正确计算，笔算也能促进口算能力的进一步提高。估算实际上就是一种无须获得精确结果的口算，它更是对口算、笔算的一种验证，而简算又是优化的体现。

鉴于"数的运算"的内在联系，我们在教学时应渗透转化思想，利用学生已有的知识基础，找准新旧知识间的关系；"以形助数""以数辅形"，借助数形结合突破教学的难点；通过观察→猜测→验证→结论探索过程的体验，利用归纳推理法明确了"数的运算"的意义和实质；适当时机通过类比，使学生很快地领会新知识并得出结论。

通过直观演示、动手操作、反复训练，理解算理。重视口算，采用形式多样的口算训练方式，提高学生的思维敏捷度。在实际的计算训练中，体会到估算的作用，提高学生的估算意识和估算能力。在思考和交流中，鼓励算法多样化，满足了课堂中学生个性化的学习需求，实现不同的人在数学上有不同的发展。算法多样化也要注意方法的优化，在适时适当的引导下，学生既要了解算法的多样性，也要理解算法的合理性，培养算法的优化意识，使计算教学真实有效。

（三）用字母表示数（式与方程）

用字母表示数是建立数感与符号意识的重要过程，是学习和认识数学的一次飞跃，是代数的核心内容之一，为以后数学的学习奠定基础。在第二学段，学生将学习方程的初步知识，了解方程的作用，等式的性质，能用等式的性质解简单的方程。在这一过程中，学生将掌握等量关系、方程、等式与方程的解等与方程有关的常识及解简单方程的方法。《课程标准》增加了"在具体情境中，了解常见的数量关系：总价＝单价 × 数量、路程＝速度 × 时间，并能解决简单的实际问题。"学生对这些常见数量关系的了解，特别是运用这些数量关系解决问题，是小学阶段问题解决的核心。特别是"总价＝单价 × 数量、路程＝速度 × 时间"是小学阶段最常用的数量关系，多数实际问题都可以归结为这两类数量关系。在教学中，我们应把问题建立在情境中，利用情境体验用字母表示数的一般性，利用等式的性质解方程，以及突出数量关系与方程的紧密联系。

（四）正比例与反比例

正比例和反比例是刻画某一现实背景中两种相关联的量的变化规律的数学模型，从常量到变量，是学生认识过程中的又一次重大飞跃。虽然学生在过去学习用字母表示数和运算律的过程中，对变量的思想有过一些感知，但真正用函数的观念探索两种相关联的量的变化规律是从部分开始的。通过比例的学习，进一步建构数量关系的模型，一方面可以帮助学生进一步加深对过去学过的数量关系的理解，初步学会从变量的角度来认识两种量之间的关系，感受函数的思想方法。另一方面，正比例和反比例的知识在日常生活和生产中有着十分广泛的应用，比例的应用又与"图形与几何"领域相关，使学生能举例、解释生活中成比例的数学现象。正、反比例的定义都渗透了变量的含义，为在初中学段学习正比例函数和反比例函数提供了必要的保证。因此，在教学中应合理利用实际生活中的情境锻炼学生用数学的眼光观察现实生活；通过学习回答解决生活问题，让学生体验数学的价值；学习中，通过观察、对比、分析，发现量与量之间变化关系，突破教学的难点。

（五）常见的量

常见的量是小学数学学习中一个重要的内容，它和数量关系密切联系，也和学生的生活实际密不可分。常见的量主要有人民币单位（元、角、分）、时间单位（年、月、日、时、分、秒）、质量单位（吨、千克、克）、长度单位（千米、米、分米、厘米、毫米）、面积单位（平方千米、公顷、平方米、平方分米、平方厘米）、体积单位（立方米、立方分米、立方厘米）和容积单位（升、毫升）。我们在教学时要依托现实生活情境，让学生去感知这些常见量的来龙去脉，怎么建立起来的，单位之间有怎样的一种关系，在这里渗透一种探索、创造并且了解人类文明的一个过程，让学生在解决问题的过程中理解和掌握。常见量中的计量单位，特别是计量单位的学习和掌握，一般是从具体的思维到认识抽象的一个过程，因此，我们要安排一些实践活动，比如说认识质量单位的教学，不能简单地从书本去认识，而是要让学生去掂一掂、拎一拎、抱一抱，来为体验出物品的实际重量，提供一个形象的支持。又如时间的教学，上学从家到学校要用多长时间，课间操的时间有多长，一节课有多长，让学生记录下来，通过学生的实践操作，使学生逐步从感性的思维上升到理性思维。再如对人民币的认识，我们更要借助学生已有的知识经验和实际的生活体验，把数学知识还原到生活当中，让学生经历"了解知识—体验知识—掌握知识"的形成过程。

（六）探索规律

小学数学"探索规律"的内容，主要是数、式、形的规律探索，采取集中与分散相结合的方法进行设计，即在不同阶段设置独立的单元以适当的主题进行"探索规律"的学习，同时以相关内容的学习为载体，以分散渗透的方式，引导学生经历知识的探索过程，发现给定的事物中隐含的规律与变化趋势，培养学生归纳、类比等合情推理的能力。教材注重对变化规律的探索，把探索规律蕴含在法则、公式、性质的教学之中，从学生的身边资源、学习活动、教学经验入手逐步渗透，提供了大量探索规律的教材，丰富学生的规律意识。以学生熟悉的活动情境为背景，让学生通过操作、观察、实验、猜测等数学体验活动去发现规律，感受探索规律的一般方法。感受到规律的存在，进一步探索排列图形的形状、颜色的循环变化和等差数列、不等差数列的规律，培养学生观察、操作以及归纳推理的能力和运用数学创造美的意识。鼓励学生借助图画、表格、线段、符号等多种形式，采用观察、计算、比较、操作、猜想、验证等方法方式，培养学生的推理能力寻找蕴含在问题情境中的规律结构和发展趋势，感受数学思考的合理性，激发找规律的兴趣，培养推理意识。

二、义务教育课程标准西师版教材"数与代数"部分体验点梳理

"数与代数"领域体验点分布点见表 3.1。

表 3.1 "数与代数"领域体验点分布表

课程内容	知识板块	年级	册数	学习内容	体验内容及途径
数与代数	数的认识	一年级	上册	比一比	通过观察、操作，体验物品的长短、大小、多少、轻重
				20 以内数的认识	通过在情境中数一数，比一比，写一写，摆一摆，说一说，体验数的产生，以及用数表达生活中的信息
			下册	100 以内数的认识	通过真实、具体的生活情境，摆一摆，拨一拨，数一数（多种数数方法），体验数的组成，加深对数位的认识
		二年级	下册	万以内数的认识	通过观察、思考、操作，逐步抽象、概括、类推，体验万以内数的读、写，强化数位的再认识。 通过调查商品价格，全年级全校人数，体验大数在生活中的应用。 通过现实场景的估计、判断、猜想，体验大数以及估计是现实生活的需要
		四年级	上册	万以上数的认识	通过数数、观察、讨论，体验每相邻两个计数单位间的进率都是十。 通过类比，体验万以上的数与万以内的数读法上的异同。 通过现实生活情境，体验万以上的数与生活的紧密联系
		五年级	下册	倍数与因数	通过观察、猜想、验证，体验倍数、因数的产生过程
	分数	三年级	上册	分数的初步认识	1.通过折一折、涂一涂、分一分，体验分数的意义。 2.通过操作、演示、计算，体验同分母分数的计算方法
		五年级	下册	分数	1.通过直观演示、学具操作，体验部分与整体的关系，理解分数的意义。 2.通过观察、操作、枚举、推理，体验变与不变的辩证关系，理解分数的基本性质

续表

课程内容	知识板块		年级	册数	学习内容	体验内容及途径
数与代数	数的认识	负数的初步认识	六年级	上册	负数的初步认识	借助熟悉的生活情境,通过观察、交流,体验负数产生的必要性,认识负数的意义
		百分数	六年级	下册	百分数的认识	鼓励发现、收集生活中的百分数素材,通过观察、比较、交流,体验百分数的应用价值,进一步理解百分数的意义
	数的运算	整数的运算	一年级	上册	9加几,8加几	通过用小棒摆一摆、捆一捆、想一想、算一算,体验算法的多样化,理解算理
					11减几,12,13减几	通过摆小棒,摆圆片等实际操作活动,体验"破十法"的构建,理解20以内退位减法的意义
				下册	整十数加、减整十数的口算;两位数加减整十数、一位数的口算;两位数加减两位数;进位加法,退位减法	通过实物操作、计数器等直观手段,在操作、观察、思考与交流等活动中,体验计算方法的多样化,理解抽象的算理
			二年级	下册	三位数的加减	借助具体生活情境,通过观察、比较、分析、交流,体验学习方法的迁移,理解加减运算的意义
			四年级	上册	加减法的关系及运算律	结合具体情境,通过自主探索、观察、比较、交流等方式,体验知识的构建,理解加减法的实际意义,体会加减法的关系
					三位数乘两位数的乘法	借助旧知的迁移类推,通过自主探索、动手实践、合作交流,体验乘法算理、算法的"分"与"合",以及数学模型抽象的全过程;体验计算方法的多样化和解决问题策略的多样化
					三位数除以两位数的除法	通过旧知的迁移、观察、交流,体验"试商""调商"的过程,理解除法算理、算法

续表

课程内容	知识板块		年级	册数	学习内容	体验内容及途径
数与代数	数的运算	小数的运算	四年级	下册	小数加减法	借助原有知识、经验的正迁移，通过观察、比较、猜想、验证等活动，体验小数加、减法和加减混合运算计算方法的构建过程
		分数的运算	五年级	下册	分数加减法	借助直观图，通过独立思考、观察、归纳、交流，体验知识的迁移运用，理解算理
			六年级	上册	分数乘除法；	借助生活具体情境，通过自主探索、观察比较、合作交流，体验算理、算法知识体系的自主构建，形成技能
	常见的量	—	一年级	下册	人民币	通过实际生活购物情境，体验人民币的换算
					认识钟表	通过观察、操作、比较，体验钟表指针走动的规律，能认读时间
			二年级	下册	时、分、秒	通过击掌、跳绳、写字等活动，体验1分钟的时间能做什么。
						制作假期作息时间表、记录学校期间时间表及每天锻炼时间统计表
			三年级	上册	年、月、日	学生通过观察、数一数、算一算等活动统计出年、月、日的相关数据
					克、千克、吨	学生通过估一估、称一称、掂一掂、找一找、议一议加深对克的理解，初步建立克的概念
	等式与方程	—	五年级	下册	方程	通过操作天平称物体重量的活动，体验等式的意义和性质
	正比例与反比例	—	六年级	下册	认识比例	测量竹竿和影长

第二节　数与代数体验式教学设计

9 加几

一、教学内容分析

运算能力主要是指能够运用法则和运算律正确地进行计算的能力，培养运算能力有助于学生理解运算的算理，寻求合理简洁的运算途径解决问题。《义务教育数学课程标准（2011 年版）》在第一学段目标中明确指出：要求学生体会四则运算的意义，掌握必要的运算技能，并能正确地进行运算。

9 加几是在学生学习了 10 以内数的加减法、20 以内数的认识及不进位加法的基础上进行教学的。它是小学数学教学内容中的一项重要的基础知识和基本技能，是学生后续学习其他计算必不可少的基础，在整个计算教学中占有特别重要的地位。9 加几是单元的起始课，在该课的教学中，学生应经历探索 9 加几计算方法的过程，掌握计算方法，并能熟练地口算 9 加几。学生的学习效果直接影响到后面 8、7、6 加几的学习，在整个小学计算教学中处于最核心的地位。

对比了几个版本的教材，发现几个版本的教材都选择了与学生生活实际紧密联系的素材，以问题情境的方式呈现教学内容。其中西师版、北师版、苏教版让学生通过问题情境发现和提出问题，一共有多少？引出加法算式 9 加几。只有人教版教材直接出示加法算式。强调动手操作和多向思维，突出算法的多样化，并且重点展示了"凑十法"的计算过程与方法，突出"凑十"法在多种算法中的核心地位。其中北师版教材在新课教学中，计算 9+5 还展示了两种不同的凑十法，即看大数，分小数，把 9 和 1 凑成 10，10+4=14。或者看小数，分大数，5+5=10，10+4=14。在巩固练习中，不断加强对"凑十法"的理解和掌握。借助"凑十法"的思维方法，通过"摆一摆 算一算"或"圈一圈 算一算"等直观的操作活动，让学生先圈十，再计算，加深对"凑十法"的理解，进一步掌握"凑十法"的计算方法。北师版教材在"做一做"中，还利用计数器呈现了满十进一的过程，为孩子们理解进位提供了最直观的支撑。

二、学生学情分析

学生已经较为系统地学习了 10 以内数的加减法、20 以内数的认识及不进位加法，并且经历了利用摆小棒动手操作来探索计算方法的过程。在日常的生活中，学生经常用到 9 加几的计算。有的孩子经常自己买学具、买零食等，甚至有的学生已经能进行简单的计算，但是因为没有经过系统的学习和训练，在方法上不够成熟。

一年级的孩子认识事物时以具体形象思维为主，虽然具有一定的抽象概括能力，能够初步进行一些判断和推理，但思维水平总的来说还很低，思维过程往往只依靠具体的表象，带有很大的依赖性和模仿性，所以本节课 9 加几的学习，要让学生在活动中去体验和感受"凑十法"的思维过程。

三、体验点

基于以上分析可以得出，"9 加几"这节课，主要有以下两个体验点：

①在动手操作和交流中主动思考，深入理解"凑十法"的算理，体验"凑十"的过程和"凑十"的优越性。

②自主探索计算方法，体验算法的多样化。

③对比分析，体验凑十法的灵活运用。

四、体验的途径和方法

（一）"凑十"过程的体验

1. 复习铺垫，体验 10 加几算式的特点和优势

儿童学习新知识总是建立在一定的知识经验基础上，教师要利用学生已有的知识经验，提炼出新知识的生长点，为新课的学习做好复习铺垫。在本课学习之前，孩子们已经学习了 10 以内数的加减法，认识了 20 以内的数，初步认识了计数单位"十"，知道一个"十"和几个"一"就组成了"十几"。因此教学时教师要充分利用这一知识的生长点。在准备题环节，教师可以有意识安排 10 加几的口算练习，让学生体验 10 加一个数比较简便。教师可以通过追问，

让学生感受到"10加几"算式的特点和优势。通过准备题的练习，从知识内容、思维方法等角度去激活学生原有的认知结构，在新旧知识间架起一座认知桥梁，有利于学生实现新旧知识的顺利过渡。

2. 利用学具，在操作中体验，建立"凑十"的直观表象

为了更好地掌握9加几，各种版本的教材都安排了大量的学具操作的内容。

在教学中，教师要利用情境引出例题，学生列出算式后，教师再把问题直接抛向学生，"你能算出等于多少吗？"。把教学重点放在用小棒自主探索计算方法上。学生自主探索算法的过程，是运用已有经验解决问题的过程。如西师版教材计算"一共有多少瓶水"，在操作过程中，学生会利用小棒代替矿泉水，先把箱子外的3瓶水分成两部分，拿出一瓶放入箱内，和原来的9瓶水刚好凑成10瓶，最后把箱子里面的10瓶和箱子外的两瓶合起来就得到总数12瓶。这样，通过操作体验，学生在头脑里已经形成了"凑十"的直观表象。

3. 交流中进一步体验9加几的凑十过程

教学中，教师要引导学生全班交流。交流算法的过程，也就是思维条理化的过程。在交流的过程中，教师要有意识地引导学生，让学生完整展示他们计算的思维过程，同时教师要结合学生的操作和语言，提炼学生的思维过程，并辅以对应性板书，让学生更加明确地体验到9加几的四个计算步骤，即"看大数想凑数""分小数""凑十""十加几"，帮助学生在数形结合中实现从具体到抽象的转化。

（二）体验算法多样化

《义务教育数学课程标准（2011年版）》指出，要鼓励"算法的多样化"。因此，在本课教学中，教师要通过追问"你还有不同的方法吗？"，引导学生用多种方法进行计算，体现算法的多样化思想。学生除了想到"凑十法"，可能还会想到数数法，即9.10.11…或者把9看成10，10加几等于10几，然后再减1。学生算法的不同也展示了学生思维的发展水平不同，教师都应该给予充分的肯定和表扬，并随机进行板书。让学生感受解决问题策略的多样性和灵活性，使每个学生都获得成功体验。此时，暂不比较各种算法的优劣，在后面的巩固练习中，再对各种方法进行比较、争论，促使学生对自己选择的方法做出积极的反思与必要的改进。

（三）体验凑十法的灵活运用

1. 比较中体验，加深对凑十法的深刻理解和灵活运用

在巩固练习中，通过观察对比，加强对"凑十法"的理解和应用。可以让学生"先圈十，再计算"。在计算 9+7 中，因为 9 和 7 离 10 都比较近。学生会出现两种不同的圈法，从 7 里面圈出一个和 9 凑成十，再把 10 和 6 合起来等于 16。也可以从 9 里面圈出 3 和 7 凑成 10，再把 10 和 6 合起来就是 16。这时，教师引导学生比较两种方法的不同。通过对比，学生会发现，一种圈法是看大数，分小数。另一种圈法是看小数，分大数。通过对两种不同的"凑十法"的比较，使学生对"凑十法"的理解进一步累积感性经验，加深对"凑十法"内涵的理解，并且能够更加灵活地使用"凑十法"。

2. 观察中体验，探索内在规律，形成运算技能

在学生计算 9 加几的过程中，教师要不断引导学生观察、探索发现计算的规律。对学生的学习要求，从多种方法计算到"凑十法"计算，体现多样化到优化的逐步发展过程。教师从组织学生学具操作、课堂板书、圈一圈、画一画，再到逐步脱离学具进行计算，教师要由扶到放，引导学生逐步发现 9 加几的计算规律，提升学生的思维水平，逐步形成运算技能。

在本课学习结束时，教师应重点引导学生对 9 加几的算式进行整理。教师出示更具结构化、更开放性的算式，即：9+ □ =1 □。让学生说出 9 加几的所有算式，教师进行有序的板书。再引导学生观察，比较，进行全班交流。结合学生的发现和归纳，让学生逐步体会到 9 加几就是十几，和的个位刚好比第二个加数少 1。这样的设计，既体现了 9 加几的计算规律，又更好地帮助了学生感受到凑十法的迅速、简便、直接的特点。同时又在引导学生探寻规律的过程中发展思维，使学生品味到数学内在的简洁之美。

五、教学实践片段

片段一：

教师创设生活化的情境，并出示下列口算卡片：

10+2　　　10+4　　　10+3　　　10+6　　　10+7

学生抢答。

生1：10+2=12

生2：10+4=14

……

师：刚才这一组口算题，有什么相同的地方？

生1：都是10加几

师：这一组口算题，你们不仅算对了，而且算得特别快，这是为什么？

生2：10+1=11，10+2=12，10+3=13……

生3：因为10加几就是十几。

片段二：

师：一共有多少瓶饮料？孩子们会算吗？

生1：会。

师：请同学们拿出小棒或小圆片代替矿泉水摆一摆、算一算。再和同桌互相说一说自己是怎样想的。

（学生独立探索，同桌交流，教师巡视）

师：现在大家说说看，9加4等于多少？

生2：13（教师完成板书9+4=13）。

师：你怎么想的？你能说一说思考过程吗？

生3：我是用数的方法。从9接着往后数，9，10，11，12，13。

（教师板书：数数法，9，10，11，12，13）

师：说得不错，数数也可以帮助我们计算。谁的方法和他的方法不一样？

生4：我是先把9看成10，10加4得14，14再减去1就是13。

（教师板书：10+4=14，14-1=13）

生5：箱子里有9瓶饮料，箱子外面有4瓶，先把外面拿1瓶放到箱子里，外面还有3瓶，10加3就是13。

师：说得真好，建议孩子们掌声鼓励一下！

师：刚才是9+4，现在变成了……

生齐答：10+3。

师：也就是13。

师：同学们用不同的方法，都算出了9加4得13，真聪明！

（此案例由王小燕提供）

11 减几

一、教学内容分析

11 减几是西南师大版小学数学一年级上册的教学内容，20 以内的退位减法是数的运算的重要内容之一。它是学习多位数减法等重要知识的直接基础，也是学习整数、小数减法中最基础的部分。《义务教育数学课程标准(2011年版)》中明确要求学生能熟练口算 20 以内的加减法，并与他人交流各自算法的过程，能运用数及数的运算解决生活中的简单问题，并能对结果的实际意义做出解释。20 以内的退位减法是在学习了 20 以内进位加法的基础上展开教学的，教材将进位加法和退位减法安排在相邻两个单元，有利于学生将加减法进行对照思考，沟通加减法之间的内在联系，形成对 20 以内加减法的整体认知。11 减几是 20 以内退位减法的起始课，因此，本节课让学生理解退位减法的算理尤为重要。

对比各个版本的教材，虽然退位减法的呈现方式和呈现时间不同，但都注重引导学生借助小棒、算珠、圆片等具体实物理解退位减法的算理，鼓励算法多样化。其中，"破十法"的本质就是退一作十再减，也就是理解"退位减"的关键；此外，由于前面已有了"想加算减"的基础，加之"想加算减"比较快捷，又能同时算出两道算式的结果，所以各版本教材在保证学生自主选择的前提下，重视引导学生理解和运用"破十法"和"想加算减"的方法。

二、学情分析

在学习 20 以内的退位减法之前，学生对 20 以内的不退位减法和不进位加法以及 20 以内的进位加法已比较熟练，有不少学生已经会算 20 以内的退位减法，但对算理理解得不够清楚，也不能够用多种方法进行计算，需要进一步在算理的指导下掌握算法，体验算法的多样性，选用适合自己计算的算法。

三、体验点

综合分析这部分教学内容及学生的学习情况，本节课的体验点是：

① 学具操作建立表象，体验算法探究过程，了解算法多样性。

② 通过计算练习，经历优化算法的过程，体验几种主要算法的优越性，培养优化意识。

四、体验的途径与方法

（一）创设合适的体验情境，让学生乐于探究算法，体验算法多样性

1. 创设合适的体验情境，激发学生的学习兴趣

"兴趣是最好的老师"，基于一年级学生爱看动画片的特点，整节课的新课部分和练习部分都采用学生喜欢的动画片《喜羊羊与灰太狼》中的人物和情境串联，在参观羊村的过程中学习 11 减几，让本身比较枯燥的计算课变得生动有趣，激发学生的学习兴趣，保持他们的专注度。

开课以一个翻板游戏复习巩固不退位减法的计算，课件出示一些空白题板，然后随机翻开题板出现算式，请学生计算，并说一说计算方法。学生答对后在那块题板后会出现《喜羊羊与灰太狼》中的人物图片。等所有的人物图片得以呈现后，将出现羊村大门的图片，开始这节课的新课探究。借此游戏巩固练习并引出新课，游戏的方式改变了常规的口算练习一道一道挨着计算的方式，而是随机出现题目，大大调动了学生学习的积极性。

2. 通过操作体验，建立破十表象，探究计算方法

出示情境图，引导学生找到数学信息：美羊羊原来有 11 支铅笔，喜羊羊拿走 2 支。接着问：根据信息你能提出什么数学问题？培养学生提出问题的能力。待学生提出本节课将要探究的问题"美羊羊还剩多少支铅笔？"后，请学生列出解决问题的算式。"11-2 怎么算呢？请小朋友们用小棒代替铅笔在桌上摆一摆，算一算。"为了更好地体验"破十"的过程，课前让学生准备好 10 根 1 捆捆好的小棒和几根零散的小棒，此时的探究应拿出 1 捆加 1 根小棒进行操作，引导学生一边操作小棒一边独立思考，探究计算方法。教师在巡视时给

予必要的指导。

本节课是退位减法的第一节课，因此需要以形象直观的方式帮助学生理解退位减的算理，利用学具操作建立表象，构建"破十法"。打开 1 捆小棒，展示从十位上退 1 的过程是退位减法的关键所在，因此，在操作时应该给足学生独立探究的时间。

3. 通过交流体验，分享多种算法，体会算法多样性

在学生独立探究结束后组织同桌交流，学生经历了自主探究后，再与同伴一起分享自己的方法，一方面让学生完整表述自己的思路，另一方面倾听别人的做法，产生思维碰撞。同时，由于一年级学生语言表达能力不是很强，同桌的交流有利于学生组织好自己的语言。然后选择具有代表性的几种算法组织全班学生交流。在交流时，让学生在展台上边摆小棒边说。其中可能出现"破十法""想加算减法""连减法""倒着数"等方法。交流过程中注意引导学生进行复述，弄明白别人的方法。多种方法的展示让学生体会算法的多样性。然后提问：同学们在摆小棒时把 1 捆打开了，为什么要打开 1 捆小棒？不打开行吗？引导学生重点理解退位减的根本原因是个位不够减了，打开 1 捆实际上是把 1 个十变成了 10 个一。

（二）以活动为载体，经历算法优化的过程，体验各种算法的优越性

1. 通过计算比赛，体验"想加算减"的优越性

出示 8 道 11 减几的计算题，左边一列分别是 11-3，11-6，11-4，11-2；右边一列分别是 11-8，11-5，11-7，11-9。让学生用自己喜欢的方法计算，比一比谁算得快！通过追问："你算得最快，说说你有什么秘诀？"引导学生说出：左右对应的两个算式可以用同一个加法算式计算，所以"想加算减"这种算法比较快捷。

2. 以游戏的方式，练习计算，巩固算法

课堂练习环节采用"摘苹果"的游戏，课件出示一棵苹果树，上面有 11 个苹果，每个苹果是可以点击摘下的，请学生任意摘下几个苹果，然后列算式算出树上还剩多少个苹果。先让学生在课件上示范，明白题意后组织学生在题单上完成该游戏，看谁写的算式最多。随后组织学生同桌讨论怎样写得更快。学生写着写着就会发现规律，按顺序写会更快，头脑里自然会从"有形"的摘

苹果游戏过渡到"无形"的直接写算式，在巩固算法的同时，培养学生有序思考的能力。

3. 观察体验——整理算式，发现规律

展示按顺序写算式的学生题单，提问：刚才这位小朋友写得又快又多，请孩子们观察，你知道他写得又快又多的秘诀吗？学生发现按顺序写会更快更完整。课件出示所有 11 减几的算式，按照学生讨论的结果将算式按规律动画排序。让学生说一说发现的规律，引导学生从上到下看，被减数、减数和差分别是怎样变化的，培养学生观察的能力和总结表述规律的能力。

五、体验教学片段

片段一：学具操作建立表象，探究算法

创设情境，提出问题（出示教材第 84 页例 1 图）

师：我们来到美羊羊家。请看，你找到了哪些数学信息？

生答：美羊羊原来有 11 支铅笔，喜羊羊拿走 2 支。

师：根据信息你会提什么数学问题？

生答：美羊羊还剩多少支铅笔？

师：怎样列算式？

生答：11–2=（课件出示算式，板书：例 1　11–2= ）

片段二：引导操作，探索解决问题的方法

师：刚才同学们跟同桌交流了自己的计算方法，谁愿意上来把你的方法告诉大家？老师这里有小棒，上来边摆边说。（生说，师板书）

生 1：（连减法）先把零散的 1 根给喜羊羊，再打开一捆，拿出 1 根给喜羊羊，还剩 9 根。（生边摆边说）

师：为什么打开一捆？不打开行吗？

（板书：连减法：11–1=10，10–1=9）

生 2：（破十法）先把一捆打开，拿 2 根给喜羊羊，把剩下的 8 根和零散的 1 根合起来，就是 9 根。（生边摆边说）

（教师板书：破十法：10–2=8，8+1=9）

生 3：（想加算减法）因为 2 加 9 等于 11，所以 11 减 2 等于 9。

（板书：2+9=11，11-2=9）

师：小朋友们的算法很多，我们一起来回顾一下连减法和破十法。（演示小棒动态图）

（此案例由张素维提供）

认识人民币

一、教学内容分析

《认识人民币》是西师版小学数学一年级下册教学内容，是小学第一学段常见的量的重要内容之一。《义务教育数学课程标准（2011年版）》中明确要求要让学生在现实情境中认识元、角、分，并了解它们之间的关系。教材中将认识人民币安排在100以内数的认识和加减法（一）之后，一方面，100以内数的认识有助于推动人民币的认识；另一方面，通过认识人民币还能加深对100以内数的理解，进而体会数的概念与现实生活的密切联系。同时，100以内数的加减法，也为人民币的简单换算和计算做好了计算方法上的准备。

了解人民币的单位及各单位之间的关系，既是认识人民币的核心内容，也是把握人民币大小关系的基础。了解人民币单位之间的进率，是进行人民币单位之间的换算及计算，乃至使用人民币的重要基础。具有代表性的几个版本的教材，都强调了要让学生认识人民币的单位，了解各面值人民币间的换算，并能在具体情境中进行简单的计算。其中西师版教材中还进一步让学生感受100以内数的计数单位之间的进率与元、角、分之间进率的密切联系，让学生从整体上掌握这些知识，完善学生的认知结构。

二、学情分析

《认识人民币》是在《100以内数的认识》和《100以内的加法和减法（一）》的基础上学习的。学生对人民币并不陌生，多数学生已经认识了小面值的人民币。有的学生曾有过独自购物的经历，但大部分学生独自购物的经历并不多，换钱买东西、算总价对他们来说还比较困难。一年级学生活泼好动，充满好奇心，注意力不够持久，语言表达能力有限。因此根据人民币单位之间的进率进行人民币的换算与计算，以及在实践中用不同的方式付钱，对于一年级学生来说，具有一定的难度。所以认识人民币需要创设真实的生活情境，需要在活动体验中认识元、角、分，并了解它们之间的关系，学会使用人民币，让学生体会到数学在身边在生活中的应用价值。

三、体验点

综合分析这部分教学内容及学生的学习情况，本节课主要有三个体验点：
①直观体验，通过合作观察交流，在已有经验的基础上认识各面值人民币。
②结合生活实际，体验不同面值和单位的人民币兑换。
③通过用人民币购买东西，体会人民币在社会生活及商品交换中的重要作用，培养学生解决实际生活问题的能力。

四、体验的途径与方法

（一）直观体验，通过观察和合作交流，在已有经验基础上认识各面值人民币

1. 观察交流体验——初步认识人民币

信封里装有一套人民币样币，请学生打开信封，认一认里面的人民币，并在小组里互相介绍不同面值的人民币，把不认识的摆在一边，随后请学生快速展示不认识的人民币，全班交流以帮助认识。

"你是怎样记住那么多人民币的？""怎样才知道一张人民币是多少呢？"通过提问，借助学生的语言讲出有关辨认各面值人民币的方法，引导学生发现在辨认人民币时，可以看颜色、图案、大小、数字、汉字、单位等。可在交流时重点引导学生认识大写的壹、贰、伍、拾、佰和繁体字圆，当然也要认识币面上用阿拉伯数字写的1元、1角、2角、5角等。给足时间组织引导学生小组合作，对人民币按质地材质、币值数字、单位等进行分类，对各种分类予以肯定。

2. 对比推理体验——认识人民币单位之间的关系

先认识 1 元、1 角、1 分这几张数字相同、单位不同的人民币，有利于学生了解人民币的单位，容易建立促进对元、角、分三个单位的进率的概念理解。

出示 1 元、1 角、1 分的人民币，这些人民币上的数字都是 1，为什么它们的面值不同呢？引导学生发现面值不同是因为单位不同，进而明确人民币的三个单位。提出问题："人民币有三个单位，你能按照大小排一排吗？""最小的是谁？"让学生把人民币单位进行排序，有利于获得对人民币单位完整的认识，体会不同单位之间的关系。接着创设情境，让学生给常见物品如矿泉水、橡皮、棒棒糖、作业本的价格标签选择合适的人民币单位。通过联系生活，深化单位意识，积累一定的生活经验。

（二）结合生活实际，体验不同面值和单位的人民币兑换

1. 情境体验——生活中需要兑换人民币

情境问题：小红买本子时遇到点小问题，作业本 1 元，小红身上都是 1 角的人民币，该怎么付款呢？你能帮帮她吗？

通过简单的生活情境体验，让学生们体会在生活中经常需要进行不同单位的人民币间的兑换。然后课件模拟付款过程，让学生一张一张地数一角的人民币，直到数到 10 角学生停下来。追问"为什么停了？"学生说出结论：因为 10 张 1 角就是 1 元。

2. 活动体验——深入体会 1 元等于 10 角

学生已经知道 10 张 1 角的合起来就是 1 元，那么，如果是有 1 角、2 角、5 角的呢？学生在小组里交流自己付 1 元钱的方法，教师参与小组交流并引导学生进行全班交流。交流的重点是引导学生回答自己是怎么拿 1 元钱的？为什么这样拿？初步认识了用 1 角、2 角、5 角等不同面值凑成 1 元有多种不同的组合。让学生明确不管用哪种面值的角币，只要角币的总数是 10 角，就能换成 1 元。初步感知人民币相邻单位间的进率与十进制计数思想的联系。

教师准备一些 1 元的作业本，请学生拿出人民币，小组合作拿出任意面值的角币凑成 1 元来换作业本（注意不能直接拿 1 元）。先让学生小组合作摆一摆，然后上讲台边展示边说一说是怎样拿的。通过创设"付 1 元钱"的生活情境，引导学生在不同付钱方法中激起学生的学习兴趣。联系已有的生活经验，突破难点，探索元和角之间的十进制关系，让学生体验到数学学习的成功喜悦。

（三）通过实践活动，培养学生解决实际生活问题的能力

认识人民币的最终目的是学会使用人民币。因此，认识了人民币后安排实际购物活动，在活动中既能加深对人民币的认识，巩固人民币的运算，又让学生将所学的知识和生活实际紧密结合起来，体会到数学知识的实际应用价值。购物活动能激发学生的学习兴趣，有助于学生初步感受人民币的实际价值。

可以从商店批发一些价格便宜的文具，让学生进行真实的购买活动，或让学生自带玩具标出价格在教室里买卖。在活动过程中要教育学生遵守秩序，准确计算，正确取币、换币、付币、找币。活动过程中不时提问："你买了什么？""你付了多少钱？""怎么付的？"活动结束后还要让学生说说买东西的经过，也就是让学生反思购物过程，积累购物经验。

五、体验教学片段

片段一：认识元与角间的关系

师：小红买本子时遇到点小问题，你们能帮帮她吗？

（课件演示）作业本1元。小红遇到了什么问题？

生："我身上都是1角的，该怎么付款呢？"

师：你们能帮她吗？（能）

师：小红要付款了，你们来帮她数，你们喊停她就停！（生数，师课件演示）

师：为什么停了？

生：10张1角就是1元。

师：小朋友们真聪明！10角就是1元。所以，我们可以说1元等于（　　）角。（板书：1元=10角）还可以怎么说？（10角等于1元。）

师：小红的问题解决了，她非常高兴，向你们说声谢谢！

师：（出示作业本）老师这里也有一些1元1本的作业本，请同学们拿出你们的人民币，小组合作拿出任意面值的角币凑成1元来换作业本，注意不能直接拿1元哟！先一起摆一摆，一会儿来换。（同桌合作摆人民币，教师巡视，选择指导）

谁愿意用角币换走我手里的作业本？上来边展示边说说你是怎样拿的。（请生汇报，换作业本）

师小结：不管用哪种面值的角币来换，角币的总数都是10角，也就是？（指板书，生说：1元=10角），还可以怎么说？（10角=1元）

片段二：购物活动

师：告诉你们一个好消息，老师把小小超市开到咱们教室里来了（在黑板上贴上）。你们想买东西吗？（橡皮、铅笔、本子、信封、糖果、圆珠笔芯、尺子）

①同桌互相说一说，用1元钱可以买哪些物品呢？（可以买一件，也可以买两件，买三件，但要知道付1元之后应找回多少钱？）

②购物要求：学生带1元钱，说出自己想买的物品，并且说出应找回多少钱？（要注意礼貌用语，比如：

A：你好，你想买什么？

B：我想买……？

A：给你，找你……钱。

B：谢谢！）

师：哎呀，今天生意真好，一会儿工夫东西全卖光了，我来看一看，一共卖了多少钱？（请售货员先数一数，再带着下面学生一起数）

（此案例由张素维提供）

时、分、秒

一、教学内容分析

《时、分、秒》是第一学段中"常见的量"关于时间的知识，从这个单元起，学生将要系统学习时、分、秒的知识，包括认识时、分、秒之间的进率，认读钟面时刻（几时几分），学习经过时间。这是对原有时间知识的扩充，也是后面学习24时计时法的基础。因此知道并理解1分=60秒是本课教学的重点，而初步建立1秒、几秒、1分的时间观念不仅是本课教学的重点，也是难点。时间单位比较抽象，单位之间的进率也比较复杂。但是时间又时时伴随着人们的生活。因此，教材从教学材料的选择到呈现方式，都十分注意结合学生的生活经验，力求在实际情境中，体会时、分、秒的实际意义，丰富学生对针面的感受和认知，在生活中体验感受一分一秒的长短，使学生在活动中进一步构建起时间观念，掌握有关时间的知识。

二、学生学情分析

学生已经初步认识钟面，会认几时、几时半、大约几时。时间单位"秒"对于学生们来说并不陌生，在生活中也有接触。1分＝60秒，学生有模糊的概念。但是，时间单位比较抽象，不像长度、质量单位那样容易用具体的物体表现出来。学生还处于通过观察、感知、形成并逐步发展空间观念的时期，他们认识事物的特征也带有很大的具体性和直观形象性。所以在教学中，应注重联系生活，唤醒学生的生活经验；注重给足学生观察、发现、探究、体验的时间和空间；注重多媒体课件的有效运用，以达到本课的教学目标。

三、体验点

基于以上分析，本堂课有以下两个体验点：

①通过学具操作认识时间单位：时、分、秒，知道1时＝60分，1分＝60秒。（转一转钟面、拨一拨指针）

②借助生活经验和实践活动体验1时、1分、1秒的长短，建立单位时间概念。

四、体验途径和方法

（一）利用动手操作等直观体验，理解时、分、秒之间的进率

由于时、分、秒之间的进率是60，而不是十进制，学生理解起来有一定的难度，有关时间计算的教学无疑成为了一个教学难点。因此，在教学时、分、秒之间的关系时，应充分利用钟面对时间"局部周期性"的刻画功能，加强对钟面的观察，让学生明确：秒针走一圈，分针走了多少；分针走一圈，时针走了多少；帮助学生积累丰富的表象，掌握时、分、秒之间的关系。通过课件观察钟面指针转动的区域以帮助学生理解。

（二）设计形式多样的活动，建立学生的时间观念

首先，设计多种形式的体验活动，丰富学生对"时间单位"的感知。对标准时间单位的认识和感知是学生建立时间观念的前提和基础。时间单位十分抽象，需要将抽象的时间转化为具体的表象和行为，帮助学生感知。在感知"1 秒""1 分"这两个时间单位的长度时，通过听滴答声，眨眼、拍手等多种形式的活动，调动起学生的多种感官，帮助学生对标准时间单位建立清晰、准确的感知。设计丰富的、有层次的有关时间长短的体验活动。按照"体验 1 秒""体验 15 秒""体验 1 分钟"的顺序，设计了"1 秒有多长""15 秒有多长""1 分钟有多长""记录运动前后 1 分钟内心跳和呼吸的次数"等多种体验活动，将时间的长短与某些行为的次数建立联系，将抽象的时间转化为能够具体感知的"量"，帮助学生体验时间的长短，同时渗透估计的方法。最后，注重体现估计的方法，渗透计量的本质。

五、教学实践片段

片段一：认识 1 时和几时（3 min）

师：下面，指针要动起来了，现在走的针是（时针），时针走了（1 大格），表示多长时间？

师：时针走 1 大格的时间是 1 时（PPT 同步），下面来抢答。

师：时针再次从 12 出发，走到了 3，经过了几时？理由？

生：3 时。12 走到 3 走了 3 个大格，经过了 3 时。

师：同意吗？用掌声来表示我们的认同。现在难度增加，时针不从 12 出发了，（PPT 演示：时针从 2 走到 5，）经过了几时？理由？

师：3 时，时针从 2 走到 5，走了 3 个大格，所以经过 3 时。

师：说得真到位。（加星）

小结：时针走了几个大格就是经过了几时（PPT 演示）。

片段二：认识 1 分和几分（5 min）

师：请注意看谁要动了（分针），分针走了（1 小格），分针走一小格的时间是（1 分）

师：那分针走1大格呢？你怎么知道的？（生：5分钟。1大格有5小格。）

生：5分，因为分针走了一个大格，一个大格就是5个小格，所以是5分。

总结：也就是说分针走了多少个小格就经过了多少分。

师：抢答环节，请看分针走了几大格，经过的时间是几分？

12–4：（生1：20分，分针走了4个大格，四五二十，所以就是20分。）

追问：为什么4要乘5呀？（1个大格有5个小格）

12–11：（生2：55分，分针走了11个大格，$11 \times 5=55$，就是55分。还可以，$60–5=55$分。）

2–4：（师：最后一个请注意，分针不是从12出发了。你还知道吗？

生3：10分钟，分针走了2个大格，二五一十，所以是10分。）

师小结：分针只要走了几小格，就经过了几分钟。（加星）

片段三：发现时和分的关系（8 min）

【活动　拨一拨：时针走1大格，分针正好走（　　　）圈，是（　　　）小格，也就是（　　　）分。】

师：拨之前，考考大家，这两个钟面，哪一个更方便观察时针走1大格？

师：请看学习要求：PPT：（1）一个同学拨：时针走1大格，从（　　　）走到了（　　　）。

一个同学记：完成题单上的第2题。

相互说一说你们的发现，准备汇报。

组1汇报：我先调整时钟为（2）时，再拨一拨（结合学具拨），发现（时针走1大格，分针正好走1圈。）

师：同意吗？还有没有不同的？（组1不下去）

组2汇报：我先调整时钟为（6）时，再拨一拨（结合学具拨），发现（时针走1大格，分针正好走1圈。）

师追问：一组从2时开始拨，一组从6时开始拨，但是有一个共同的发现，你注意到了吗？

生：时针走了1大格，分针正好走1圈。（掌声送给他们，加星）

师：你们是这样的吗？一起到屏幕上来看一看。（PPT展示）

师小结：也就是说时针走1大格的时间，分针正好走1圈。

【板书：时针走 1 大格的时间，分针正好走 1 圈】

时针走一大格的时间是（1时）？【板书：是 1 时】

分针走一圈是（60分）？【板书：60分】

"1时"和"60分"有什么关系呢？【板书：1时 =60 分】

片段四：体验 1 分钟（ 5 min）

师：分针走 1 小格的时间是一分。1分有多长呢？咱们来放松一下，听 1分钟的音乐。

（音乐）你觉得 1 分钟怎么样？

师：1分钟能做什么呢？（出示：跳绳、击掌、抄汉字。安排一半学生抄汉字，一半学生击掌，奖励最会听要求的 1 生跳绳，1 生数数。）（生体验）

孩子们真棒，1 分钟做了这么多事情，那生活中 1 分钟还可以发生些什么呢？我们一起去看看吧：运动员分钟大约跑 400 米。成人的脉搏每分大约跳 75 次。儿童每分钟大约呼吸 20 次。

师：我们感受到 1 分钟有多长了，下面我们来玩一个游戏。闭上眼睛，当你感觉到 1 分钟到了就轻轻站起来睁开眼看时间条，看自己估得准不准。注意不要影响到别的同学。

（活动）

师：猜得这么准，怎么做到的？

生：我是数的，数了 60 下。

……

师：通过刚才那么多活动，我们已经比较熟悉 1 分钟了，你想对它说点什么？

（此案例由杨坚提供）

分数的初步认识

一、教学内容分析

《分数的初步认识》是小学数学西师版三年级上册的内容，这是学生第一次接触分数，教材安排了四个例题。平均分及相同计数单位的数才能直接相加减是学生学习本单元的认知基础。从整数到分数是数概念的一次扩展，因为整数与分数无论是在意义上，读、写方法或计算方法上都有很大的差异，学生学习起来有一定的困难。为了突破教学难点，教材将分数的教学分为两个阶段学习：第一阶段是"初步认识分数"，第二阶段是"同分母分数的加减法"，而第一阶段的学习是学习本单元的基础，也是难点。结合具体情境，运用直观操作的学习方法对突破本单元的难点"分数的意义的理解"起着非常重要的作用。第一阶段学习内容的例 1 "认识二分之一"建立在学生已有的经验之上，结合具体情境进行理解；例 2 通过操作活动引导学生"认识几分之几"，在折一折、画一画、涂一涂、找一找的活动中让学生感受整体与部分、部分与部分的关系，加深对分数意义的理解。

二、学情分析

在前面的学习中，学生系统地认识了整数。在生活中，学生也积累了一定的分数知识，但是对分数的产生价值，分数的意义等没有系统的认知。在学生原有的知识结构中，数是数出来的，分数怎样通过数的方式来认识，分数的意义是什么？对学生来说都是新问题。三年级的学生处于具象思维与抽象思维的过渡阶段，理解起来有一定困难。本课是他们第一次建立分数的概念，所以充分运用形象和直观手段，让学生在具体情境中操作感悟，能够帮助学生理解分数的意义，初步建立分数的概念。

三、体验点

通过对教材的深度解析以及学情分析，本节课体验点主要有三个：

①操作体验，体验分数产生的必要性。

②推理体验，感受分数的意义。

③感观体验，初步了解分数产生的背景，感受古代数学家的智慧。

四、体验的途径与方法

（一）在平均分物体的过程中体验分数的必要性

在学习了除法平均分的基础上，首先让学生依次将 4 个月饼、2 个月饼、1 个月饼平均分给两个同学。聚焦问题：只有 1 个月饼每个同学分几个？这时学生有了认知冲突：一半用什么数表示？学生再次尝试用自己手中的圆分一分，产生一半的大小，整数不能表示一半，从而产生了一个新的数——分数。在体验过程中学生明确平均分的含义"两份同样多"，在平均分的过程中形成了认识冲突，达成了新知建构。活动中注重平均分由整数向分数的过渡，构建平均分在数学中的前后联系，体会分数来源于生活，为后面分数意义的学习做好铺垫。

（二）多种途径体验分数的意义

在经历分数的产生以后，学生进行活动：用长方形、正方形、圆折出二分之一。学生经历了分法的多样化，如折长方形时，学生可以沿长方形的长、宽以及对折平均分。展示后，提出问题"为什么不同的物体、不同的形状"都能表示长方形的二分之一？这个问题是分数认识的核心问题，目的是让学生充分感知分数的内涵。在众多的折的现象中归纳总结出分数的意义，建立二分之一的表象，同时关注学生的学习品质，培养学生的质疑能力。

当孩子们对分数逐渐熟悉时，学生在图形纸上分一分、涂一涂几分之一。孩子们发挥创意，用不同的方式呈现出 $\frac{1}{4}$，$\frac{1}{8}$，$\frac{1}{16}$，$\frac{1}{32}$，有些还表示出 $\frac{3}{4}$，$\frac{2}{8}$。学生结合操作过程，分享自己的分数意思，基本能正确表达分数的含义。在观察、操作、分析、比较等数学活动中，学生经历探索创造分数的全过程，进一步体会了分数的意义，培养学生归纳、抽象与概括能力，提高数学表达能力。

在充分的操作体验后，学生对分数的意义有了一定的理解，仍有部分学生还停留在具象思维当中，不清楚什么情况可以用分数表示。课堂中，用一道练习题检查学生对分数含义的理解。通过对比圆、三角形、正方形的涂色部分是否能用相应的分数表示，再次强调分数的本质属性 "平均分"，提升了学生的思维空间，抽象出核心概念。

在生活的方方面面都能找到分数，如分蛋糕、分巧克力、分组等。为了充分让学生感受分数的应用，学生以小组为单位进行游戏：在七巧板中寻找分数。同学们通过预习找到七巧板中各板块间的关系，再通过部分与整体的关系找到了 $\frac{1}{2}$，$\frac{1}{4}$，有些甚至找到了 $\frac{1}{16}$，$\frac{1}{8}$。这既是对分数意义的巩固，也是对分数的逆向运用，是数形结合思想的完美运用，是学习分数意义后的灵活运用。

（三）了解分数产生的背景，感受古代数学家的智慧

任何一个数学知识形成的过程都有它的历史背景。分数是在什么背景下产生的，又是怎样演变的？通过观看微课，让学生了解分数符号的来历与形成过程，反映出古今中外数学家对分数表示方法的探索，感悟由繁到简的符号化过程。数学文化的拓展一方面有利于增加学生的数学知识，扩展数学视野；另一方面让学生感受古代数学家的智慧，激发学习的兴趣。

五、体验教学片段

（一）片段一——情景模拟：一半用什么数表示？

师：为了方便研究，用 1 张圆形纸片代替 1 块月饼，你能折出圆形纸片的 "一半" 吗（图 3.1）？

同桌合作：用圆片代替月饼分一分，每人分一半。

图 3.1 片段一

[学生活动]

师：谁愿意告诉大家你是怎么做的？

生：我将圆对折，圆平均分成了 2 份，左边的部分就是圆形的一半。

师：只有左边？

生：左右两边都是圆形的一半。

师：我们再来回顾这半个怎么得到的？

生：把一个月饼平均分成 2 份，拿其中的一份就得到了半个。

师：这半个容易得到吗？

生：不容易，一不小心就分得不一样。

师：是的，一定要平均分，轻轻地把分的过程说一遍。

生：把一个月饼平均分成 2 份，拿其中的一份就得到了半个。

师：这么长的一句话，能用数字表示出分的过程吗？

生：画横线代表平均分，2 块用 2 表示，拿走其中的一块用 1 表示。

师：你喜欢用哪种方式表示？

生：用数字，因为更简单，很方便。

师：用 $\frac{1}{2}$ 就可以表示这么长的一句话，这就产生了一个新的数，叫——分数（板书）。

（二）片段二——操作活动：你可以创造哪些分数？

师：刚才我们折出了这么多 $\frac{1}{2}$，除了 $\frac{1}{2}$，你还能折出几分之几？现在，又用你手中的图形折出喜欢图形的几分之几（图3.2）。

自学要求：

1.用手中的图形折一折，折之前想一想，打算把这个图形平均分成几份。

2.你找到了几分之几，请用斜线涂出你找的分数。

图3.2 片段二

请看学习要求：

①用手中的图形折一折，折之前想一想，打算把这个图形平均分成几份。

②你找到了几分之几，请用斜线涂出你找的分数。

生独立操作后小组交流。

交流要求：

①组长组织由 4 号同学先进行发言，说说自己找的几分之几，这个分数是怎么得到的？

②其余同学依次发言，组长做好汇报分工准备。

小组汇报。

师：用长方形的 $\frac{1}{2}$，$\frac{1}{4}$，$\frac{1}{8}$ 比较，你发现了什么？

生：把一个长方形平均分成了几份，取其中的一份就是几分之一。

师：（圆的图形）看到这个图形，你想到了什么？

生：$\frac{2}{3}$，把一个图形平均分成 3 份，没涂色的占其中的 2 份，就是 $\frac{2}{3}$。

师：找剩下图形的几分之几。

师：大家真厉害，像 $\frac{1}{2}$，$\frac{1}{3}$，$\frac{1}{4}$，$\frac{1}{16}$，$\frac{2}{3}$，…这样的数我们统称为分数，你还能举出几个分数来吗？

生：$\frac{3}{18}$，…

师：我们这样说下去，能把分数说完吗？

生：分数有无数个。

师：是的，分数的个数是无限的。

（三）片段三——拓展：你可以在七巧板中找分数吗？

师：最后我们在一个玩具里找找分数，昨天大家已经提前了解了七巧板中各板块之间的关系，你能分享给大家听听吗（图3.3）？

1. 七巧板中各部分的关系

生1：1 号 =2 号，3 号 =5 号，4 号 =6 号 =7 号。

生2：2 个 3 号或者 2 个 5 号等于 7 号，也等于 4 号、6 号。

生3：2 个 7 号等于 1 号或者 2 号，2 个 4 号或 6 号等于 1 号或 2 号。

图 3.3　片段三

2. 找四分之一

师：大家真会推理，那你看看这块七巧板，你能找到 $\frac{1}{4}$，$\frac{1}{2}$ 吗？小组合作找一找（图 3.4）。

图 3.4　找四分之一

学习要求：

①组长主持，组员可以摆一摆，可以拼一拼，找找七巧板中的分数。

②每组推选一名同学总结发言和上台汇报。

生：1 号或者 2 号占大七巧板的四分之一，因为把大七巧板平均分成 4 份，1 号占其中 1 份，用分数四分之一表示。

生：1，2 号合起来占大七巧板的二分之一，另外的 3，4，5，6，7 号合起来也占大七巧板的二分之一。

师：其实七巧板中还有很多分数，还想继续找七巧板中的分数吗？下课后可以再去找一找。

（此案例由贾渝提供）

认识克和千克

一、教学内容分析

　　质量是"数与代数"中常见的量的重要内容之一，在此之前，学生已经学过"元""角""分"，"米""分米""厘米"等与单位相关的知识。本单元的学习不仅是前段学习方法的后继应用，同时也可以为后面学习其他的计量单位做好充分的准备。然而，质量单位不像长度单位那样直观、具体，不能只靠观察得到认识，而需要依靠感觉来感知。《义务教育数学课程标准（2011年版）》明确要求，"在现实情境中，感受并认识克、千克、吨，能进行简单的单位换算"。

　　"认识克与千克"是学生对质量的初次认识，也为后面学习"吨的认识"奠定基础。各版本教材都尊重学生的感知规律和生活经验，通常先认识"千克""克"，最后认识"吨"。此外，重视学生的实践活动，创设具体的情境，通过各种实际操作帮助学生感受、发现，建立克与千克的概念。

二、学情分析

　　三年级的学生在生活中已经对质量的概念有了感性的认识，接触过物体的轻重问题，但是对质量单位还缺乏认识，建立克和千克质量观念具有一定难度。同时，三年级的学生好奇心强，具备一定的动手操作能力。因此教学中，需重视情境，充分调动学生学习的积极性，让学生对"克""千克"有充分的感知和体验。

三、体验点

　　综合分析这部分教学内容及孩子们的学习情况，本节课的体验点主要有三个：

　　①在现实情境中，体会质量单位"克""千克"在生活中的广泛应用。

　　②在实际操作、推算中，感受1克、1千克的实际轻重，建立克、千克的质量观念。

　　③在操作比较中，选择恰当的质量单位，培养估量的意识和能力。

四、体验的途径与方法

（一）从情境出发，体验质量单位在生活中的广泛应用

课前，教师出示情境问题：生活中，你在哪些地方见过"克""千克"？由问题出发，学生首先到超市、菜市场等熟悉的地方调查了解（图3.5）。

■ 生活中体验

■ 情境中探究

图 3.5　体验质量单位在生活中的广泛应用

而后，组织全班同学交流讨论自己的发现，食品袋上的净含量，价签旁边的质量、体重、卡车上的限重等，让孩子们充分体会质量单位在生活中的广泛应用。

（二）以活动为载体，实践中体验"克""千克"的大小

1. 感官体验——1克、1千克的质量

教师提前准备1克和1千克的具体物品，学生拿起物品，直观感受物品的轻重，引导大家先掂一掂，再估一估物品的质量大约是多少？学生能够感受到物品轻重的不一样，但是由于没有质量的概念，估计时说法会五花八门。由此，点燃孩子们思维的火花。到底这些物品的质量是多少呢？老师顺势引导，"用什么方法可以知道物体的质量呢？"由此激发学生探究的热情，由学生自主提出用称量的方法来确定物品的实际质量。

2. 操作体验——1克、1千克的质量

经历了初步的直观感受、讨论交流，学生对1克和1千克的质量有了一定的感知体验，再因势利导安排学生"称一称"。通过具体的称量过程，学生将

手里具体物品的质量与 1 克和 1 千克建立联系。当脑海里初步建立起 1 克和 1 千克的概念之后，引导学生应用刚刚建立的质量概念，找一找：生活中哪些物品的质量大约是 1 克或者是 1 千克？引导孩子们将脑海里的 1 克或者 1 千克与生活中的熟悉的某个物品的质量建立联系，调动孩子们在感知生活中的质量的同时，将建立起的 1 克或 1 千克的质量赋予更丰富的原型，有利于孩子们把握 1 克或 1 千克的质量概念。

学生对一个新概念的巩固与深化理解往往可以通过对这个概念的应用拓展来达成。生活中，有些物品不是刚刚好 1 克或 1 千克，它们的质量是多少呢？旨在借助刚刚建立的 1 克和 1 千克的质量概念来感知身边其他物品的质量，有的物品比 1 克轻，有的比 1 克重。不仅如此，孩子们将 1 克或 1 千克作为一个单位质量去感知有几个这样的单位，这样的思考过程契合了测量最本真的含义。因此"几克"或"几千克"质量的体验，既是对 1 克或 1 千克的质量概念的拓展，也是对测量方法的无形渗透。

（三）应用中体验——感受克、千克的大小及其在生活中的应用

在数学概念教学中既要引导学生由具体到抽象，形成概念，又要让学生由抽象到具体，应用概念，在对比运用中把握概念的内涵与外延。针对"克""千克"的理解也是如此，学生通过估一估、掂一掂、称一称、找一找等具体活动体验"1 克"与"1 千克"在生活中的实际质量。但是现实情境中，很多物品的质量并非恰好是 1 克或者 1 千克，因此，引导学生为生活情境中的具体物品选择恰当的质量单位，学生应用已经建立的质量单位的概念估计具体物品的质量，进一步加深对"克""千克"两个质量单位的理解与把握（图 3.6）。

图 3.6　感受克、千克的大小及其在生活中的应用

五、体验教学片段

片段一：认识克

掂一掂，感受 1 克重的物体

师：记住 1 克的质量。你能根据这个 2 分硬币的质量，在你的学具中找一找，掂一掂，还有哪些物体的质量大约也是 1 克重？然后小组内互相交流一下。

生 1：两枚纽扣的质量大约是 1 克。

生 2：一小节粉笔的质量大约是 1 克。

生 3：1 个笔盖的质量大约是 1 克。

全班交流并小结。

师：小朋友们各有各的说法，其实，1 克的物体太轻了，靠我们的感觉很难判断准确，想一想，如果要判断准确，可以用哪一种秤来称呢？（生根据经验来回答）

师：天平一般用来称比较轻的物体的质量，常用"克"作单位。同学们已经知道 1 个 2 分硬币重 1 克，2 个 2 分硬币重几克？10 个 2 分硬币重几克？

看，老师这儿有一个 30 克的果冻，猜一猜，我是怎么知道它的质量的？

生：果冻上标的是 30 克。

师：真聪明，是的，为了方便顾客购买，超市里很多商品上一般都标明了它的质量。瞧，这颗果冻上面就写着 30 克，质量就是 30 克。

在学具袋中还有很多是老师为你们准备物品，看看质量是多少？

（学生以小组为单位，了解生活中一些常见物品的质量。）

片段二：认识千克

1. 掂一掂，体验"1 千克"

师：每个同学拿出准备好的 1 千克物品，掂一掂，你有什么感觉？你感觉 1 千克重不重？

生 1：我感觉 1 千克苹果挺沉的。

生 2：我感觉有什么把我的手往下拉。

生 3：我感觉 1 千克大米好少。

生 4：我感觉 1 千克枣比 1 千克大米多多了。

……

问：你能说出一种比 1 千克重的物品吗？比 1 千克轻的物品呢？估计一下，1 本数学书是比 1 千克重还是比 1 千克轻？几本数学书大约重 1 千克？

教师演示称数学书的过程（大约有 4 本）。

2. 数一数，内化"1 千克"

老师备了一些苹果，（苹果有大有小）1 千克苹果大约能称几个？（学生估计）

教师演示

生 1：1 千克苹果大约有 4、5 个。

生 2：1 千克苹果大约有 5、6 个。

师：同学们，听了这样一个结果，你有什么想说的吗？

生 3：老师，为什么同样是 1 千克苹果，而个数却不一样呢？

生 4：因为每个苹果大小不一样，大苹果称的个数少，小苹果称的个数多。

3. 估一估，深化"千克"

师：请拎一拎你的书包，估计一下，书包大约重多少千克？

进一步要求：称一称你的书包，看看你估计得接近吗？

（此案例由王音提供）

三位数乘两位数

一、教学内容分析

《义务教育数学课程标准（2011 年版）》对小学生运算能力的培养提出了较高的要求，需引导学生系统建构运算知识，为培养学生的运算能力、运算素养打下基础，为学生未来的学习埋下可持续发展的种子。王永春认为，小学生数学运算素养是指在理解算理和运算对象的基础上，依据运算法则和运算律进行正确计算并解决问题的素养，主要包括理解算理和运算对象，掌握运算法则，分析数量关系，选择运算方法，求得运算结果等。

"三位数乘两位数"是西师版教材四年级上册第四单元的内容，也是全套教材中整数乘法教学的最后一个单元。本单元内容包括三位数乘两位数的口算和估算、常见数量关系和问题解决等内容。通过本单元的学习，一方面，可以帮助学生比较系统地掌握整数乘法的运算方法，形成必要的口算、估算和笔算技能，提升学生的运算能力，为后续小数乘法的学习打下坚实的基础；另一方面，也能使学生进一步感受乘法算式中蕴含的规律，增强对基本数量关系的抽象、概括能力，积累灵活运用所学知识解决问题的经验，提高分析和解决问题的能力。三位数乘两位数是在学生已经学习了两、三位数乘一位数和两位数乘两位数的基础上学习的，这部分内容的教学重在让学生根据已有的计算经验自然生成三位数乘两位数，乃至因数是更多位数乘法的计算方法。常见数量关系是在前面解决了许多简单的乘、除法实际问题基础上学习的，这一内容的学习是后续进一步运用数量关系解决问题的基础，也是学生解决问题经验和能力提升过程中的重要一环。

二、学生学情分析

多数学生可以非常熟练地计算两、三位数乘一位数，以及两位数乘两位数，经历了自主探索算理的过程，能理解算理，也能完整地表述计算过程。在平常的生活或者学习中，有的学生已经能进行三位数乘两位数的计算，但是因为没有经过系统的学习和训练，计算速度相对较慢，准确率还不够高。

四年级孩子的认知能力在不断发展，具有一定的抽象概括能力，能够进行判断和推理，具有一定的迁移类推能力、合作能力和交流能力。

三、体验点

基于以上分析可以得出，"三位数乘两位数"这节课，主要有两个体验点：
①体验探索算理与算法的过程，形成三位数乘两位数的计算方法。
②通过算法、算理的梳理迁移、类比，体验知识之间的内在联系，感受多位数乘法的基本原理。

四、体验的途径和方法

（一）体验探索算理与算法的过程，掌握三位数乘两位数的计算方法

让学生自主经历探索计算方法的过程，在理解算理的同时，掌握运算步骤，

形成运算技能。教学中，要组织好如下几个方面的探究活动：

一是按自己的想法尝试计算。在提出新的计算问题之后，可以引导学生观察"223×12"，想一想这一算式与过去学习的乘法算式有什么不同？可以怎样计算呢？并按自己的想法尝试着算一算。这里让学生尝试计算，目的并不是探索和理解竖式计算的顺序，而是引导学生利用已有的计算经验自主地解决问题。所以过程应该是开放的，学生可以画图帮助思考，可以试着用竖式计算，还可以先分别算出 10 个 223 和 2 个 223 各是多少，再把算出的得数相加。这一活动的意义，不在于开放的活动形式，而在于学生利用已有的知识、经验探索和理解算理的过程。

二是尝试用竖式算出结果。可以先让学生回忆用竖式计算两位数乘两位数的过程，再根据两位数乘两位数的计算过程思考三位数乘两位数的计算方法，并通过尝试、比较和交流，使他们体会到两位数乘两位数是用一个两位数分别与另一个两位数个位和十位上的数相乘，再把两次乘得的积相加，三位数乘两位数也是用三位数分别与两位数个位和十位上的数相乘，再把两次乘得的积相加。

三是强化算理，形成算法。可以引导学生联系前面用画图，把 12 分解成 10 和 2 等方法，对竖式计算的过程做出进一步的解释和说明，由此沟通不同算法之间的联系，感受不同算法中计算原理的一致性以强化对算理的理解。在此基础上，组织学生讨论"怎样计算三位数乘两位数"，并通过交流逐步形成程序化的运算方法。对于算法的表达，学生可能会出现一定的困难，教学中不必强求他们用精准的数学语言去表达甚至是记忆，而要鼓励学生用自己能理解的方式去表达和交流。对于运算方法的揭示，也可以灵活一些，如可以启发学生借助上页中的箭头图表示乘的顺序，也可以让学生结合具体的算式来说明乘的顺序。

（二）沟通算法、算理，体会知识之间的内在联系

小学生的认知能力基本处于具体运算阶段且在不断发展，因此，教材将各种不同性质和难度的计算教学分散编排在不同年级，便于分散认知难点，使运算能力螺旋上升。但是，这也导致学生获得的知识往往是零散的、不全面的，对知识的前后关联感悟不深。教学中应进行结构化思考，将不同年级、单元的

运算知识和能力要求统筹考虑,沟通"新"与"旧",促进知识结构的形成与完善。在教学中,可以将两位数乘两位数、三位数乘一位数等相关内容同时呈现,方便学生更好地融合新旧知识,较为系统地理解算法算理的前后关联。

认知心理学家布鲁纳认为,学习就是认知结构的组织和重新组织,只有抓住联系才能更好地把握结构、生成意义。将已知的"两位数乘一位数""三位数乘一位数""两位数乘两位数"等知识和新知识"三位数乘两位数"联系在一起,可以促使学生建立系统的知识结构,加深学生对笔算乘法算理的理解,逐步促进多位数乘法运算知识的系统化、结构化。学生描述各种收获后,教师要引导、归纳关键知识和主要方法,帮助学生总结。引导学生进一步经历这个"迁移"的过程,加深活用旧知识学习新知识的策略印记。

五、教学实践片段

片段一:

师:同学们,我们在二年级学习了表内乘法,三年级上册学习了两位数乘一位数,三位数乘一位数,三年级下册学习了两位数乘两位数,四年级我们接着学习三位数乘两位数,前面我们已经学习过它的口算和估算,猜猜今天会学什么?

生:笔算。

师:温故而知新是常用的学习方法,三位数乘两位数的笔算和我们以前学习过的哪个知识关系最为密切呢?

生:两位数乘两位数的笔算。

师:谁会给大家出一个两位数乘两位数的题目呢?

生:24×27。

生独立完成,一生上台书写。

师:谁能上来讲一讲你的算法?

生:先算 24 乘 7 得 168,再算 24 乘 20 得 480,最后算 168+480 等于 648。

师:非常不错,不仅会算,还能把过程说得如此清晰。计算两位数乘两位数时,我们通常是将第二个因数的个位和十位分别乘第一个因数,再把两次的积合起来。简单来说就是先分再合。

片段二：

小组展学：

生1：我们是分三步来笔算的，先算2乘223得446，再算10乘223得2230，最后算446+2230等于2676。

生2：三位数乘两位数和两位数乘两位数笔算的方法是一样的，都是先把第二个因数分开成两个部分，分别去乘第一个因数，然后再把两次乘得的积相加。

师：12分成10和2，446是2乘223的积，2230是10乘223的积。咦，我只看见了223呢?

生3：3在十位上的，省略了0没有写。

生：三位数乘两位数的笔算和两位数乘两位数不同的地方是前面多了一个百位。

师：我们在学习新的知识时可以根据它与之前学习过的知识的联系进行迁移学习。

（此案例由王小燕提供）

格子乘法

一、教学内容分析

格子乘法是一种古时候通过画一些格子来实现计算乘法算式的方法，500多年前，这种计算方法从意大利传入中国，记录在我国明朝数学家程大位著述的《新编直指算法统宗》。从"历史与数学"的内容特点来看，学习"格子乘法"是对乘法计算发展历史的追溯，从画线数点到现在竖式乘法的出现，格子乘法起到了桥梁的作用。对"格子乘法"的学习不是简单地学习一种计算方法，而是将这部分内容作为数学文化传递给孩子们。因此，在教学中应重视培养学生独立阅读的能力、自主探究的能力、迁移应用的能力和对比思辨的能力，紧抓"数学文化"这个关键词，引导学生了解乘法发展的过程，让学生感受数学家的探索与创造，感悟数学文化的魅力。

《义务教育数学课程标准（2011年版）》明确指出："数学文化作为教材

的组成部分，应渗透在整套教材中"，也就是要求数学文化的教学应在我们常规教学活动中都能体现。"格子乘法"是与四年级上册孩子们学习"三位数乘两位数"配套的数学文化拓展，学生学习了三位数乘两位数竖式计算后，安排专门的一课时进行数学文化的拓展，进一步巩固多位数乘法的算法与算理。同时，学生通过主动思考、阅读，与小组交流揭秘格子乘法的计算方法，由此培养学生的观察能力和推理能力；在总结格子乘法的计算方法过程中，培养学生抽象概括的能力；在将三位数乘一位数的计算方法应用到两位数乘两位数及三位数乘两位数的过程中培养学生类比迁移的能力；在探寻算理的过程中，明确不同的计算方法。算理具有相通性，只是表征的方式不一样，培养学生的抽象能力及思维的深刻性。"格子乘法"这一数学文化课与常规数学课融合得相得益彰。

二、学情分析

"格子乘法"是小学数学四年级上册教学内容，是在学生学习完三位数乘两位数乘法的基础上学习的。学生已经掌握了多位数的乘法，掌握了程序性的算法，大部分学生也理解了多位数乘法的计算原理，但反复的计算练习难免产生枯燥感。

三、体验点

"格子乘法"一课旨在让学生经历探索、应用格子乘法计算方法的过程中，掌握格子乘法的计算方法，感受数学家在人类文明进程中的探索与创造；同时，通过古今乘法方法的比较，加深对三位数乘两位数相关知识的理解，凸显竖式计算的简便及算法的优化。有以下三个体验点：

①追溯历史，体验格子乘法的神奇，激发学生主动的思考及进一步探索的热情。

②针对格子乘法的计算方法设计"揭秘算法"的探究体验，在与竖式计算的对比中体验算法与算理的连通性。

③通过算法比赛的游戏活动及微课梳理中西文明中乘法计算的发展，感受算法的更迭与优化，数学文化的传承，中华儿女的文化传承有责在肩，让学生情感体验得到升华。

四、体验的途径与方法

（一）追溯历史，体验格子乘法的神奇

格子乘法是一种古时候计算乘法算式的方法。相传，这种方法最早记载于1150年印度数学家婆什伽罗的《丽罗娃提》，后从意大利传入中国。顾名思义，格子乘法就是通过画一些格子来进行计算，在地上画好格子，写算时密密麻麻排列的结果，犹如一匹匹锦缎上密织的花纹图案，因此给它取了一个美丽的名字——"铺地锦"。

兴趣是最好的老师，开课伊始，通过简单的乘法计算 $2 \times 3 = ?$ 走进历史上比格子乘法更为直观而又与格子乘法的算法相通的画线乘法，探寻画线乘法的奥妙与不足，感受数学的发展和创造，微视频体验格子乘法的神奇，渗透数学文化的精神，激发学生学习格子乘法的兴趣。

（二）揭秘算法，体验算法、算理的连通性

教学中直接给学生展示一道用格子乘法计算的题目，顺接孩子们开课时被激发出来的强烈探索欲，设计由浅入深，指向格子乘法的形式、格子乘法的数据怎么来的，格子乘法数据的填写位置 3 个核心问题，引导孩子们主动探求格子乘法的计算方法。这样的安排给了孩子们主动参与、自主学习的机会，更是在必要的地方搭建好学习的脚手架，让孩子们探究有方，思考有法。在孩子们有了充分的探索经历后，安排两个基础练习，即三位数乘一位数的题目，分别涉及在格子中用 0 占位和满十进一的两种"新状况"，加深对方法的理解与灵活应用。最后，教师作为组织者、引导者的身份需要凸显，组织分享交流，归纳出格子乘法规范的计算方法和简洁的计算步骤，让不同层次的孩子共享格子乘法计算的奥妙。

而后安排两个延伸练习，即两位数乘两位数和三位数乘两位数的题目，呈现也分两种方式，一是根据算式明确格子的形式，二是根据格子的形式来自主出题，以使不同思维层次的孩子都有思维的发展。虽然格子乘法和笔算乘法的计算方法不同，但是两种方法计算出来的结果都正确，这究竟是怎么回事呢？引导学生进一步观察、比较，最终发现两种算法的算理相通，同样要用到乘法口诀、满十进一和乘积数位上的数是从低位往高位加。到此，格子乘法的计算与竖式计算搭建起互通的桥梁。

（三）比较辨析，体验计算的发展与优化、传承的责任

自古以来，人类就在不断地发明和改进计算的方法，但巧妙的计算智慧永远熠熠生辉，如何引导学生畅游历史的长河，高效而真切的体验计算方法的变迁，感受到数学文化的魅力呢？在充分掌握和理解格子乘法的基础上，教学中尝试将学习"活动化"，一是古今算法比较活动，感知格子乘法的局限；二是竖式与计算器的比较活动，感知竖式计算的局限；三是中西文明中乘法计算发展的梳理。在活动中，让学生真切地感受算法变迁的合理性，数学文化的传承以及中华儿女的文化传承有责在肩。

五、体验教学的片段

片段一：引导观察，解密格子乘法

1. 自主探究，归纳格子乘法的计算方法

师：美丽的名字，神奇的算法，看 735×5=，在一本古书里，智慧先贤用了这样的格子来计算（图 3.7、图 3.8）。仔细观察一下，你已经看明白了什么？

解密"格子乘法"

问题1：因数写在哪儿，表格为什么是一行三列？

问题2：表格里的数表示什么，是怎样得到的？

问题3：积写在哪儿，它又是怎样得到的？

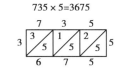

图 3.7　格子乘法计
算"735×5"

图 3.8　探究格子乘法计算方法的题单

2. 初步应用（三位数乘一位数），格子乘法的计算方法

师小结：孩子们真厉害，齐力探究，我们明白了格子乘法的计算方法，如果给你们其他的乘法算式，你会用格子乘法来计算吗？

算一算：（1）625×3=　　（0 占位）　　（2）764×4=　　（有进位）

师：尝试用格子乘法计算，再用竖式计算验证一下。

生拿出题单，生独立完成，教师引导提炼总结格子乘法的计算方法：画表格，写因数，分别乘，斜相加，顺序写。

片段二：深层挖掘，领会算理连通性

师：除了三位数乘一位数，敢不敢挑战难一点的乘法算式呢？

课件出示（题单）：（1）先用格子乘法计算，再列竖式验证计算的结果。

① 54×27=　　　　② 257×46=

（2）比较格子乘法和列竖式（图3.9），你发现了什么呢？

$$54 \times 27 = 1458$$

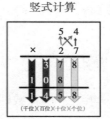

图3.9　格子乘法和竖式计算的比较

小结：不管相乘时拆分为几部分，它们最后都是把相同数位上的数加起来的，古代与现代，智慧相同。

（此案例由王音提供）

数字编码

一、教学内容分析

"数字编码"是西师版教材四年级上册15~16页的内容，教科书以邮政编码和编学号这两个学生熟悉的事例，对数字编码在生活中的应用做了言简意赅的描述，利于学生体验和理解。围绕数字编码的知识，在课堂活动和练习中，给学生提供不同领域的编码知识内容，这些内容都源于丰富多彩的现实生活，学生在获得大量感性材料的同时，也初步领悟到数字编码作用于生活的现实意义。活动的设计旨在让学生了解数字在日常生活中的实际应用，探索数字编码的简单方法，经历运用所学数学知识解决简单实际问题的过程，培养学生的实践能力。因此，本节课的教学重点是了解身份证编码，体会编码编排的特点，学会编码的简单方法。教学难点是怎样科学合理地进行编码。为了突出重点，突破难点，课前让学生收集了解父母亲的身份证号码及身份证编码的有关知识，课中再利用现代教育技术，为学生提供可观可阅读、可查找的有关信息，使学生对身份证编码含义及特点有所了解，再组织学生运用合作探究、交流、比较等方式学会简单编码。

对比人教版、北师大版、苏教版教材后，再次审视"数学广角"的编排意图，不难发现，它是通过一些学生熟悉的生活实例，让学生了解感悟一些重要的数学思想。渗透"数字编码"的思想，初步掌握编码的方法，是本节课教学的灵魂。

二、学情分析

学生在一年级上册认数时，教材在"生活中的数"板块中就已经出现了像邮政编码、门牌号、车牌号等数在生活中的应用实例。学生对数的广泛应用已经有了初步体会，知道数不仅可以用来表示数量和顺序，还可以用来编码。本节课就是在学生的生活经验和已有知识的基础上，进一步探究身份证号码的组成规律，体会数字编码在日常生活中的应用，并通过实践活动进行简单的数字编码，培养学生的数学思维能力和创新意识以及小组合作精神。从学生的年龄特点看，四年级的学生，有一定的信息分析与处理问题的能力，只要适当加以点拨，是能够通过合作与交流对编码中所蕴含的信息进行合理、正确的解释的。

《数字编码》这个内容对于四年级的学生来说，既熟悉又陌生。说"熟悉"，是因为在日常生活中，他们经常可以遇到与此相关的信息，几乎可以说是随处可见；说"陌生"，是因为学生对编码的意义与作用缺乏足够的认知。这节课就是在学生的生活经验和已有知识的基础上，进一步体会数字编码在日常生活中的应用，并通过实践活动进行简单的数字编码，培养学生的抽象、概括能力。因此，他们对这样的实践活动应该具有浓厚的兴趣。

三、体验点

基于以上分析，针对重难点及常见问题，本堂课有以下两个体验点：

①体验一个"编码"中某些数字所代表的意义。

②体验数字编码在生活中的应用。

四、体验途径和方法

1. 结合生活实际，创设情境，体验一个"编码"中某些数字所代表的意义

创设了生活中学生熟悉的情境，出示数字卡片110，请两位同学用不同的读法来读，并说出读作"110"和读作"一百一十"数字表达的含义，继而让学生举出生活中类似的例子，举例119——火警、120——急救，让学生从不同的读法中感悟不同情境中数字的不同作用。从这么多例子中可以看出数字不仅可以表示数量和顺序，还可以表达和传递信息。虽然数字只有10个，但是按照不同要求、不同顺序排列组合，就会千变万化，传递各式各样的信息。

2. 通过小组合作探索数字编码的简单方法，体会身份证中数字的意义

（1）引导学生通过观察、比较、猜测来了解数字编码的简单方法

以小组为单位，先把你了解到的有关身份证的信息告诉组员。把你们的身份证号码放在一起比一比，再和老师的号码比一比，（出示老师的身份证）想一想，猜一猜，身份证号码中的这些数字各代表什么含义？如果有疑问，就记录下来。小组活动后，请同学将自己的猜测和发现与大家交流，找出身份证号码中的地址编码和出生日期编码。

（2）通过补充完整双胞胎姐妹的身份证号码练习，感受编码的唯一性

补充完整双胞胎姐妹的身份证号码（学生独立完成）

豆豆，女，1999年1月4日出生于某省某市

乐乐，女，1999年1月4日出生于某省某市。

3	7	1	0	8	1									9	6	6	0
														9	6	8	X

通过填写双胞胎姐妹的身份证号码，让同学发现即使是同年同月同日生，身份证号码也不会相同，就是说，编码具有唯一性。再引导学生对比分析，豆豆的个人信息可以用这段文字描述，也可以用这串数字表示，哪种方式更方便呢？从而发现用编码表达信息非常简洁、方便。

乐乐最后一位为什么是字母 X 呢？其实呀，这里的 X 不是字母，而是一个罗马数字。如果写阿拉伯数字 10，身份证号码就有 19 位数，与其他人的不同，所以用 X 来代替。可见在编码时要有统一位数和含义，这体现了编码的规范性。"你还能从哪里看出编码的规范性？"出生月份的编写也体现了编码的规范性。月份 1—9 月是一位数，但 10—12 月却是两位数，所以 1—9 月份的编写要在前面加 0 占位。学生在无形中深刻体验到编码的规范性。

（3）每人为自己编学号，体验数字编码在生活中的应用，还可以添加一些生活中其他的应用

抛出问题"你们能不能编一个在学校里只属于自己的独一无二的号码，让老师很快就能找到你"后，放手让学生探究；在他们汇报编学号的方法时，适时评价，相机点拨，如"他所编的数字表达的意思是这样的，你们有不同的想法吗？""加入了性别码，信息就更齐全了。""用入学年份代替年级，有新的突破了。"，促进学生在"编"的过程中"悟"编码思想；交流时当有学生说出用"04"表示四年级时，另一个学生理直气壮地反问："我们学校有 10个年级吗？""我觉得用入学年份更好！""因为年级用 4 的话，明年这个号就不能用了。"……在经历编写、辨析、质疑、归纳和提升的过程中，学生初步了解了蕴涵其中的一些简单信息和编码的含义，探索出数字编码的简单方法，感受到数字编码思想的内涵。

五、教学实践片段

片段一：

生：读作"110"。（有同学笑了）

师：他们笑你，你能告诉他们你这样读的道理吗？

生：表示匪警电话。（报警电话）

师：噢！那么你们还知道生活中类似的号码吗？

生：举例 119——火警 120——急救。

师：同学们举了这么多例子，那么老师想知道读作"110"和读作"一百一十"数字表达的含义一样吗？

师：数字不仅可以表示数量和顺序，还可以表达和传递信息。

片段二：

师：谁来把你的猜测和发现跟大家交流一下？

生1：我们发现，我们号码的前六位数字和老师的一样。

师：许多重大的发现都离不开大胆的猜测，你还能在比较的基础上提出猜测，更了不起了！猜猜看，这部分可能表达的是什么信息呢？

生2：我觉得可能与地址有关。

师：嗯，数字学习离不开大胆猜测。

生3：我知道，前两位表示省；3、4位表示市，5、6位表示区县。

师：说得这么详细！你是怎么知道的？

生3：我是上网查的。

师：这位同学能通过网络查找资料，这是一个很好的学习方法！

师：身份号码的第1~6位数字叫地址码。（板书：地址码）还有知道其他信息的吗？

生4：我们发现，身份证号码的第7~14位数字，表示一个人的生日。

片段三：

师：你们能不能编一个在学校里只属于自己的独一无二的号码，让老师很快就能找到你。

生：我的编码是S0525。

师：他所编的数字表达的意思是这样的，你们有不同的想法吗？

生：我的编码是S05092。

师：加入性别码了，信息更齐全了。

生1：我的编码是0405251，04表示四年级……

生2：我们学校有10个年级吗？

生3：我觉得用入学年份更好！

生4：因为年级用4的话，明年这个号就不能用了。

（此案例由陈其香提供）

用数对确定位置

一、教学内容分析

《义务教育数学课程标准（2011版）》指出：在小学阶段，学生将了解一些简单几何体和平面图形的基本特征，进一步学习图形变换和确定物体位置的方法，发展空间观念。用数对确定位置属于图形与几何领域，《义务教育数学课程标准（2011版）》对本内容要求：在具体情境中，能在方格纸上用数对（限于正整数）表示位置，知道数对与方格纸上点的对应。

用数对表示物体位置，主要教学数对的含义，以及用数对表示方格图上物体的位置。本节内容利用有趣的情境，引导学生发现可以使用有序整数对（a，b）表示物体在平面中的位置，将学生已有的知识加以提升，用抽象的数对来表示位置，进一步发展空间观念，提高抽象思维能力。本单元的内容还渗透直角坐标系的初步概念，为第三学段学习平面直角坐标系打下基础。

二、学生学情分析

学生在一年级已经学习了有关序数的概念，知道可以使用一个序数表示在一条直线上人或物体的位置，已经建立了数（自然数）与点之间的对应关系。同时，学生在一年级已经学习了用类似"第几组第几排"的方式描述在平面上座位的位置，初步获得了用自然数表示位置的经验。在三年级通过对"东南西北"的认识，也为认识直角坐标系做了一些铺垫，这些都是学生学习本节内容的基础。

三、体验点

《义务教育数学课程标准（2011版）》强调"从学生已有的生活经验出发，让学生亲身经历将实际问题抽象成数学模型并进行解释与应用的过程"。因此，本课尽量以生活现象、学生的亲身体验为出发点，从学生的生活中提炼出数学经验，让学生经历确定位置方法的学习过程，让学生着重体验以下几点：

①体验用数对确定位置的抽象性和简明性。
②体验数对与方格纸上点的对应关系，渗透对应思想。
③体验确定位置与生活的联系，进一步增强用数学的眼光观察生活的意识。

四、体验的途径和方法

（一）创设生活情境，经历抽象过程，体验用数对确定位置的抽象性和简明性

在学生熟悉的生活情境"教室座位图"上，找一找小红坐在什么位置。学生根据已有生活经验和基础知识，用"第 3 组第 2 排"表述小红的位置。接下来，让学生明白在确定位置时，我们又把"组"说成"列"，把"排"说成"行"，确定第几列一般是从左向右数，确定第几行一般是从前向后数。小红的位置又可以用"第 3 列第 2 行"表述。"列"和"行"是学习用数对表示位置中的两个基本而又重要的概念，在具体情境中认识列、行的含义，知道确定第几列、第几行的规则。

学生明白"列"和"行"意义后，继续探讨在数学上小红的位置是第 3 列第 2 行可以用数对（3，2）来表示。数对表示位置，不仅要用两个数，还要看清两个数的顺序。先横着数（从左往右），看在第几组，这个数就是数对中的第一个数，表示第几列；再竖着数（从前往后），看在第几排，这个数就是数对中的第二个数，表示第几行，中间用逗号隔开，两个数的外面要用小括号括起来。

学生会用数对表示具体情境中物体的位置，通过第几组第几排迁移到第几列第几行，再抽象到用数对表示物体位置。由浅入深，由熟悉到陌生，由具体到抽象，理解数对的含义，体验用数对确定位置的方法的简明、准确。

（二）充分利用方格图，体验数对与方格纸上点的对应关系

如果我们把每一列的座位用竖线表示，把每一行的座位用横线表示，那么图中座位的位置正好就变为竖线与横线的交点，座位图就变为一个方格图。学生找一找小红、小娟、小强的位置，会用数对表示，并用点在方格图中描一描这些数对所表示位置（图 3.10）。在巩固应用活动中，让学生说说自己所在的列和行，用数对表示出自己的位置，并在方格图上标出来。

充分利用方格图，让学生在用数对表示位置及在方格上描相应点的学习活动中，感受到一个数对就对应了一个位置。体验数对与方格纸上点的一一对应关系，渗透对应思想。

小红的位置可以用下面方格图中的点来表示。

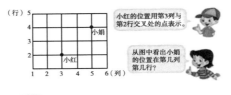

说一说 小强在第几列第几行？在图中用点标出小强所在的位置。

图 3.10 方格示意图

（三）拓展生活应用，感受数对与生活的联系

用数对确定位置给我们的生活带来了极大方便，我们生活中处处都是数对。如看电影找座位，再如地球上的纬线是横着的，经线是竖着的，也可以用数对确定某地的位置。数对（北纬 39° 57′，东经 116° 28′）和（北纬 40° 43′，西经 74° 0′）分别表示出了北京和纽约中心的位置。有了数对，我们就能很容易地表示出某一点的位置。这些生活实例，让学生感受到数学与生活的密切联系，拓宽知识视野，激发学习兴趣，体验"数对"应用的广泛性。

五、教学实践片段

片段一：

师：在方格图中用数对表示出自己的位置。要完成这个任务，首先我们要知道教室的第 1 列在哪？

请第 1 列起立，孩子们要设想站在讲台上，从左往右数，这是第 1 列。请第 3 列挥挥手，请第 5 列拍拍手。第一行呢！请第 1 行同学起立，第 4 行拍拍肩，第 5 行挥挥手。

师：那现在请你用列和行说说你的位置。

师：明确了自己所在的列和行，就请同学们在方格图上用数对标出自己的位置。

师：标好后，先向同桌说一说。

师：谁来说说你的位置用什么数对表示？

师：标正确的请为自己点个赞。

片段二：

师：接下来老师说数对，请对应位置的同学站起来。我们看看谁的反应快。

出示：（2，1），（2，4），（2，2），（2，5），（2，3），（2，6）。

师：根据站起来的情况，你有什么发现？

生：让1列站起来了。

师：咦！怎么就让1列站起来呢？

生：因为第1个数都是2，表示第2列。

师：看来只要第1个数相同，我们就可以让1列同学站起来。

师：提高难度，你能用几个数对，让1行同学站起来吗？

生：（1，3），（2，3），（3，3），…，（8，3）。

师：掌声！

师：请刚才第2列的同学起立，你们发现有位同学很特殊了吗？

生：中间那位同学。

师：他特殊在哪儿呢？

生：他站在交叉点。

师：很好，那他站了几次？

生：他站了2次。

师：奇怪了，他怎么就站了2次呢？

生：因为他既在第2列又在第3行。

（此案例由杭仕华提供）

分数的意义

一、教学内容分析

分数是小学数学的核心概念，《分数的意义》是在学生初步认识分数的基础上，对分数的认识由感性认识到理性认识的提升。本节课重点是让学生理解不仅一个物体、一个计量单位可用自然数 1 来表示，许多物体也可看作一个整体用自然数 1 来表示，即单位"1"，进而总结概括出分数的意义。学好这部分内容，是顺利构建真分数、假分数等概念以及学习分数的基本性质、分数的四则混合运算、分数问题解决等内容的必要基础。

对比西师版、人教版、苏教版教材发现：它们都是分两段安排分数意义的教学，一段是三年级、一段是五年级，尽管三个版本的教材编排方式有所不同，但都比较注重对单位"1"内涵的感悟和理解，用逐步递进的方式帮助学生完善对单位"1"的认识。

二、学生学情分析

学生在三年级上学期的学习中，已通过直接观察和操作活动，初步认识了分数，知道了分数各部分的名称，会读、写简单的分数，会比较同分母分数的大小，会加减简单的同分母分数。通过本单元的学习，引导学生在已有的基础上，经历整个概念的形成过程，概括出分数的意义，促使学生主动参与建构，帮助其从中获得感悟。

三、体验点

①突破对整体的认识，体验单位"1"的意义。
②在具体到抽象的过程中，体验分数的意义。

四、体验的途径和方法

（一）突破对整体的认识，体验单位"1"的意义

1. 谈话交流中体验自然数"1"到单位"1"

学生在过往的学习中，具有将一些物体作为一个整体的生活经验，如1个班、1箱水等，但学生的这些经验仅停留在文字表面，他们并没有体会到单位"1"的真正内涵。因此，教师通过谈话交流：生活中，除了1个人，还有哪些物体的数量也可以用"1"来表示？启发学生从1个物体迁移到把多个物体看作1个整体，强化、丰富"1"的内涵。同时，教师追问："3个苹果，能看作'1'吗？怎样让我们一眼看上去就像个'1'？并引导学生将3个苹果看作的"1"去度量6个苹果、9个苹果的数量，初步体会有几个"1"就是几，"1"就是一个计量的单位（图3.11）。

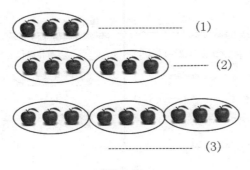

图 3.11

2. 在比较中，沟通单位"1"与整数、分数的关系

学生初步感知单位"1"作为计量单位后，教师继续出示图片（图3.12）。

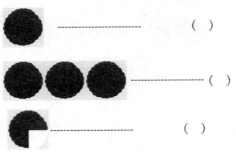

图 3.12

103

引导学生填出相应的数，并追问：为什么前面两个空大家选择用整数表示，第三个空大家用分数表示呢？学生思考后，进一步发现：把 1 个月饼看作单位"1"，有几个单位"1"，就是几；而不足一个单位"1"的，就用分数表示。沟通了单位"1"、整数、分数之间的联系，进一步体验了单位"1"的意义。

（二）在具体到抽象的过程中，体验分数的意义

1. 多材料呈现，建构 $\frac{3}{4}$ 的意义

建构 $\frac{3}{4}$ 的意义如图 3.13 所示。

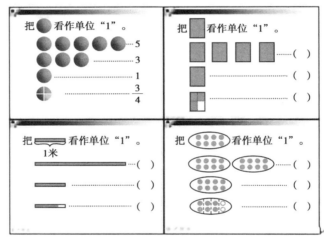

图 3.13

教师在学生已经充分体会单位"1"意义的基础上，让学生在不同的表象中建构 $\frac{3}{4}$，并引导学生将目光聚焦到最后的 $\frac{3}{4}$，如图 3.14 所示。

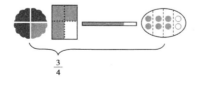

图 3.14

2. 在观察与交流中，体验分数 $\frac{3}{4}$ 的本质

教师设问："4 幅图中，单位'1'一样吗？""为什么单位'1'不同，

涂色部分都能用$\frac{3}{4}$表示呢？"学生在比较中不难发现：尽管单位"1"不同，但是4幅图都是将单位"1"平均分成4份，涂色部分是其中的3份，因此可以用$\frac{3}{4}$表示，在交流中强化学生对$\frac{3}{4}$这个分数意义的理解。

3. 在操作与辨析中，体验分数的意义

在"分数是一个整体平均分成几份之后，其中的一份或几份"这样的"份数定义"层面，分数的本质是表示"整体与部分"的关系。因此，在分数的再认识阶段，明确分数中的"整体""份数"及表示这样的"几份"是分数意义建构的重点。

教师出示分数：$\frac{1}{3}$、$\frac{2}{5}$、$\frac{5}{8}$，并引导学生完成如下活动：

①分数$\frac{1}{3}$、$\frac{2}{5}$、$\frac{5}{8}$分别表示什么意思？

②利用手中的学具，折一折、画一画，表示出其中的一个或两个分数。

学生结合自己的思考与操作，对分数的意义有了进一步的理解。接着，教师选择学生的作品，引导学生观察，并进行小组交流。

①在图3.15中，为什么都用$\frac{1}{3}$表示涂色部分，五角星的个数却不同？

②在图3.16中，为什么涂色正方形个数相同，表示的分数却不一样？

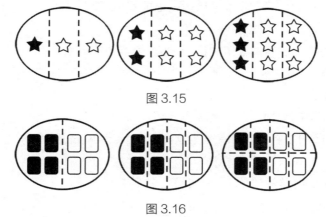

图3.15

图3.16

学生在交流与辨析中发现：分数与单位"1"、平均分的份数、其中的几份这三者的密切联系，深化对分数意义的理解。

五、教学实践片段

片段：从 1 到 "1"

师：（往学生面前一站）认识吗？张老师能用自然数来表示吗？

生：用 "1" 表示。板书 "1"。

师：除了人以外，还有什么也可以用 "1" 来表示呢？

生：1 块黑板……

师：还能说吗？

生：我们的一个班级也能用 "1" 来表示。

生：一个世界也能用 "1" 来表示。

师：这时候的 "1" 和我们一年级的 "1" 一样吗？

生：一年级的 "1" 表示的是一个物体，这时候的 "1" 是一个整体。

师：3 个苹果能用 "1" 吗？

生：能。

师：怎么看起来 3 个苹果就是 "1"？

生：放在一盘里。

生：看成 1 行。

师：把 3 个苹果看作一个整体，就能看成 "1"。（并把 3 个苹果框起来）

师：那 6 个、9 个、18 个苹果……也能看成 "1" 吗？

生：能。

师：一旦把 3 个苹果看作 "1"，那 6 个苹果应该看作几？

生：2

师：为什么？

生：3 个苹果是 "1"，6 是 2 个 "1"，就是 "2"。

师：（出示 12 个苹果）有 4 个这样的 "1"，就是几？

生：4。

师：有 5 个这样的 "1"，一共是几个苹果？

生：15 个。

师：3 个苹果看成的 "1" 就成了一个计量单位。在数学上，可以称作：单位 "1"。

（此案例由骆雯提供）

百分数的认识

一、教学内容分析

《百分数的认识》是西师版教材六年级下册第一单元第 1 课时的内容，其他版本教材则主要编排在六年级上册。百分数是学生在学习了整数、小数和分数的基础上进行学习的。《义务教育数学课程标准（2011 年版）》指出："结合具体情境，理解小数和分数的意义，理解百分数的意义；会进行小数、分数和百分数的转化。"

从"数与代数"部分的教材体系来看，百分数是小学阶段数的认识的进一步延伸。百分数与分数既有联系，又有区别，是对分数作为分率这一意义的进一步拓展。同时也为学生进一步学习应用百分数解决生活中的实际问题奠定基础。通过对几个不同版本的教材内容的对比，发现《百分数的认识》一课的内容编排特点基本一致，主要体现为：一是注重百分数与现实生活的紧密联系，突出百分数来源于现实生活以及百分数广泛应用于工农业生产、科学技术和现实生活的各个方面；二是借助现实生活的意义和学生已有的生活经验来认识百分数的意义，让学生体会百分数的价值；三是注重沟通数学知识（整数、百分数、分数和小数）之间的联系，帮助学生形成完整的知识体系。

二、学情分析

对于百分数，学生在生活中已有一定的经验积累，如何激活学生的相关经验并将其数学化，让学生完成百分数意义的建构，是本课教学的关键。同时，六年级学生也已经具备了一定的独立思考能力，探究能力和知识迁移的能力，同时小组合作意识也比较强，能在探究中较好地进行小组合作，这些都为学习本课内容提供了能力基础。但是由于学生对分数的意义即"把单位'1'平均分成若干份，表示其中一份或几份的数称为分数"理解较深，以致部分学生可能会把百分数和分数的意义等同起来，从而出现"认为分母是 100 的分数就是百分数"的认知错误，对百分数与分数的区别和联系理解存在一定的困难。

三、体验点

基于以上分析可以得出，《百分数的认识》这节课非常重要的一个目标就是通过学生的对比分析及交流来体验和探究百分数，理解百分数的意义，了解掌握百分数读写，以及与分数的区别和联系。因此，本堂课有以下三个体验点：

①通过搜集、交流生活中的百分数，体验百分数应用的广泛性。

②通过具体事例的对比、交流和分析，体验百分数的意义。

③通过游戏活动，体验百分数便于比较的优越性。

四、体验的途径和方法

（一）联系生活，在搜集与交流中体验百分数应用的广泛性和便于比较的特征

百分数在生活中有着广泛的应用，现实世界为百分数的学习提供了丰富的学习素材。学生要深入认识百分数，必须先从具体生活情境中找出百分数，然后去观察对比百分数，在交流中初步体验百分数在生活实际中应用的广泛性和重要性。

1. 观察搜集，联系生活找到百分数

课前让学生留意生活实际中哪些地方用到百分数，并进行搜集。课堂中引导学生进行交流展示，从而让学生充分地联系生活实际初步感知百分数应用的广泛性。

2. 交流探讨，体验百分数便于比较的优越性

教师引导学生在交流所收集的百分数的同时，让学生有意识地分类整理，一方面可以充分体验百分数在生活中各个领域都有广泛应用。另一方面引导学生开始思考：同一类商品或事物中的百分数，表示的具体意义是什么？为什么那么多地方都要用百分数？学生通过思考和交流体验，很快发现用百分数的主要作用是便于比较，这也是百分数之所以能在生活中广泛应用的重要原因。

（二）结合具体情境，在分析和对比中体验并理解百分数的意义

1. 设置情境，在观察、对比、思考和交流活动中初步体验百分数用于表示两个量之间倍率关系的特征

在初步了解百分数后，老师设置了一个"选拔最佳投球手"的问题情境，让学生根据所提供的三名同学投篮的数据信息，选出最佳球员。首先只出示投中次数，让学生进行判断，体验单一投中次数无法说明谁的命中率高，而无法进行判断。然后又分别出示三名同学投中次数和投篮总次数，让学生根据两组数据进行思考和交流，体验到三名同学投篮成绩取决于投中次数占投篮总次数的分率。教师在交流中进一步追问最终是怎么比较得出结论的？为什么要化成分母是 100 的分数？引导学生在思考交流中体验百分数便于比较的特征，也初步感知百分数用于表示一个数是另一个数的百分之几的本质。

2. 活用事例，在对比、观察和分析中理解体验百分数的意义

百分数在生活实际中有着广泛的应用，这为学生探究体验百分数的意义提供了丰富的素材。在学生初步感知百分数具有便于比较的特征和其具有分率的意义后，教师从学生搜集的百分数案例中，选择了几个具体事例，引导学生展开对百分数意义的深入探究。如衣服面料标签中的羊毛 36%、涤纶 25.6% 等分别表示什么？酒水商品标签中的酒精含量 52% 表示什么？……通过这些具体事例中百分数意义的分析与交流，体验并理解百分数的本质意义就是用于表示一个数是另一个数的百分之几。

3. 辨析体验，理解百分数与分数的区别和联系

在学生认知经验中，分数的意义根深蒂固，同时在前面的学习中又经历了将分母不是 100 的分数化成分母为 100 的分数，因而很容易造成百分数意义与分数意义的等同混淆，错误地认为分母是 100 的分数就是百分数。所以在本课的教学中，教师设计了几个比较典型的辨析题，通过学生思考与辨析，体验百分数与分数的本质区别在于百分数仅能表示一种分率，是两个数量之间的比率关系，不能表示具体数量，因而百分数不能带单位；而分数则即可表示具体数量，也可以表示一个分率。

五、教学实践片段

片段一：

师：同学们猜猜，今天我们要学习什么？你是怎么猜到的？

生：百分数，因为老师昨天让我们收集了百分数。

师：猜对了，今天我们要一起认识百分数，请大家拿出收集到的百分数。

师：大家来交流一下，你们是在哪里找到了百分数，请读出你收集到的含有百分数的语句。

生：我是在袜子标签上找到的，上面写着：含羊毛 15%，棉 85%。

生：我在红酒瓶上的标签中找到的：酒精度 12.5%。

生：我是在牛奶盒上面找到的，比如上面写着能量 3%，蛋白质 6%，脂肪 6%，碳水化合物 2% 等。

生：我还经常在电视新闻报道中看到百分数。

······

师：根据刚才大家的交流，你有什么感受？

生：我们在生活中很多不同地方都找到了百分数，说明百分数在生活中应用得非常多。

师：的确，在我们生活的各个方面，都要用到百分数，这充分体现了百分数在实际中应用的广泛性。

片段二：

师：某校的运动会新增了投球比赛，六（5）班已有 3 名同学报名并进行了预赛。已知张明投进 12 个，李红投进 14 个，王凯投进 24 个。你能选出谁是最佳投球手吗？为什么？

生 1：不能，因为不知道他们分别投了几次。

生 2：成绩好不好，不能只看进球数，而是要比较进球数占总投球数的分率的大小。

师：说得非常棒！其实他们预赛的具体投球情况见表 3.2。

表 3.2

姓　名	投球总数 / 个	进球数 / 个
张　明	20	12
李　红	25	14
王　凯	50	24

师：现在你能选出谁是最佳投球手了吗？试一试吧！

师：小组内互相交流一下你们是怎样想的，做好汇报准备。

生：我们先分别计算出三人进球数占其投球总数的几分之几：

张明：$12 \div 20 = \frac{12}{20} = \frac{60}{100}$，李红：$14 \div 25 = \frac{14}{25} = \frac{56}{100}$，王凯：$24 \div 50 = \frac{24}{50} = \frac{48}{100}$这样就能比较出张明的命中率最高，所以应该选他为最佳投球手。

师：为什么这里要化成分母是 100 的分数呢？

生：三个分数分子分母都不同，不好比较，化成分母是 100 的分数，方便比较。

师：大家分析得非常正确。

师总结：数学中我们把投中次数占投球总数的比率称为投球命中率，一般用百分数表示。如上述三位同学预赛的命中率分别为：张明 60%，李红 56%，王凯 48%。

师：你能说出这里的三个百分数分别表示什么吗？你知道这里为什么要用百分数来表示吗？

生：都表示投中的次数占投球总数的百分之几。用百分数表示更便于比较。

师小结：其实生活中百分数应用得非常广泛，而其中一个重要的原因，就是百分数便于比较。

（此案例由吴意提供）

倍数与因数

一、教学内容分析

"倍数与因数"是西师版小学数学五年级下册第一单元的内容，是小学阶段"数与代数"部分的重要内容之一，也是"数论"的初步知识，概念较多且抽象。倍数与因数是从一个新的角度认识自然数，从而深入研究非 0 自然数的特征及相互关系，让学生经历"感知—表象—抽象"的认知过程。本课知识是以后学习公倍数与公因数、约分、通分等知识的重要基础，也为分数的学习做准备。学好这部分内容，对培养学生的数感、提高数学探索能力、解决实际问题等都有重要的作用。

各版本教材对"倍数与因数"的编排顺序基本相同，只在概念引入环节略有不同。大部分教材都直观地通过排队列或拼长方形的方式，利用每行人数、行数、总人数之间或每行小正方形的个数、行数、小正方形总个数的关系，将抽象的因数倍数关系形象地展现出来，让学生用"以形带数—数形结合"的方法去认识概念，有助于理解、掌握它们的本质意义。教材没有出现整除的定义并不会对学生理解其概念产生任何影响，这种方法符合学生的认知规律，也符合数的整除这一数学逻辑。

二、学生学情分析

学生在前面的学习中对数有了基本的认识，已经分阶段认识了亿以内的数，系统掌握了整数的运用，掌握了非 0 自然数的乘法关系和除法关系，基本完成了整数四则混合运算的学习，同时也具备区分整除与有余数除法的知识基础和认知经验，对整除的意义已经有了比较清楚的认识。

这些都为本节课的教学奠定了坚实的知识基础，但这些只是对数的表面认识，学生对数之间关系的认识还较为浅薄。在这节课之前，学生对于倍数与因数并不是全然不知，但是学生所理解的倍数和因数并不是这节课所学的倍数与因数的概念，已有的数学经验对本课知识学习易产生负迁移及混淆，造成了一定的学习困难。本阶段学生处于形象思维向抽象思维过渡阶段，对过于抽象的理论概念理解起来有一定难度，且学习过程中易产生枯燥甚至厌倦的情绪。本节课教学应找准学生的知识基础，组织数形结合、逻辑演绎等各种形式的操作活动，吸引学生积极主动地参与概念的建构过程，感受知识间的内在关联，使抽象的概念学习尽可能直观化、趣味化，为今后学习公倍数和公因数以及分数的约分、通分和四则混合运算等做好准备。

三、体验点

基于以上分析，针对重难点及常见问题，本堂课有以下体验点：
①体验倍数与因数之间相互依存的关系。
②体验因数的有限性，倍数的无限性。

四、体验的途径和方法

（一）数形结合，理解概念，在活动中体验倍数与因数之间相互依存的关系

因数和倍数是一对较为抽象的数学概念，教师通过具体的实践活动帮助学生建立表象，感受数与数之间的联系。课始，老师通过"帮助这 36 名士兵排兵布阵，要求每排人数要一样多，可以怎样排列？"的问题，让学生先思考，然后用一个算式表示出自己的排法。学生可以通过作点子图或想象演绎思考"每排人数""排数"与"总人数"之间的数量关系，初步构建与因数、倍数相关的数量关系模型。在学生寻求不同排法列算式的过程中，引导其有序思考，为后面有条理、不重复、不遗漏地找出一个数的因数或倍数做准备。学生列出算式以后，教师继续追问"每排能排 5 个吗？"，学生思考后发现，如果每排 5 个就不能满足"每排一样多"的要求，从而初步感知学习因数与倍数时，是以整除为基础，研究"非 0 自然数"。

而后引导学生结合 $4 \times 9=36$ 这个乘法算式理解"4 是 36 的因数，36 是 4 的倍数"，介绍因数和倍数，强调因数和倍数是相互依存、共同存在的，不能单独说某个数是因数或倍数。并让学生通过自己说、互说、点名说的方式充分说一说、读一读，初步建立因数和倍数的概念。在学生初步理解因数和倍数意义的基础上，接着让学生根据另外两个乘法算式说一说几个数的因数和倍数关系，及时巩固因数和倍数的意义，实现数学知识学习的正迁移。通过三道乘法算式初步认识因数和倍数，强化学生对因数和倍数意义的理解。然后继续利用学生所列算式中的除法算式，让学生从中找出因数和倍数，为后面找一个数的因数做好铺垫。

（二）实践操作、总结归纳，在有序思考中体验倍数的无限性、因数的有限性

1.探索寻找因数方法，发现因数特征，体验因数的有限性

教学时，老师提出"你能把 36 的所有因数都找出来，做到不重复不遗漏吗？"设置课堂活动，吸引学生的兴趣，在充分理解"不重复不遗漏"的基础上，让学生"先思考你打算用什么方法找，再把 36 的因数写在题单上"，放手让他

们自主探究。对于学生而言，找出一个数的因数并不难，关键是怎样才能做到不重复不遗漏地找出所有因数。学生有前面的经验能很快想到借助乘法算式和除法算式这两种方法来找。学生反馈时充分展示几种不同情况的学生作品，引导学生进行观察、对比与思考，从而形成思维的交流、碰撞，再让完成得好的学生进行方法介绍，教师在这个过程中引导学生发现"一对一对"地找，有序地书写，才能将一个数的因数不重复不遗漏地找完，体现了有序思考的重要性。这个过程让学生充分经历从无序到有序，从自寻到互学、讨论互评、自主学习、主动建构的数学学习过程。这一过程符合学生的认知规律，培养了学生思维的有序性，能充分凸显方法本身的价值。

最后引导学生进一步观察，归纳出一个数的因数的特征。在学生初步归纳出一个数的因数的共同特点之后，适时追问"任意一个非 0 自然数的因数，都具有这样的特点吗"，使学生的发现由个别到普遍，由点到面。在这样的学习过程中，学生获得的不仅是知识与技能，更有思考方法与思维方式的提升。这样教学也能为接下来寻找一个数的倍数以及发现一个数的倍数的共同特点打下良好的基础。

2. 探索寻找倍数方法，发现倍数特征，体验倍数的无限性

通过前面的学习，学生积累了寻找一个数的因数以及探索一个数的因数特点的过程与方法的经验。利用这些经验进一步探索，寻找一个数的倍数以及探究一个数的倍数的特点，既能让学生体验倍数与因数的联系，也是对前面学习方法的巩固提升，具有很大的教学价值。教师设计一份"活动要求"，引导学生自主开展寻找一个数的倍数以及研究一个数倍数的特点的探索活动，帮助他们在独立思考、小组交流、全班交流的过程中领悟方法、发现特点，进而感受自身的主体地位，积累数学学习经验，提高数学学习的兴趣与学好数学的信心。

五、教学实践片段

片段一：

师：我们先回到古代战场，帮助这 36 名士兵排兵布阵！（出示课件 1）

师：要求每排人数要一样多，可以怎样排列？孩子们可以先思考把你的排法用一个算式表示出来。

生：每排 4 人，排 9 排，算式是 $4 \times 9 = 36$。

师：这种排法还可以怎样列算式？

生：36÷4=9。

师板书算式：4×9=36；36÷4=9。

（师按生说法出示 PPT 演示排法）

师：还有不同的想法吗？每排能排 5 个吗？

生：不能，因为 5 不能整除 36。

师：36 名士兵能排出 5 种阵型，我们也列出了很多算式，我们先选择一组来研究，在这组算式中我们可以说：36 能被 4 整除，也能被 9 整除；也可以说 4 是 36 的因数，那 9（也是 36 的因数），倒过来说 36 是 4 的倍数，36 也是 9 的倍数。

片段二：

师：看来孩子们对因数和倍数掌握得不错。但是你能不能把 36 所有的因数都找出来，做到不重复不遗漏呢？（板书：不重复 不遗漏）

要求：

①先思考你打算用什么方法找，再把 36 的因数写在题单上。

②写完后和同桌说说你的想法。

生：36 的因数有：1，36，2，18，3，12，4，9，6。

师：听了这位同学的回答，你有什么感受？

生：很有序。

师：你真厉害，能告诉老师你是怎样一个不漏地找出来的吗？

生 1：用乘法，想 1×36=36，2×18=36，3×12=36，4×9=36，6×6=36，……

生 2：还可以用除法，想……

（此案例由沈妮提供）

用字母表示数

一、教学内容分析

"用字母表示数"是西师版教材五年级下册第五单元的第一课时，属于数与代数部分中等式与方程这一板块的内容。《义务教育数学课程标准（2011 版）》

在"内容标准"第二学段中提出学生在具体情境中能用字母表示数。《课标》同时也强调要发展学生的符号感，并指出"符号感主要表现在：能从具体情境中抽象出数量关系和变化规律，并用符号来表示；理解符号所代表的数量关系和变化规律。"

"用字母表示数"这一课是从"由具体的数和运算符号组成的式子"过渡到"含有字母的式子"，其教学过程是从个别到一般的抽象化过程。因此，它是学生学习数学的一个转折点，也是学生认知上的一次飞跃。本课是在学生已经掌握了一定的算术知识（如整数、小数的四则计算），并且初步接触了一些代数知识（如用字母表示运算律）的基础上，来进一步研究用字母表示数、常见的数量关系、面积和周长公式等。

通过对比分析几个版本的教材，发现这部分内容都结合生活实际选用学生熟悉的素材，来呈现两个相关联的量，从确定的数到不确定的数的变化过程中找出表示这两个不确定的相关联量的方式，并通过对比观察发现用字母表示数的意义以及优越性。

二、学生学情分析

五年级学生的抽象逻辑思维有一定的发展，但具体形象思维还是比较明显。同时，五年级学生好奇心强，对有一定规律性的问题充满了探求的欲望。

从学习情况来看，小学阶段已经全部学完整数、小数、分数的认识、四则运算（分数乘除法除外）等内容，学生的数与代数的知识和经验已经积累到一定的程度，需要对更高一级的数学知识和数学思想进行学习。在日常的生活中，学生已经先于学校的数学课程，接触到了用字母表示数，如扑克牌中的 A，J，Q，K 分别表示 1，11，12，13。在五年级之前的数学课中，又学习了用符号表示一个特定的数，以及用字母表示运算定律等，但是对于具有普遍意义的用含有字母的式子表示数及数量关系的学习需求还存在于潜意识，没有被激活。同时，在学习本课知识以前，学生面对的数量基本是确定的。而本课教学内容需要让学生体会到数的不确定性和可选择性，这是这一内容中最具数学意义的地方。由具体的数量过渡到用字母或含有字母的式子表示数量，对于学生来说是一次学习的飞跃，也是为今后代数学习做准备，从而发展学生的代数思想。

三、体验点

为了发展学生的符号化思想。这节课的体验点是：
①体验用字母表示数的意义和优越性；
②初步体验代数思想。

四、体验的途径和方法

（一）结合情境，体验字母在生活中的广泛运用

出示生活中各种常见的字母标志：如 P（停车场）、4F（四楼）、UFO（不明飞行物）、CCTV（中央电视台）……让学生猜猜这些字母的意思，并说说自己的感受。学生发现字母跟我们的生活紧密联系。同时，也体会了字母表示复杂名称的简洁性（图 3.17）。

设计 24 点游戏，不仅能激发学生学习兴趣，还能让学生发现扑克牌上的字母 A 能表示确定的数字 1，体会字母还可以表示数，从而引入后面的新课学习。

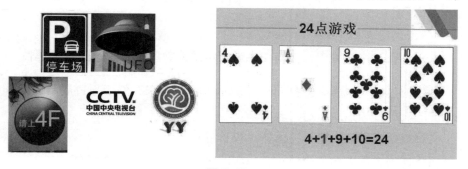

图 3.17

（二）依托问题，唤起学生用符号表示数的需求

通过创设问题情境激发学生的认知需求，促使学生积极地、主动地投入新知识的学习中去，比如这节课可以创设数青蛙的情境。课件先出示一只青蛙，教师提问：有几条腿？学生回答有 4 条腿，接着出示 2 只，3 只，4 只……让学生根据课件上不断增加的青蛙只数，有序地说出一共有多少条腿？（图 3.18）当课件上的青蛙越来越多时，让学生体会到怎么说也说不完。而且看着满屏的

青蛙已经多到无法数清，青蛙腿的数量也无法确定，学生自然而然地停止了回答。此时，教师提出关键的一问"你们能想出什么方法把这所有的情况都简洁地表达出来？"通过问题激发学生主动去探究用什么样的方式能简洁完善地表达这些数量，唤起学生用符号表示数的需求。整个过程，从"能用确定的数表示数量"到"无法用确定的数表示数量"的情境转变，让学生感受到用具体的数字表示数量的局限性，使得"用字母表示数"的数学意义更加明显。

图 3.18

（三）在对比交流中，体验用字母表示数或数量关系的意义及优越性

学生通过独立思考，并把自己的表示方法写出来，然后通过展示几种具有代表性的表示方法：

文字概括表示两个量：（无数）只青蛙有（无数）条腿。

用具体的大数表示两个量：（1 000）只青蛙有（4 000）条腿。

两个量用相同的字母表示：（x）只青蛙有（x）条腿

两个量用不同的字母表示：（x）只青蛙有（y）条腿

一个量用字母表示，另一个量用含有该字母的式子表示（且字母式能反映出两者的数量关系）：（x）只青蛙有（$4x$）条腿。

学生通过观察，从多种方法的优劣中对比发现：

①文字表述不仅不简洁也不能清晰反映数量关系。

②具体数量太局限，只能反映个别情况，而不能反映所有情况。

③"用相同的两个字母表示"虽然反映了所有的情况，但同一情境下的相

同字母表示的量相等。

④不同字母不能反映出两个量的数量关系。

⑤最后一种方式才是最优方式，让学生发现字母不仅可以表示任意的数量还能表示不确定的数量，同时含有字母的式子还可以反映出两个量之间的数量关系。使学生可以从中体会用字母表示数的简洁性、概括性及普遍适用性。

在学生对用字母表示数有一定的认识后，教师出示运算定律的字母式和文字描述，让学生通过对比观察，再次体会用字母表示数更加简洁、明了的优势。

五、教学实践片段

片段一：

（动态依次出现 M，P，kg，UFO 等图片，注意一张幻灯片一个缩写 + 一个全称。）

生说出的含义，教师 PPT 显示全称。PPT 显示全部图片。

师：看了这些，你有什么感受？（学生自由表达）看来字母与生活有很大的联系。

师：刚才考了你们的眼力，现在考考你们的脑力。玩过 24 点吗？

PPT 出示 24 点游戏，师：看看谁是高手。

（屏幕显示 6，7，A，10 四张扑克牌算 24 点）

生说算式，师出示算式。6+7+1+10=24，（10−7+1）×6=24（不用出示全部算式）。

师：这里没有 1，你这个 1 是从哪里来？（说快点）

生：A 就表示数字 1。

师：看来，有时候字母还可以表示——数。今天这节课我们就来学习"用字母表示数"。

片段二：

师：看，一只青蛙，（　　　）条腿（生：4 条）。（师板书 1，4）

（课件出示两只青蛙）

师：这是几只青蛙，一共有几条腿？（生：两只青蛙有 8 条腿）（师板书 2，8）

（课件出示无数只青蛙跳进整个池塘）

师：池塘里有几只青蛙，几条腿呢？

（学生数不清）

师：你们能找到一种好的方式把这种情况表示出来吗？

师：请你想一想，把你的方法记录在活动 1 的表格中。

学生独立尝试，把你的方法记录在表格中。

教师巡视，收集不同方案。

（学生独立尝试完成，抽生汇报，将多种表示方案写在黑板上）

可能出现五种情况：【预设一】无数只青蛙，无数条腿

【预设二】100 只青蛙，400 条腿

【预设三】x 只青蛙，x 条腿

【预设四】x 只青蛙，y 条腿

【预设五】x 只青蛙，$4 \times x$ 条腿

（1）独立思考，观察评价

师：独立思考，对比，观察这些表示方式，哪种方式更好？为什么？（停顿几秒）

（2）小组讨论，交流想法

师：把你的想法在小组内说一说。（出示活动要求）

（3）小组展学，交流质疑

抽小组上台汇报，全班交流质疑。

发现：

①这种表示方法没有字母简洁。

②（具体的数据）能看青蛙的只数与腿的条数之间的关系，但无法表示所有的情况。

③（x，x）用字母表示虽然能表示出所有的可能性，但没有表示出正确的关系。

④（x，y）用 2 个不同的字母能表示出所有可能性，但也看不出正确的关系。

⑤（x，$4 \times x$）既表示了任意数量青蛙的只数和对应腿的条数，也表示出它们之间的数量关系。

师：x 表示什么？$4 \times x$ 表示什么？在这里青蛙的只数只能用 x 表示吗？

师小结：看来我们用 x 这个字母表示出了青蛙的数量，还用含字母的式子 $x \times 4$ 表示出了青蛙腿的数量，同时还能通过这个式子看出这两个量之间的关系。

（此案例由蒋程芳提供）

比、比例和正反比例整理复习

一、教学内容分析

比、比例和正反比例整理与复习是一节综合复习课。主要包括：比及比的基本性质，比例及比例的基本性质，正比例、反比例的意义及应用等内容。《义务教育数学课程标准（2011 年版）》在"课程内容"的"第二学段"中对这部分内容提出了明确的要求："在实际情境中理解比及按比例分配的含义，并能解决简单的问题""通过具体情境，认识成正比例的量和成反比例的量""会根据给出的有正比例关系的数据在方格纸上画图，并会根据其中一个量的值估计另一个量的值""能找出生活中成正比例和成反比例关系量的实例，并进行交流"。

本堂课中对比、比例和正反比例相关知识的整理与复习是小学数学总复习的重点内容之一。通过复习，学生对所学习的数学知识有全面系统的整理，可以从更大范围、更高层次上沟通数学知识之间的联系，形成具有实质联系的数学认知结构。其中，正比例和反比例是一类常见的数量关系，这部分内容的学习是函数思想在小学数学内容中的体现。在现实中，有许多数量关系可以表示为成正比例的量和成反比例的量，其本质是两个量按一定的比例关系发生变化（即正比例关系和反比例关系）。从本质上说，正比例和反比例的关系是函数关系，但小学阶段并不出现函数的概念，而是让学生在现实情境中具体感知两个量之间的关系。这样，一是使学生对数量关系的认识和理解更丰富；二是为第三学段进一步学习正比例函数和反比例函数，以及学习一般的函数知识做准备。

二、学生学情分析

学生经过小学的数学学习，分阶段掌握了许多数学知识。但头脑中的知识结构往往处于比较杂乱、含糊、无序的状态。所以，对知识进行系统归类、整理、综合，通过复习帮助学生建构起立体的知识网络系统是非常必要的。"比、比例、正反比例"对小学生来说是非常抽象的一些数学概念，学生学习这样抽象的数学概念要与实际情境紧密联系，用具体的、学生可以理解的方式呈现这些内容，引导学生从数量之间的关系、两个量之间变化的规律的角度来理解和掌握这些内容。

三、体验点

"比、比例和正反比例"这部分内容庞杂抽象，通过整理复习，沟通他们之间的联系，加深学生对这些知识的理解。在本堂课中，着重让学生体验以下几点：

①体验自主整理知识结构的过程，提高自主学习能力。

②体验对比、简化的数学思想，感受表格化、符号化的优越性。

四、体验的途径和方法

（一）体验整理、提炼知识结构的过程，促进学生认知能力的发展

首先，学生自主整理。通过翻阅教材或查阅资料，学生自主对"比、比例、正反比例"这部分知识进行回顾。根据自己的认识对知识梳理、分类整理，用自己独特的方式，把知识系统形象、简洁、科学、合理地表现出来，初步形成自己的整理提纲，经历自我整理复习过程。

然后，小组进行交流。交流要求：

①相互学习整理方法。

②围绕要点问题进行讲解：

a.什么是比？比的基本性质是什么？

b.什么是比例？比例的基本性质是什么？

c.正比例和反比例的意义是什么？

③认真倾听，及时补充。

各小组成员在组内互说整理情况，进行补充改进。这个环节充分体现了学习小组的合作精神，是语言组织和知识梳理相互补充的过程。学生要把整理的

知识框架、知识重点、知识间的联系以及内容与例题有机地结合起来，形成清晰的知识结构，并用流畅的语言向全组同学表述清楚。在具体操作的过程中，学生之间又可以相互弥补缺漏，构建新的认知结构。学生自身能力、知识基础存在差异，通过小组内交流、评价、反思，有利于唤起他们的记忆，促使他们积极、主动地参与到复习活动中来，加强了小组互助复习的功能。

最后，全班交流，教师点评引导。全班交流汇报过程中，教师要充分发挥组织、引导、指导作用。围绕重点、难点问题，突出核心的基本概念和基本原理，及时帮助学生释疑解惑，总结提炼出知识之间的内在逻辑联系，促进学生数学认知结构的发展。

（二）对比整理，建立知识系统，体验表格化、符号化的优越性

学生自主对知识的梳理可能有多种方式，比如罗列式、表格式等。本次课内容抽象，也容易混淆，老师可对比展示罗列式、表格式整理后的成果，着重点评表格式。对比整理有助于让学生厘清思路，深入理解本堂课的相关概念、基本性质及量之间的关系。同时，可能有学生想到用字母来表示，简化一些文字叙述，老师可适机引导用字母表示数或数量关系，显得更简洁、明了。让学生体验对比、简化的数学思想，感受表格化、符号化的优越性（图 3.19）。

	比	比例
意义	两数相除称为两个数的比	表示两个比相等的式子叫作比例
各部分名称	$0.9 : 0.6 = 1.5$ 前项 后项 比值	$2 : 3 = 6 : 9$ 内项 外项
基本性质	比的前项和后项都乘或除以相同的数（0除外），比值不变	在比例里，两外项积等于两内项积

		正比例	反比例
共同点		1. 都有两种相关联的量； 2. 一种量随着另一种量变化	
不同点		1. 一种量扩大或缩小，另一种量也扩大或缩小；（变化方向相同） 2. 相对应的两个数的比值（商）是一定的。 3. $x:y=k$（一定）	1. 一种量扩大或缩小，另一种量反而缩小或扩大。（变化方向相反） 2. 相对应的两个数的积是一定的。 3. $xy=k$（一定）

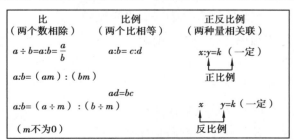

图 3.19

（三）实例应用，强化知识理解

老师呈现生活情境。

例：河南省郑州市至山东省菏泽市国道线长 219 千米。一辆大巴车上午 9 时从郑州市出发，开往菏泽市，行驶的时间和路程见表 3.3。

表 3.3

时间 / 小时	1	2	2.5	4	x
路程 / 千米	50	100	125	200	219

首先，教师提问：根据表中信息，你能写出哪些比？选择学生写的比，特别注意展示比号形式、分数形式和含小数的比。用学生生成的素材复习比的意义、基本性质、化简比等相关知识。

然后，教师又要求学生用情境中的素材写出比例，并借机复习比例的意义、基本性质、解比例等知识。

其次，结合上面生活情境，说说正比例的意义是什么。

最后，教师设问：如果路程一定，速度和时间会成什么比例？为什么？说说反比例的意义是什么？

通过一例多用，层层引导，学生将数学概念融入生活实例中理解，思考并表达思维过程，促进对数学知识内部关联的理解，提升数学知识应用的能力。

五、教学实践片段

片段一：

师：同学们，我们今天复习"比、比例和正反比例"。关于这部分内容，同学们已进行了自主整理。现在我们一起来交流一下。

师：请各小组先组内进行交流。要求：

①相互学习整理方法。

②围绕要点问题进行讲解：

a. 什么是比？比的基本性质是什么？

b. 什么是比例？比例的基本性质是什么？

c. 正比例和反比例的意义是什么？

③认真倾听，及时补充。

师：同学们用到哪些方式进行了整理呢？下面我们全班交流一下。谁愿意第一个把整理提纲拿上来展示？

生：我愿意。

师：那还有更简洁、对比更强的方式吗？

生：我是用表格式整理的。

师：这样用表格方式整理一些对比性强、联系紧密的内容的确是一种不错的方法。那通过之前的整理，你认为这部分内容最主要的知识有哪些？能具体说说吗（图3.20、图3.21）？

	比	比例
意义	两数相除又称两个数的比	表示两个比相等的式子称为比例
各部分名称	0.9：0.6 = 1.5 前项 后项 比值	2：3 = 6：9 内项 外项
基本性质	比的前项和后项都乘或除以相同的数（0除外），比值不变	在比例里，两外项积等于两内项积

		正比例	反比例
共同点		1. 都有两种相关联的量； 2. 一种量随着另一种量变化	
不同点		1. 一种量扩大或缩小，另一种量也扩大或缩小；（变化方向相同） 2. 相对应的两个数的比值（商）是一定的。 3. $x:y=k$（一定）	1. 一种量扩大或缩小，另一种量反而缩小或扩大；（变化方向相反） 2. 相对应的两个数的积是一定的； 3. $xy=k$（一定）

图 3.20

师：这些内容写起来太麻烦，有没有更简洁的方式来代替这些文字？（字母）

比（两个数相除）　比例（两个比相等）　正反比例（两种量相关联）

$a \div b = a:b = \dfrac{a}{b}$　　$a:b = c:d$　　$x:y=k$（一定）
正比例

$a:b = (am):(bm)$

$ad=bc$　　$x \quad y=k$（一定）

$a:b = (a \div m):(b \div m)$
反比例

（m不为0）

图 3.21

师：比的基本性质和以前学的哪些基本性质相似？比与分数、除法之间有什么联系？

生：比的基本性质与分数基本性质及除法中商不变的基本性质是相通的。比与分数、除法中各部分名称对应关系见表3.4。

表 3.4

比	前项	后项	比值
分数	分子	分母	分数值
除法	被除数	除数	商

师：通过整理，同学们不但学会了抓要点和知识前后联系，还进一步明白比表示两个"数"相除的关系，比例表示两个"比"相等的关系，正反比例表示两种相关联"量"之间的关系。

片段二：

师：我们一起来看看例1。

例1　河南省郑州市至山东省菏泽市国道线长 219 千米。一辆大巴车上午 9 时从郑州市出发，开往菏泽市，行驶的时间和路程见表 3.5。

表 3.5

时间 / 小时	1	2	2.5	4	x
路程 / 千米	50	100	125	200	219

师：根据表中信息，你能写出哪些比？给半分钟时间，看谁写得快？选两个进行化简。

师：谁愿意展示一下。（注意展示比号形式和分数形式，选一个含小数的）

师：你能组成哪些比例？请写下来。

生：$100:2 = 125:2.5$　　　$200:4 = 219:x$

师：在 $200:4 = 219:x$ 这个比例中，你能求出 x 是多少吗？请做本子上。

师：从表中，你还发现什么？

生：速度一定，路程和时间成正比例。

师：如果路程一定，速度和时间会成什么比例？为什么？

生：成反比例。因为速度和时间是相关联的两个量，速度 × 时间 = 路程，路程一定，也就是速度和时间这两个量的积一定，所以路程一定时，速度和时间成反比例。

师：刚才我们通过对大巴车行驶情况的研究，复习了比、比例、正反比例，那生活中"工效、时间、工作总量"间又有什么样的正比例或反比例关系呢？

当（　　　）一定时，（　　　）和（　　　）成（　　　）比例；

当（　　　）一定时，（　　　）和（　　　）成（　　　）比例；

当（　　　）一定时，（　　　）和（　　　）成（　　　）比例。

师：在"单价、数量、总价"中，你又能说出什么样的正比例或反比例关系？你还能举出这样的例子吗？

（此案例由杭仕华提供）

第四章
小学数学"图形与几何"体验内容教学设计

第一节 图形与几何体验内容分析

图形与几何部分是小学数学课程的重要内容,学习这部分内容,有利于学生更好地认识、理解生活空间。这部分内容主要包括图形的认识、测量、图形的运动、图形与位置。图形与几何在小学阶段主要研究现实世界中的物体和几何图形的形状、大小、位置关系及其变换。现将小学阶段图形与几何这部分内容做如下分析。

一、"图形与几何"教材内容分析

（一）图形的认识

图形的认识内容包括立体图形和平面图形，在第一学段的学习中需要认识的立体图形有长方体、正方体、圆柱和球。平面图形的认识内容包括长方形、正方形、平行四边形、三角形、圆、角。

认识立体图形时，学生通过实物和模型进行观察对比，动手摸一摸、滚一滚等活动去体验长方体、正方体、圆柱和球的特征。从不同的角度观察物体，低年级的孩子空间想象能力较弱，因此这部分内容在教学时首选活动的形式，让学生离开座位，亲自从不同的角度去观察桌面上的物品，学生在活动中进行了充分的观察体验以后，在根据二维的照片或直观图辨认时才会更加得心应手。

认识平面图形时，学生通过观察分类，辨认长方形、正方形、三角形、平行四边形、圆等简单图形，并在动手操作的过程中初步认识长方形、正方形的特征，会用长方形、正方形、三角形、平行四边形或圆进行拼图，在拼图的过程中再次体验平面图形的特征。角的认识也是一样，学生结合生活情境认识角，了解直角、锐角和钝角；再通过做角、拼角、比角等体验活动去感受角的特征。

在第二学段的学习中，学习内容包括了认识线段、射线、直线；相交与平行；认识三角形、三角形的分类、内角和、三边关系；平行四边形和梯形的认识；圆和扇形的认识；长方体、正方体、圆柱、圆锥的认识；观察物体以及角的度量。

认识平面图形时，学生认识线段、射线和直线，了解平面上两条直线的关系，都需要结合生活的实际情景，再通过空间想象去体验它们的特征及关系。在认识平行四边形、梯形时，通过对比、观察、测量等活动去体验图形的特征，通过用圆规画圆，感受圆的特征。在学习三角形时，学生在做三角形、量一量、折一折、剪拼等一系列活动中去体验三角形两边之和大于第三边、三角形内角和是 180° 等特征。引导学生运用转化的思维推导平面图形的面积公式，形成空间观念和推理意识。

在学习立体图形时，利用生活中的实物，引导学生通过观察、展开、使用模具拼搭长方体、正方体、圆柱、圆锥等活动来认识立体图形的特征，沟通立体图形之间的联系。例如圆柱、圆锥的相同点和不同点，以及平面图形和立体图形之间的联系，增强学生的空间想象力。学生通过拆纸盒和折叠纸盒等操作活动，可以认识立体图形的展开图，建立立体与平面图形之间的联系，探索立体图形表面积的计算方法，培养学生的空间观念和空间想象力。

（二）测量

在第一学段中，测量部分的教学需要结合生活实际，学生在实践活动中感悟统一单位的重要性，能恰当地选择长度单位：米、分米、厘米、毫米，面积单位：平方米、平方分米、平方厘米，通过长度和面积单位来描述生活中常见物体的长度或面积，能估测并测量一些物体的长度或面积，能进行单位换算。这一学段还要求学生会使用量角器来测量角度。

在这部分的学习中，学生在长度单位的换算上经常出错，理不清楚长度单位间的关系。周长与面积的概念产生混淆，从而导致在解决问题的过程中出错。为了帮助学生克服这些难点，在教学中，通过大量的体验活动，调动学生各部分感知系统，从而达到对知识的充分理解。例如在认识厘米时，首先让学生观看并了解从古至今人类测量方式的演变，选择其中的部分测量方式让学生去亲身体验，从而让学生经历用不同方式测量物体长度的过程，体会建立统一度量单位的重要性。再通过比出1厘米，找到1厘米长的事物等活动去感知1厘米。在认识千米时，学生可以通过走一走，跑一跑的活动去体验千米的长度，在一系列活动中培养学生的量感。

在单独教学周长和面积的概念问题两个知识点时，"周长"部分，让学生结合实例认识周长，通过指一指、找一找、围一围、量一量等活动去体验物体的周长。"面积"部分，学生通过摸一摸，拼一拼等活动去体验物体的面积概念。为了帮助学生更好地掌握这两个概念，还可以把周长与面积进行对比，在对比体验中再次区分周长与面积的概念。

在第二学段的测量部分，学习内容包括面积单位"平方千米和公顷"的认识；体积的度量单位的认识以及三角形、平行四边形、梯形、不规则图形的面积计算；正方体的表面积和体积的计算；圆的周长及面积的计算公式探索。在这部分学习中，对于平面图形的计算，单独的一个图形，学生计算起来很容易，但在组合图形或是综合练习中，学生却不知道如何解决。因此在探索平面图形的计算时，教师要让学生通过剪、拼等活动，体验图形的转化过程，感受转化的思想方法，这样在遇到组合以及综合性类型的题目时，学生才能更好地利用转化的思想去解决。

（三）图形的运动

第一学段的图形运动包括平移和旋转现象，初步认识轴对称图形。这部分要求学生能辨认生活中平移、旋转、轴对称现象，直观感知平移、旋转和轴对称的特征，能利用平移或旋转解释现实生活中的现象，形成初步的空间观念。教学时，教师提供丰富的学生熟悉的生活素材，学生寻找生活中的这些现象，让学生去感受平移、旋转的特征。在学习轴对称图形时，学生通过折一折、剪一剪等观察、操作活动去体验轴对称图形的特征。

第二学段的图形运动，要求学生能在方格纸上进行简单的平移和旋转；认识轴对称图形和对称轴，能在方格纸上补全简单的轴对称图形。了解比例尺，能在方格纸上按一定的比例将简单的图形放大或缩小。

教学时应充分借助方格纸，引导学生画出简单图形平移、旋转后的图形，以及补全轴对称图形，让学生在想象和动手操作中感受图形变化的特征。教学放大与缩小时，可借助学生的日常生活经验，使用照相机进行拍照时对所拍事物进行的放大和缩小。让学生在这个过程中去体验图形的放大与缩小的特征，形状不变，大小发生了变化，再利用方格纸按一定比例将简单图形放大或缩小。课后，还可组织学生开展剪纸、用基本的图案进行创作设计等活动，借助活动让学生感受到中华传统文化的魅力，增强学生的创新意识。

（四）图形与位置

图形与位置在第一学段要求学生会用上、下、左、右、前、后描述物体的相对位置，给定东、南、西、北4个方向中的一个方向，能辨认其余3个方向，知道东北、西北、东南、西南4个方向，会用这些词语描述物体所在的方向。在这两部分的学习中，学生可以根据生活经验，能以自我为参照物进行判断，而"相对"位置的判断是学生学习的难点。因此在教学中，教师通过开展"寻宝游戏"找一找、画一画这样的体验活动，激发学生的学习兴趣，让学生主动参与到探索的过程中去，体验方位带来的乐趣。

第二学段的图形与位置，要求学生了解比例尺，在具体情境中，能按给出的比例进行图上距离与实际距离的换算。能根据参照点的方向和距离确定物体的位置；会在实际情境中描述简单的路线图。能用有序数对表示点的位置，理解有序数对与方格纸上点的对应关系。在教学时，借助学生熟悉的生活场景，例如教室中学生的位置、电影院的座位等，引导学生在方格纸上用数对表示具体的位置。方位的教学对于南方的学生来说是一个难点，教学时，教师可带领学生去到操场，确定好一个方向，再利用方位词描述其他几个方向的建筑物。

总而言之，小学阶段对学生的几何直观、空间观念的培养，需采用儿童喜爱的"看、摸、折、剪、拼、摆、量、画"等活动体验的方式，让他们通过亲自触摸、观察、测量、作图和实验，把视听觉、触觉、运动觉等协同利用起来，强有力地促进心理活动的内化，从而掌握图形的特征，形成空间观念。教学中，运用现实原型、直观教具来引入形体，增强小学生对形体特征的感性认识。观察是小学生利用感官了解外部世界的一种活动，学生学习几何知识离不开观察活动，组织多种多样的观察活动是学生进一步发展空间观念的主要方式。

二、义务教育课程标准西师版教材"图形与几何"部分体验点梳理

"图形与几何"领域体验点分布见表4.1。

表 4.1 "图形与几何"领域体验点分布表

课程与内容	知识板块	年级	册数	学习内容	体验内容及途径
图形与几何	图形的认识	平面图形			
		一年级	上册	分一分，认识物体	通过摸一摸、滚一滚、猜一猜等活动体验立体图形的体征
		二年级	上册	角的初步认识	通过做一做、比一比、摆一摆体验角的大小与边的长短无关
			下册	认识长方形、正方形、平行四边形	通过比一比、量一量、折一折、拼一拼、剪一剪、围一围体验长方形、正方形、平行四边形的特征
		三年级	上册	认识周长	学生通过指、找、说、量、算、围等活动感悟和理解周长的含义
			下册	面积和面积单位	通过摸一摸、说一说、看一看、围一围、数一数、比一比等体验活动感悟和理解面积的含义
				初步认识轴对称图形	通过看、想、说、折、剪、印等体验活动认识轴对称图形的特征

课程与内容	知识板块		年级	册数	学习内容	体验内容及途径
图形与几何	图形的认识	平面图形	四年级	上册	角	通过找找教室、走廊上的各种角，并测量度数，体验测量的过程及方法
					相交与平行	通过找一找生活中的相交与平行，画一画相交与平行的直线，体验相交与平行的特征
				下册	平行四边形和梯形	通过用七巧板拼组平行四边形和梯形体验图形的特征
			五年级	上册	多边形面积的计算	通过测量、计算楼道护栏中的平行四边形玻璃的面积和科学教室正六边形桌面的面积，体验多边形面积计算在生活实际中的广泛应用
图形与几何	图形的认识	平面图形	六年级	上册	圆的周长	通过量一量，算一算，体验圆的周长与直径之间的关系
					圆的面积	通过剪拼的活动，体验利用转化的思想方法探索圆的周长计算公式
		立体图形	一年级	下册	认识图形	通过观察、操作（剪、拼、讲、数等）、合作、交流等活动，体验长方形、正方形、三角形和圆的特征
			五年级	下册	长方体 正方体	通过测量、计算校园中的长方体沙坑、组合体花坛所需的土方，以及外砌墙砖的面积，体验长方体、正方体表面积和体积计算在实际生活中的广泛应用
			六年级	下册	圆锥和圆柱	通过展开圆柱的表面，对比观察，体验圆柱的表面积推导公式；通过水、沙的实验探索等底等高的圆柱与圆锥的体积关系
	测量	—	二年级	上册	毫米，厘米，分米，米	通过量一量、估一估指宽，一拃长，一庹长及身边常见物体的长度，体验长度单位在生活中的应用
				下册	千米	通过走一走、跑一跑、测一测、找一找、估一估千米，体验千米到底有多长
			六年级	上册	比例尺的应用	通过按比例绘制学校平面图体验比例尺的应用

续表

课程与内容	知识板块		年级	册数	学习内容	体验内容及途径
图形与几何	图形的运动	一	五年级	上册	图形的平移、旋转与轴对称	通过在校园里找平移、旋转和对称现象，体验这些现象平移、旋转、对称的特征
	图形与位置	一	一年级	下册	位置	通过游戏、竞赛等多种形式，体验事物在生活中的位置关系
			二年级	上册	观察物体	通过拍一拍、摆一摆、看一看，体验从不同角度观察物体
			三年级	上册	辨认方向	通过认、看、说、绘制地图的体验活动提高辨认方向的水平
			四年级	下册	确定位置	通过画出本班的座位图并用数对表示自己和同学的位置，体验数对的特征及运用

第二节　图形与几何体验式教学设计

角的初步认识

一、教学内容分析

"角的初步认识"是西师版小学数学教材二年级上册第二单元的内容。角与实际生活有着密切的联系。生活中很多物体的表面上都有"角"，学生学习"图形与几何"的相关知识，如研究长方形、正方形、三角形等平面图形以及立体图形的特征时都离不开角。因此，学习角的初步认识，既是实际生活的需要，也是学生后续知识学习的需要。

"角的初步认识"包括认识角的组成、认识直角、锐角和钝角。教材从引导学生观察实物中的角开始，让学生初步感知生活中的角，认识角各部分的名称，再通过实践操作活动，如找角、摆角等加深对角的认识和掌握角的基本特征，为以后进一步学习其他几何知识奠定基础。

二、学情分析

在学习"角的初步认识"前,学生已经认识过立体图形,如长方体、正方体、圆柱体等,也认识过平面图形,如长方形、正方形、三角形、平行四边形等,这些都为学习角奠定了感性基础。由于二年级的学生思维正处在由具体形象思维向抽象思维转变的过渡阶段,他们的思维仍然以具体形象思维为主。因此,抽象的图形及概念会让学生难以理解,只有通过亲自操作,获得直接的经验,才能使其在此基础上进行正确的抽象和概括,形成角的概念。

三、体验点

基于对教材以及学情的分析,"角的初步认识"设置以下两个体验点:
①体验角有大有小。
②体验生活中到处都有角。

四、体验的途径和方法

(一)从生活入手,用数学的眼光去观察、发现身边的事物,认识新图形

为了让学生感知生活中很多东西的某部分都存在"角","角"离我们并不遥远,教学过程中,先向学生出示被遮住了的长方形、三角形、五角星的一部分,然后让学生猜一猜是什么图形,并追问这样猜的理由,从而引出课题"角"。随后,可以出示教材上的校园场景图片,或是让学生联想生活中的场景,想一想在哪些地方还见到过角。通过这个过程,帮助学生用数学的眼光去看待周边事物,去观察、发现生活中的角。从具体到抽象,让学生体验认识新图形的过程。

(二)利用找一找、摸一摸、画一画等活动,体验角的概念的建立过程

教师利用找一找、谈一谈等活动,先让学生指一指课本、红领巾、文具盒、三角板等周围物品的角,并与小组成员交流分享,邀请学生向全班同学分享。随后,可以通过摸一摸的活动,让学生摸一摸三角尺上的角,邀请学生说一说

有什么感觉，并追问学生这些角有什么特点。在学生初步感知角之后，教师引导学生操作：画一画，画出你想到的角。对于学生的创造，教师首先给予表扬与赞美，然后选择一部分让学生判断是否是"角"，如没有顶点、两条边不是直线等，学生交流分享后，教师引导学生总结出角的概念，认识角的各组成部分。经过"讨论—找角—摸角"的活动，让学生体验角的概念的建立过程，初步认识角，知道角各部分的名称。

（三）通过做一做、画一画、折一折等活动，体验角有大有小

教师给每位学生准备圆形纸片，让学生独立折角并组内交流，学生在折角的过程中直接感知角的顶点和边的特征。接着，教师邀请学生分享不同的折法，其他学生判断这样折出来的是否是角。由于学生所折的角大小不同，教师引导学生对所折的角进行观察比较。随后，教师出示自己制作的活动角，让学生利用下发的材料（硬纸条和图钉）自己动手制作活动角。通过把活动角变大变小，引导学生发现并概括：角有大有小，角的大小与两条边张开的大小有关，与两条边的长短无关。

五、教学实践片段

片段一：

利用找一找、摸一摸、画一画等活动，把角从生活中抽象出来，体验角的概念的建立过程，认识角的组成部分。

师：看一看我们的周围，找一找我们周围的事物中哪些事物有"角"呢？

师：现在大家把手放在角上，摸一摸你们找到的这些"角"，你有什么感觉？

生1：有尖尖的感觉，扎手。

生2：有棱角的感觉，不顺滑。

……

师：很好，我们发现这些"角"都有"尖尖的感觉"和"直直的两边"。你能把自己想到的"角"画下来吗？

引导学生操作,经过创作,呈现学生心目中的角。体验角的概念的建立过程,培养空间观念,如图 4.1 所示。

  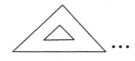

图 4.1

师:请学生上台演示、解释,你画的"角"在什么地方?

教师质疑:

图 4.1 中所示图形一共画了几个角?只画一个角,你行吗?学生再次说出许多有价值的信息,如图 4.2 所示。

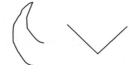   ...

图 4.2

经过第一轮展示,学生建立了角的概念。首先反对第 5 幅图。

师:谁来指一指它们的角?

(再引导学生分类)

(学生把第 1 幅图和第 4 幅图归为一类,第 2 幅图和第 3 幅图归为一类。)

师:第 2 幅图和第 3 幅图才是数学中的"角",我们发现这些"角"是由一个顶点和两条直直的边组成的。因此,由一个顶点和两条直直的边组成的才是"角"。

片段二:

通过做一做、画一画、折一折等活动,体验角有大有小。

师:(出示一张圆形纸),同学们看,这张纸上有角吗?你能想办法用它折个角吗?

(指定一组学生将折的角贴在黑板上)

师:还有不同折法的同学吗?请你贴在黑板上来。我们一起来看一看,哪些对折出来的不是角?为什么不是呢?

（其中一边是弧线的不是角）

师：刚才我们通过自己的观察。初步认识了"角"这个朋友，那么现在我们动手来做一个角。

活动一：做活动角。

活动二：展示活动角。

借助活动在学生积累了对角的诸多认识后，让学生抽象概括出"顶点"和"边"，体验"角的大小和边无关""角的大小和张口的大小有关"。

（此案例由饶臻琳提供）

用厘米作单位量长度

长度、面积和体积是最基本的度量几何学概念，是图形与几何的重要组成部分，"用厘米做单位量长度"是认识长度单位的开始，也是今后学习其他长度单位和有关测量知识的基础。张奠宙教授提出，测量不仅仅是拿刻度尺去量一条线段的长短（属于物理学范畴），数学测量的本质是给每条线段以合适的数。广大一线教师应重视强调长度的数学意义的观点，重视学生对长度单位理解性的体验，并在自身的具体教学实践中努力追寻。

一、教学内容分析

用厘米作单位量长度是测量的重要内容之一，《义务教育数学课程标准（2011年版）》中明确要求结合生活实际，经历用不同方式测量物体长度的过程，让学生体会建立统一度量单位的重要性，同时在实践活动中，体会并认识长度单位厘米，掌握初步的测量技能，能估测一些物体的长度，并进行测量，初步发展空间观念。

对于儿童来说，长度是人类感知生活的一种本能，虽然教材的呈现方式不同，但具有代表性的几版教材都指向让学生体会统一长度单位的必要性，同时积累测量的活动经验。另外，1厘米长度的建构是本节课的关键之一，各版本教材都以此为中心，设计丰富的体验活动，在尺子上认识了1厘米后寻找生活中的 1 厘米，包括后面安排认识几厘米和测量活动等都可帮助学生建立长度概念。其中西师版教材中不仅标示了 0 到 1 两个刻度之间的长度是 1 厘米，还标示了其他的 1 厘米，包括尺子上的刻度是均匀设计的，两个大刻度的长度都是 1 厘米，有益于学生充分体会 1 厘米的定长性。

二、学情分析

"长度单位"是小学数学二年级上册的教学内容，是在一年级上期"比长短"的基础上学习的。学生已经对长、短的概念有了初步的认识，大部分学生对直尺有一些粗浅的了解，对生活中物体的长度有了一些直观的感知，少数孩子会测量长度，但对于长度单位学生是第一次接触。低年级学生以具体形象思维为主，因此建立抽象长度单位的概念和形成 1 厘米长度的表象比较困难。

三、体验点

综合分析这部分教学内容及学生的学习情况，本节课的体验点主要有：
①结合生活实际，体会建立统一长度单位的重要性和必要性。
②以问题为载体，体验 1 厘米的长度，建立 1 厘米的长度概念。
③学生经历测量的过程，归纳测量的方法，进一步发展出空间概念。

四、体验的途径与方法

（一）从情境出发，体验统一长度单位的重要性和必要性

1.情境体验——生活中需要度量长度
情境问题：需要订制一批新的课桌，需要告诉供货商课桌的边有多长？
你需要怎么办？
由问题出发，在让学生体会在生活中应用测量的同时，引导学生打开思维。让学生用身边各种各样的工具来量课桌的长度，并记录测量结果。学生经历用不同的单位长度去测量课桌的长度的过程，从中积累测量的活动经验（图 4.3）。

课前测量活动　　　　　　课桌的边有多长？

图 4.3

2. 交流体验——统一长度单位的重要性和必要性

收集与选择具有代表性的测量结果，组织全班同学展开讨论：同样是测量课桌的长度，为什么结果却不一样？

学生在经历了自主的测量活动之后，再与同伴一起进行思维碰撞，体验测量的工具和单位长度对测量结果的影响，从而感受到统一测量长度的重要性和必要性。

测量工具	测量结果
文具盒	2个半文具盒长
手　指	4拃半长
橡　皮	5个橡皮长
直　尺	4把直尺长
直　尺	2把半尺子长

图 4.4

（二）以活动为载体，建立长度单位"厘米"的概念

1. 感官体验——1 厘米的长度

首先安排学生在直尺上找到 1 厘米，初步感知 1 厘米的长度，而后借助直观体验工具，1 厘米长的塑料管（实物），让学生用大拇指和食指比一比，切身感受 1 厘米的长度。有了充分的直观感受之后，教师引导学生将 1 厘米的实物拿开，大拇指和食指保持 1 厘米的长度，并将这个长度记到大脑里，初步建立 1 厘米的空间概念。学生借助大脑里形成的表象，再次用拇指与食指比出 1 厘米的长度，而后用实物再次调节，既是调节手上的 1 厘米的长度，也是调整大脑里所形成的 1 厘米的长度概念。

在学生对 1 厘米的长度有了充分的感知体验，大脑里初步建立起 1 厘米的

长度概念之后，随即安排学生想一想，找一找：生活中哪些物品的长度大约是1厘米？引导学生将大脑里的1厘米与生活中熟悉的某个物品的长度建立联系。在调动学生感知生活中长度的同时，将建立起的1厘米的长度赋予更丰富的原型，有益于学生把握1厘米的长度概念。

2. 实践体验——"几厘米"的长度

学生对一个新概念的巩固与深化理解往往可以通过对这个概念的应用来达成。几个1厘米就是几厘米，正是借助刚刚建立的1厘米的长度概念来感知体验几厘米的长度。不仅如此，学生将1厘米作为一个单位长度去感知有几个这样的单位长度，这样的思考过程契合了测量最本真的含义。因此"几厘米"的长度体验，既是对1厘米长度概念的拓展，更是对测量长度方法的无形渗透。

（三）经历测量的过程，发展学生的空间概念

1. 操作体验——测量的方法

"学中做，做中学"，在学生对长度单位有了初步感知后，"橡皮有多长？"这个测量的活动顺势展开。这样的操作体验既可巩固对长度单位的认识，也可加深学生对厘米这个长度的概念的理解，体验测量在生活中的应用。

尊重学生已有的活动经验，首先自主尝试用直尺量一量小棒的长度，而后在全班交流中明确测量物体的方法，再次以正确的测量方法进行测量。在比较中鉴别，反思中体验。在学生掌握了正确的测量方法之后，学生在识别错误的测量方法中，进一步把握测量的三个要点：放平，对齐和读准。在此基础上，老师编制了测量的儿歌，让二年级小朋友以他们喜闻乐见的方式记住测量的方法。

2. 对比体验——估与量

"知之不若行之"，学生对长度单位有了一定的理解，掌握了测量长度的方法之后，能否应用自己心中建立的厘米长度概念来进行较为准确的估计呢？练习中设置让学生先估一估实物橡皮的长度，而后量一量。估的时候，学生借助大脑里的1厘米或者是长度大约是1厘米的物体去想象，感受测量最本质的意义。量的时候，在巩固测量方法的同时，进一步感受统一测量工具和单位长度的重要性。进一步地，当学生体会估计时候之大概，测量时候之精确，特别当二者结果非常接近时，内心的喜悦感受，这样的对比体验于孩子而言真真切切。

五、体验教学片段

片段一:

测量活动:课桌的边有多长。

师:我们的课桌在使用的过程中会有一些损坏,每个学期都需要添置一些新的课桌。后勤的老师需要把咱们课桌的尺寸告诉厂家,知道咱们二年级的小朋友学习了测量,就把这个任务交给了我们。那究竟课桌有多长呢?你有什么好办法?

生:用直尺量一量。

师:很棒,直尺可以用来量长度,那有的小朋友可能没有带直尺,该怎么办呢?

我们一起来看看这些小朋友是怎么办的吧?

让学生选择一种测量工具,和同桌一起,量一量课桌的长度,而后收集部分代表性的测量结果。

师:我们用不同的工具测量了课桌的长度,让我们一起来看看吧。

师提出疑问:都是测量课桌的长,为什么结果却不一样呢?

生1:使用了不同的测量工具。

生2:每种工具的长度不一样。

师:也就是说,测量选择的标准不同,结果就不相同,需要一个统一的工具和标准。

……

片段二:

实践活动:建立1厘米的表象。

①感受直尺上的1厘米。

师:厘米就藏在咱们的尺子里,你知道尺子上从哪儿到哪儿是1厘米吗?

生:在直尺上,从0刻度到1刻度之间的长度就是1厘米。

(第一个小朋友规范语言:从刻度 × 到刻度 × 之间的长度是1厘米,边说边在 PPT 上标记。)

师:(3~4个学生找到了1厘米)真了不起,大家找到了这么多1厘米。那谁能用一句话来总结?

生：直尺上从一个数到下一个数的长度就是厘米。一大格就是 1 厘米。直尺上，两个刻度的差如果是 1，那么它们之间的长度就是 1 厘米。

师：像直尺上这样挨着的两个数，也就是相邻数字之间的长度都是 1 厘米。1 厘米可以写作 1 cm，读作 1 厘米。

②借助吸管建立 1 厘米的表象。

篮子里，老师为大家准备了一段吸管，拿出来，在直尺上比一比，吸管是多长？（1 厘米）

把吸管像这样捏在手上，仔细观察，这个长度是 1 厘米。（停顿）

现在，另一只手轻轻地把吸管拿走，手指尽量保持不动。（语气慢，动作，眼神）闭上眼睛，把 1 厘米的长度装进你的大脑里。记住了吗？手放下！

现在不用吸管了，你还能比出 1 厘米吗？比好了？再拿起吸管来比一比，调整一下？这就是 1 厘米，感觉 1 厘米怎么样？（很短）

③生活中的 1 厘米。

师：身边哪些物体的长度大约是 1 厘米呢？请你比一比、找一找。

我们身上有没有？教室里有没有？

师：其实我们的手上可以找到 1 厘米。请你像这样，找找哪个手指的宽大约是 1 厘米？举给大家看看。还有其他的吗？

（请 2～3 个学生说说）学生描述规范：我发现这块橡皮的厚度大约是 1 厘米；门边的这个厚度大约是 1 厘米；这个字体的宽度大约是 1 厘米……

师：老师也找了一些，一起来看看。田字格的宽，作业本行距，计算机边沿的宽，班牌的厚度，门沿的宽度大约都是 1 厘米。

（此案例由王音提供）

千米的认识

一、教学内容分析

"千米的认识"是测量的重要内容之一，《义务教育数学课程标准（2011年版）》中明确要求在实践活动中体会并认识长度单位"千米"，掌握初步的测量技能，能估测一些具体的长度，发展学生的量感及空间观念。"千米"是比较大的长度单位，学生建立 1 千米的概念比较困难，各版本的教材都注意联系学生已有的经验，注重"千米"与现实的联系，收集生活中丰富的内容和素材，比如高速路牌、标准运动场跑道、隧道、仪表盘等，同时设计了丰富的探索操作活动，"手拉手""走一走""跑一跑"等，突出对"1 千米"实际长度的理解。

二、学情分析

千米的认识是小学数学第一学段的教学内容，在知识基础方面学生已经认识了"米""厘米"，知道了分米。在基本技能方面，学生在实践活动中体会了长度单位米、分米、厘米的含义，建立了具体的表象，具备了最初步的感知长度的生活经验，测量的准确方法，以及初步的合作学习和交流的能力。

千米是生活中常见的长度单位，但是在学生的实际生活中，很少有机会看到具体的 1 千米的长度，学生对 1 千米的感知不够。因此，1 千米的空间观念的建立要依靠学生想象、推理来完成，而现阶段学生的推理能力还比较弱，教学中借力学生的直观经验与生活经验，在熟悉的场景中建立"千米"的概念，发展学生空间观念。

三、体验点

综合分析这部分教学内容及孩子们的学习情况，本节课的体验点主要有三个：

①通过"手拉手""走一走""算一算""估一估"等多种体验活动，感受 1 千米有多长，建立"1 千米"的实际长度观念，发展空间观念。

②结合生活实际，体会长度单位"千米"在生活中的广泛应用，感受数学与生活的密切联系，同时在实际生活中建立"1 千米"的实际长度观念。

③梳理已学长度单位，体验长度单位相关概念的系统化。

四、体验的途径与方法

（一）以活动为载体，建立长度单位"千米"的概念

千米的认识是安排在厘米、分米及米之后，是小学阶段学习的最大长度单位，很难在课堂上对 1 千米的长度有直观形象的感知。学习"千米"时，就需要借助与"千米"最接近的长度单位"米"，而应用 1 米的长度想象 1 000 个 1 米的长度显得特别抽象、虚空。因此，教学中应由易到难，有层次地安排体验 10 米和 100 米的长度，搭建 1 千米和 1 米的长度关系的桥梁，逐步建立"千米"的长度概念。

1. 直观体验——"10 m 有多长？"

为加强学生的直观体验，教学中应充分应用教学空间，在教室里提前布置多条 10 米的"路线"，首先让学生估一估路线的长度，学生的估计情况体现了他们已有的空间观念；而后组织学生代表，用米尺量一量"路线"具体的长度，放缓教学过程，让学生真真切切地感受 10 个 1 米的长度（10 米的长度）。当学生对 10 米的长度有了初步的感知以后，西师版、北师版教材安排了学生"手拉手""走一走"体验 10 米长度的活动，将 10 米的距离与学生熟悉的情境或者活动经验产生联系，进而帮助学生准确把握 10 米的长度概念，如图 4.5 所示。

在实际的教学中安排学生手拉手，站一站，数一数，通过活动，学生将 10 米的长度与 8 个小朋友手拉手的长度建立起联系，8 个小朋友手拉手站在一起大约就是 10 米，如图 4.6 所示。

图 4.5

8个人站成一排，大约有10 m长

图4.6

在"走一走"的活动中，全班同学都以正常的步伐一边走，一边数出自己的步数。在各自的体验后，组织全班同学交流走10米的步数，虽然大家的步数有差异，但是大约都在20步。这样的体验活动，可帮助学生建立10米的长度概念，为后面进一步通过推理、想象，建立100米，1 000米的长度概念打下基础（图4.7、图4.8）。

图4.7　　　　　　　　　　图4.8

2. 推理想象体验——"100米、1 000米有多长？"

在学生将10米的长度概念与8个小朋友手拉手站在一起的长度概念建立以后，引导学生想象再来8个小朋友，手拉手会是多长？（20米）并将20米的长度与学生实际生活中的进一步建立联系，依次类推，30米，40米，50米，100米的长度概念逐步在学生的脑海里清晰起来（图4.9）。

图4.9

　　而后，以题单为依托，引导学生从数学的角度思考推理，题单设置如图4.10所示。

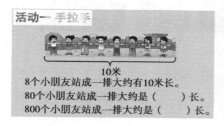

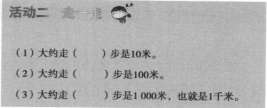

图 4.10

　　100米的长度概念与80个小朋友手拉手和大约步行200步的表象融合，学生进一步推理想象1 000米的长度就有了基础。经过推理，得出结论：大约800个小朋友手拉手站成一排的长度或大约走2 000步的长度就是1 000米。特别是，当孩子们想象800个小朋友有困难时，教学中借助班级学生人数、年级学生人数或者学校人数给孩子们生动具体的感受。而步行2 000步则可以安排为课外体验活动，学生随意选择起点，尝试步行2 000步，大约步行到哪个位置，课后用步行的方法找一找身边的1 000米（图4.11）。

图 4.11

　　3. 生活体验——"1千米有多长？"

　　数学知识不只是冰冷的数字、关系或者推理，1千米等于1 000米是学科知识，那究竟学生心中的1千米是怎样的呢？在正式学习千米之前，老师布置作业画一画："你心中的1千米"。通过分析孩子们的作品，我们发现52份作品里有45份依托"路"来呈现，树与树之间的路，房子与房子之间的路，或者就是有汽车行驶在马路上等。这个发现告诉我们千米这个长度单位在孩子们的脑海里与"路"的关系非常紧密。因此，在教学情境选择中，需要重视身边真实存在的某段路程，同时补充其他学生已有经验里缺乏的形象，比如直立起来的1千米是多高？具体见图4.12。

147

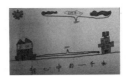

图 4.12

结合课前学生对 1 千米的了解，课堂上经过推理和想象体验 1 千米的长度后，安排了体验活动"马路上的 1 千米"：第一次从学校门口出发，往某一个方向走一走，结合现实生活中具体的地理位置和照片，让学生先估一估大约到哪里就是 1 千米？而后结合地图软件的测距功能，真实演示刚才步行的过程，走到标志性建筑时停留，学生感受这段距离的长度，逐步建立 1 千米的实际长度概念。最后，闭上眼睛，在脑海里想象着走一走，深化 1 千米的长度概念的建立。第二次仍然从学校门口出发，往另外一个方向走一走，结合现实生活中具体的地理位置和照片，让学生直接估一估 1 千米大约到哪里？把刚刚建立的 1 千米的"尺子"在进行简单应用的同时加深学生对 1 千米的长度概念的体会。对于竖起来的 1 千米，因为学生生活中不常见，教学中直接选取了一些典型的建筑物高度，让学生感受、体验不同维度的 1 千米的长度。

（二）回归生活，体会千米在生活中的广泛应用

首先，出示情境问题：生活中，你在哪些地方见过"千米"？由问题出发，组织全班同学交流讨论，学生会说到马路、仪表盘、速度、隧道长度等情景，孩子们充分体会"千米"在生活中的广泛应用。

而后，与学生分享具有代表性的关于千米在实际生活中的应用，进一步地感受其广泛的应用性，更重要的是让学生可以了解平常身边的几千米，唤醒已有的关于几千米的长度概念。

（三）长度单位的系统化，发展空间观念

在教学实践中有的放矢，注意引导学生根据概念的本质属性和相邻的概念建立联系。以"千米的认识"为例，学生认识了千米，建立了 1 千米的概念以后，应用线性图示，将千米整合到长度单位的概念体系之中，并且由此合情推理，以后还会学习更大的长度单位和更小的长度单位，让长度概念的学习具有

系统性和延伸性（图 4.13）。同时，千米是一种单位，那它本质上和别的单位是否也有联系呢？教学后让学生画出"心中的一千米"，其中有学生将"千米"这个长度单位与时间单位联系在一起，在文学上，有人把人生比作一条路，用数学的眼光来分析不就是突出时间单位与长度单位作为单位的本质，即测量某个物理量时用来进行比较的标准量（图 4.14）。

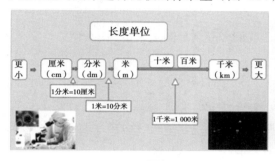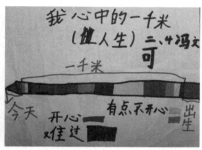

图 4.13　　　　　　　　　　图 4.14

五、体验教学片段

片段一：

手拉手：充分体验 10 米，想象体验 20 米，30 米，40 米，50 米。

师：细心的小朋友注意到了地面上的白线，估一估，白线这一头到那一头有多长？（请两位小朋友站在两端）

2 ~ 3 位学生代表估计。

师：我们用皮尺来量一量，谁想来帮忙？（师拿出皮尺，量一量，正好是 10 米。）结论：从 ×××（生名字）开始一直到这边的长度是 10 米。

估一估，像这样站，几个小朋友站成一排大约有 10 m 长。我们来试试。谁想来？下面的小朋友帮忙数一数！

生：8 个小朋友这样站成一排大约是 10 米。

师：一起来看，8 个小朋友这样拉起来大约是 10 米，如果再增加 8 个孩子，一共 16 人，想象一下，大约有多少米长呢？（20 米）大约排到哪里？

……

片段二：

1. 联系生活经验，实际感受 1 千米

师：1 千米大约需要走 2 000 步，那从前校门出发，往三峡广场方向走，走到哪里的距离大约是 1 千米呢？全体起立，一起来走一走，你觉得到了 1 千米的地方，就可以坐下休息。重庆大学 A 区校门，沙坪坝小学，欣阳广场，南开中学站，重庆一中。

哪些对 1 千米的感觉最准确呢，我们一起到地图上来走一走吧？

（地图测距演示）

师：哇，走到重庆一中大约就是 1 千米。我们再来走一走，从学校正门口出发，经过重庆大学 A 区校门、欣阳广场、南开中学站，到了重庆一中，大约是 1 千米。

想不想再来走一走？这一次，咱们从正门口开始向劳动路方走。闭上眼睛，当你觉得到了 1 千米时就睁开眼睛看一看……

2. 竖起来的 1 千米

师：从校门口到重庆一中和从校门口到百年世家的马路长度大约都是 1 千米。想象一下，把 1 千米竖起来，会有多高呢？

老师展示教学楼照片（这是？）

生：我们的教学楼大约有 20 米高。1 千米就大约要 50 栋教学楼叠起来。

老师展示科苑大酒店照片（这又是？）

生：酒店大约有 60 米高，大约要 16 栋叠起来。

老师展示第一高楼。

生：已建成的世界第一高楼，它的高度是 828 米，还差 100 多米才够 1 千米。

（此案例由王音提供）

认识周长

一、教学内容分析

"认识周长"是西师版三年级上册第七单元的知识。周长是在学生初步认识长方形、正方形的基础上展开教学的，同时也为后面学习平面图形的周长和面积计算奠定基础。教材一共安排了两道例题，通过"围一围""量一量"，围绕"围平面图形一周的长度"以及测量平面图形的周长，形成周长的表象，感悟周长的概念。教材中的周长不局限于长方形和正方形的周长，而是包含所有的平面图形的周长，既有规则图形的周长，也有不规则图形的周长，帮助学生建立全面的周长概念。

通过西师版、人教版、苏教版和北师大版教材的对比分析，各版本教材对于"周长"的表述虽不完全一致，但都是围绕周长的本质展开的，即图形的周长实际是用适当的长度单位量出的图形边线的长度，一周的长度即为周长。

二、学生学情分析

学生在二年级学会了测量长度，认识了长方形、正方形，掌握了长方形、正方形的基本特征。对于周长，学生也有较多的生活体验，有一定的认知基础。但是周长的概念较抽象，三年级的孩子正处在从具体思维向抽象思维的过渡阶段，抽象出"周长"的概念有一定的难度。因此，"认识周长"这节课应让学生充分体验，通过具体事物的支撑，结合实例来认识周长，建立周长的概念尤为重要。

三、体验点

教材中对周长的定义为：围图形一周的长度。所以本课让学生体验"围""一周""长度"以突破难点。

因此，本堂课有以下两个体验点：

①体验"周长"的意义。

②在测量图形的周长中，体验"化曲为直"的思想方法。

四、体验的途径和方法

（一）从生活实际出发，初步感受图形的周长

周长对于学生来说是一个全新的概念，但学生有一定的认知基础。因此教

学时应从学生们生活中熟悉的跑步比赛开始，要求"绕着操场跑一周"。通过课件演示："没跑完一圈""没沿着边线跑""沿着边线跑完一圈"这3种情况，让学生判断哪一个才是操场面的周长，让学生直观体验周长就是绕操场面边线一周的长度（图4.15）。

图 4.15

（二）在有层次的操作活动中，深刻体验周长的意义

通过三个层次的操作，体验周长的意义：

一是"摸一摸"，摸数学书封面的一周，让学生们想一想怎样摸才是它的一周。

二是"描一描"，描出一些图形的周长。利用学生非常熟悉的图形，比如：树叶、课本、作业本、桌布、钟面等（图4.16）。在此过程中，让学生用自己的话说一说，什么是图形的周长。目的是让学生明确从图形上的一点作为起点开始，沿着边线描一周，回到起点，才是图形的周长（图

课本面一周的长度就是课本面的周长

图 4.16

4.17）。让学生初步感受到"围图形一周的长度"即为周长，为后面进一步认识周长，建立正确的周长概念做好铺垫图。

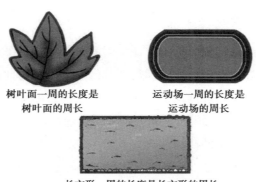

树叶面一周的长度是
树叶面的周长

运动场一周的长度是
运动场的周长

长方形一周的长度是长方形的周长

图 4.17

三是"折一折",学生用铁丝折图形,使用铁丝的长度就是图形的周长。让学生在操作中进一步理解周长的概念。

(三)在小组操作活动中,直观感受"化曲为直"的思想方法

通过活动"围一围",让学生用线围出身边物体某个面的 1 周,在线上做好标记,并用米尺量出这段线的长度,即为这个物体面的周长。教师提供广阔的操作、探究、思考空间,采用小组合作探究的方式,让每一名学生都能亲身经历和体验周长概念的形成过程。并且通过操作和讨论探究,体会不同图形的周长的测量方法,并对测量方法进行优化。比如曲边图形用软尺、绳子测量,或用滚动法测量等,进一步感受"化曲为直"的数学思想方法(图 4.18)。

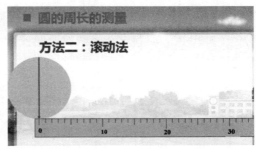

图 4.18

（四）测量平面图形的周长，巩固周长概念，发展学生空间观念

通过活动"量一量、算一算"，让学生测量并计算出平面图形的周长，为后面进一步学习长方形和正方形的周长计算做好铺垫，由此让学生对周长的概念从感性认识逐步上升到理性认识。这个过程既可帮助学生逐渐建立起周长的内在表征，也丰富了学生对现实空间和平面图形的认识，积累了"图形与几何"的学习经验，发展了初步的空间观念。教学中老师引导学生在观察、设计、猜测、交流等活动中发现、探究、获得。这样的学习活动，学生不仅获取了知识，更重要的是习得了正确的态度、思想、方法，培养了探究的品质，这对他们后续知识的学习将有较大的影响。

五、教学实践片段

片段一：

师：同学们，通过刚才的学习我们已经认识了图形的周长，现在老师想把这根铁丝折一折，使铁丝的长度刚好是图形的周长。

师：像这样围可以吗？（超过起点）

生：不可以，铁丝的两端超过了。

师：那这样呢？（没封口）

生：不行。两端没有靠在一起。

师：所以围的时候得把两端靠拢，可以用手捏起来。

（师出示活动要求：将铁丝弯曲或折成一个图形，使铁丝的长度刚好是图形的周长。）

师：你想做什么图形呢？现在来做一做吧，开始。

师：做好了的孩子与同桌互相说一说，你做的什么图形。

师：看一看，铁丝的长度刚好是图形的周长吗？

同桌上台展示。

生：我折的是一个桃心，铁丝的长度刚好是这个桃心的周长。

生：我折的是一个正方形，铁丝的长度刚好是这个正方形的周长。

……

154

片段二:

师:孩子们折出了不同的图形,那你能测量出不同图形的周长是多少吗?

生:能。

师:接下来小组合作,请看活动要求。

活动要求:

①说一说,你准备怎么测量。

②由组长分工,选择合适的工具,测量出图形的周长(得数保留整厘米数)。

③组长把测量的结果记录在题单上,汇总方法,做好汇报准备。

小组合作后汇报展示:

生:我们测量的是正方形的周长。选择的工具是直尺。用直尺量出它每条边长是 5 厘米,所以这个正方形的周长就是 5 乘 4,也就是 20 厘米。

生:我们测量的是三角形的周长。选择的工具是软尺。从这个起点开始用软尺围一周,量出三角形的周长是 15 厘米。

生:我们测量的是圆形的周长。选择的工具是软尺。从这个起点开始用软尺围一周,量出圆形的周长是 20 厘米。

生:我有补充,测量三角形的周长时可以直接用直尺,量出三角形每条边的长度,然后加起来就是三角形的周长。

生:我也有补充,测量圆形的周长还可以用毛线和直尺。像这样,把毛线在圆形上围一周,在毛线上做个记号。然后拿下来拉直,用直尺量一下,得到圆形的周长是 20 厘米。

生:测量圆形的周长我还有个方法。像这样在圆形上任意一点做个记号,然后在直尺上这样滚动,滚到做记号的地方,就可以量出圆形的周长是 20 厘米。

师:同学们真能干,用了很多很棒的方法。其中,像正方形这样边是直直的图形,我们可以直接用直尺测量。像圆形这样边是弯曲的,我们可以采用"绕线法"和"滚动法"。两种方法都用到了"化曲为直"的数学思想方法。

……

(此案例由陈欣提供)

面积和面积单位

一、教学内容分析

"面积和面积单位"是学生学习了长方形、正方形的特征及有关周长知识的基础上进行教学的。《义务教育数学课程标准（2011年版）》指出：要结合实例认识面积，经历用不同方式测量物体面积的过程，体会建立统一度量单位的重要性，体会并认识面积单位平方厘米、平方分米、平方米。各版本教材都将该内容分为三个板块：面积概念、统一面积单位的必要性、建立面积单位的表象。其中，面积的概念是学生从线过渡到面，从一维空间向二维空间过渡，是认识上的一个飞跃，对于发展学生的空间概念起着极其重要的作用。同时也是平面图形面积、物体表面积等知识赖以发展的基础。在比较面积大小的活动中，均渗透直接观察、重叠等比较面积大小的方法，并引发学生思考，当直接比较得不出结果时，需要间接比较，进而引出面积单位。在说一说、比一比、找一找等活动中建立面积单位的表象。

二、学生学情分析

本节课是西师版教材三年级下册教学内容。学生在二年级学习长度单位厘米时，初步体验了统一长度单位的必要性；在三年级上册，学习了周长的概念。但是，由于面积和周长往往共同承载于一个事物的表面或图形之中，学生容易造成认知上的困扰。

通过前测，发现学生有如下几个知识盲点：其一，学生对"面积"一词并非一无所知，然而，学生容易将"面"和"面积"这两个概念等同起来，认为面就是面积；其二，学生本能地将周长与面积混淆，如何度量面积，无从下手；其三，借助其他图形量大图形面积时，学生仅凭借直觉，就选择正方形，至于为什么要选择正方形，以及为什么选择统一大小的正方形来度量，学生如果缺乏相应的体验活动，就无法感受统一面积单位的必要性；其四，三个面积单位 $1\,cm^2$、$1\,dm^2$、$1\,m^2$ 的实际大小，也是学生比较模糊不清的。

三、体验点

因此，本节课中，以下三个体验点有助于学生对面积和面积单位有更清晰的认识：

①体验什么是面积。

②体验统一面积度量单位的必要性。

③体验 $1\,cm^2$、$1\,dm^2$、$1\,m^2$ 的实际大小。

四、体验的途径和方法

（一）层层递进，体验面积的客观存在

笔者基于学生已有的经验，按照"什么是面→面有大有小→面的大小叫作面积"，帮助学生理解面积的概念。

1. 在操作中体验什么是"面"

教师引导学生摸教具，如磁片、数学书封面、课桌面等，让学生切实感受面与边的区别。同时，教师强调摸面的方法，每个地方都要摸到，为后面面积的度量（密铺）做铺垫。

对于封闭图形，教师出示小练习：涂一涂图形的面（图 4.19）。

图 4.19

有的学生在涂色的过程中先涂的是外周（周长），教师抓住时机追问："请问你涂的这个图形是什么？"引导学生在涂色的过程中，进一步体会图形的"一周"和面的区别。

2. 在比较中体验面"有大有小"

教师结合生活中购买电视机的情景，引导学生发现同样的电视机，同一品牌电视机屏幕面越大，价格越贵，面的大小在一定程度上影响商品的价格。因此，我们需要比较面的大小，进而从"物体表面的大小"和"封闭图形的大小"两方面入手，通过直接比较（观察、重叠）或间接比较（数方格）均能发现，不管是物体表面还是封闭图形，都"有大有小"（图 4.20）。

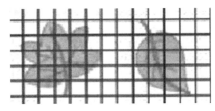

图 4.20

3. 交流体验面自身的"大小"就是它的面积

在学生经验丰富的操作、比较活动后，教师引导学生明白：磁片面的大小就是磁片的面积，黑板面的大小就是黑板的面积。面积的本质意义是物体表面或平面图形本身所固有的、确定的大小，它反映的是物体表面或封闭图形的量的确定性，并且这个量是可以度量的，为后面的操作活动作铺垫。

（二）在测量活动中体验统一面积单位的必要性

1. 用不同的图形度量面积，体验用正方形作度量单位的优越性

既然面积是可以度量的，教师提出问题"这块大长方形磁片的面积是多少"，激发学生想要度量面积的需求，引导学生在学具圆片、正方形、长方形中自主选择图形，以铺的方式表示出大长方形磁片的面积。实际上，这里的铺就是数学中的测量（图 4.21）。

图 4.21

学生通过推理、尝试操作等方式，发现用圆不能密铺，用长方形也不能密铺，都无法表示出大长方形全部的面积。从而得出用正方形去度量最合适的结论。其实，这个环节也是对面积概念的进一步深化。摸面必须把角落都摸到才算摸出了这个面的大小，用图形铺也需要把整个面都铺到，才算表示了这个图形的面积。

2. 用不同大小的正方形度量同一面积，体验同一面积单位大小的必要性

教师事先给学生大小不同（学生不知）的小正方形，让其度量相同大小的长方形磁片，用到的正方形个数却不同，如图 4.22 所示。

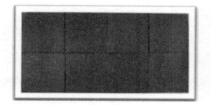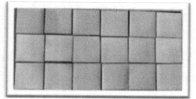

图 4.22

由此引发认知冲突"为什么同样大小的长方形，用到的正方形个数不一样"问题，即得出，要使用相同的正方形去度量才最合适。通过测量活动，学生积累了基本的活动经验，并感悟出面积是对一个面自身大小的计量，在对这个面自身实际大小的测量中，所选择的图形既要能密铺，其结果又要便于交流，形成需要统一面积单位必要性的认识，进而需要认识常用的面积单位。

（三）多种途径体验三个面积单位的大小

形成常用面积单位的表象，也就是形成常用面积单位实际大小的观念。这对学生巩固面积的概念，学会根据实际情况选用适当的面积单位，以及进一步形成关于面积的估测能力都有重要意义。所以，建立常用的三个面积单位表象是本节课的学习重点。在学习过程中，力图让学生在观察、操作、对比与交流中积累三个常用面积单位的感性经验，建立实实在在的表象。

1. 在观察中，初步感知 $1\,cm^2$、$1\,dm^2$、$1\,m^2$ 的实际大小

教师首先呈现面积为 $1\,cm^2$、$1\,dm^2$、$1\,m^2$ 正方形教具，引发学生视觉冲突，学生初步感受 $1\,cm^2$ 比较小，$1\,m^2$ 比较大，使学生在观察中建立三个面积单位的直观形象。

2. 在操作中，深入认识 $1\,cm^2$、$1\,dm^2$、$1\,m^2$

教师遵循学生的认知规律，给学生提供面积分别为 $1\,cm^2$、$1\,dm^2$、$1\,m^2$ 的正方形学具，引导学生在量一量的活动中，对三个面积单位有准确的认识，即边长为 1 厘米、1 分米、1 米的正方形，面积是 1 平方厘米、1 平方分米、1 平方米。

※量一量三个正方形的边长，说一说你们的发现。

※找一找哪些物体的一个面分别接近1平方厘米、1平方分米、1平方米?

图 4.23

再通过找一找的活动，将面积单位与生活实际相联系，利用生活中熟悉的例子，帮助学生记忆三个常用面积单位，促使学生对三个面积单位有深入、准确的认识（图 4.23）。

3.在对比与交流中，促使三个面积单位表象更加清晰

教师将代表三个面积单位大小的正方形教具重叠，再次给学生以视觉冲突，也为学生后续学习面积单位的进率埋下伏笔。同时，引导学生闭眼想象："想一想 1 平方厘米、1 平方分米、1 平方米分别有多大？把它的样子印在你的大脑里。"进而动手比画三个面积单位的大小，同桌交流，强化面积单位表象的形成。

五、教学实践片段

片段一：

师：同学们，在课前的游戏中，老师搭房子用到了两张磁片（取开小磁片），猜一猜！这两张磁片，老师在购买时，哪张花的钱多一些？

生：大磁片。

师：你怎么猜到的？

生：那一张大些。

师：对，这张磁片的面比这张磁片的面要大！同样的磁片，面越大，我们花的钱就越多。除了买磁片，生活中还有哪些事情，要考虑面的大小呢？

生：卡纸。

……

师：看来，生活中，很多事情都与面的大小有关，看来的确需要我们好好研究。

师：（手指大磁片）谁来摸一摸它的面？

学生上台摸，但没有摸完整。

师：它的面只有这些吗？教师指导学生摸完整：我们在摸面时，每一个地方都要摸到，再试一次！

师（边说边摸）：这是大磁片的面，谁来像我这样一边摸一边说，（手指小磁片）摸一摸它的面？

请学生上台摸小磁片的面。

师：请大家选择你周围的物体，摸一摸它的面。

学生自己摸一摸，教师请 2 名同学上台边摸、边说。

……

师：刚才还有同学摸了课桌的面（手示意），我们一起摸一摸！

师：能找到比课桌面更大的面吗？

三个同学依次说：讲台的面、教室的地面、操场的地面。

师：同学们找到了这么多的面，它们都是——物体的表面，还发现了物体表面是有大小的。

片段二：

师：同学们，刚才我们已经知道，磁片的这个面是长方形，那这个长方形的面积究竟是多少呢？我们用学具来量一量！

师（手指课件）：老师给同学们准备了不同形状的学具，待会儿，请大家选择一种学具，把

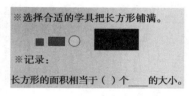

图4.24

长方形铺满，看一看长方形的面积相当于几个什么图形的大小，并把你们的结果记录下来（图4.24）！

学生小组操作，教师巡视。

师（提示）：摆好的小组，把作品保留在桌面上。

师：谁来说一说，你们组选择的是什么图形？

生（异口同声）：正方形。

师：大家为什么不用圆或长方形呢？

生：圆与圆之间会产生缝隙。

师（学具展示）：你们的意思是不是这样，这些地方的面积，我们测量不到了。

师：我明明看到有的组开始用的是长方形，怎么换了呢？

生：用长方形摆，会凸出去。（教师展示学具）

师：看来，用正方形测量最方便！（教师切换展示台）

片段三：

师：你知道哪些面积单位？

……

师：（手指板书）关于它们，你想知道什么？

……

师：你们提的这些问题，特别有价值！我们先来研究其中的一部分！首先看一看，1平方厘米、1平方分米、1平方米分别有多大。

师：像这样的三个正方形，老师也给大家准备了，待会儿，请大家量一量它们的边长，说说你们的发现。再找一找，哪些物体的一个面分别接近1平方厘米、1平方分米、1平方米。有困难的同学，可以看看书上是怎么讲的。

师：谁愿意拿着你的学具，介绍一下1平方厘米！

……

教师边说边板书：边长是1厘米的正方形，面积是1平方厘米。

师：找一找，你的周围，哪些物体的一个面，接近1平方厘米？

生1：指甲壳的面。

生2：开关的按钮。

师：刚才有同学说指甲盖的面接近1平方厘米，我们一起比一比。

师：总的来说，1平方厘米比较小，比它大一点的是1平方分米。

大家找到了吗？谁来介绍一下？

……

（此案例由骆雯提供）

长方形与正方形面积的计算

一、教学内容分析

"长方形与正方形面积的计算"是西师版小学数学三年级下册《面积》单元中的教学内容，是在学生初步认识长方形和正方形的特征以及初步掌握周长计算方法的基础上进行学习的。小学生从学习长度到学习面积，是"图形与几何"学习上的一次飞跃。学好本单元的内容，不仅有利于发展学生的空间观念，培养学生的应用意识能力，还能为以后学习其他图形的面积计算打下基础。

二、学情分析

　　三年级学生具备一定的推理、观察、分析和概括能力，已经掌握了长方形、正方形的特征，并会计算长方形和正方形的周长，知道面积和面积单位。部分学生可能已经知道了长方形面积的计算方法，但大部分是"知其然，不知其所以然"，即学生并不理解公式的含义，没有经历公式推导过程。为此，学生在探索长方形和正方形面积的过程中需要经历摆一摆、铺一铺、说一说、想一想等体验活动。

三、体验点

　　通过对教材的深度解析以及学情分析，本节课体验点主要有三个：
　　①操作体验，在探究长方形和正方形面积公式时，选择合适的面积单位去摆长方形。
　　②推理体验，观察长方形的面积与其长、宽的关系，在推导长方形面积公式的活动中，体验建模过程。
　　③辨析体验，对比周长与面积的计算方法，深刻领悟两者之间的联系与区别。

四、体验的途径与方法

　　（一）操作体验，在探究长方形和正方形面积公式时，选择合适的面积单位去摆长方形

　　一维的"线"可以用尺去测量长度，二维的"面"有没有测量工具呢？对于平面图形来说，基准是边长为 1 个长度单位的正方形面积。让学生用 1 平方厘米的小正方形摆长方形的过程，就是让学生体验用面积单位度量长方形面积大小的方法，这是得出面积最原始的方法。学生通过摆一摆、写一写、说一说，从拼出的多个长方形中搜集到相关的信息——每行的个数、行数，1 平方厘米的小正方形的个数，以及所摆长方形的面积。学生观察图表信息得出：长方形的面积与 1 平方厘米的小正方形的个数有关，与每行的个数和行数有关。

163

（二）推理体验，观察长方形的面积与其长、宽的关系，在推导长方形面积公式的活动中，体验建模过程

有了第一次的操作体验，学生已经领悟到把小正方形每行的个数与行数相乘就可以求出长方形的面积。虽然求面积时数值上有对应的关系，但实际含义却有区别，如何让学生把感悟升华，就有了第二次的操作。量一量、算一算"5 cm×3 cm"长方形的面积。学生用自己的方法求出它的面积，经历具体到抽象的过程。在全班反馈中，师追问："你们为什么去量它的长和宽呢？"直逼面积公式的本质。学生在讲道理的过程中发现，长方形的面积公式就是先用选择的长度单位去量得长、宽的长度，通过想象长度所对应的行列格子数，再把量得的数相乘，从而得到一个结果，就是长方形的面积。学生在归纳总结中发现了长方形的长和宽与面积之间的关系，从而推导出长方形的面积公式。而正方形是特殊的长方形，四边都相等，大胆利用长方形和正方形的关系猜想正方形的面积计算方法，再通过推理、迁移，得出正方形的面积公式就是"边长 × 边长"。学生在操作、交流、推理中主动探索，经历了构建知识的过程，体验到建立数学模型的成就感。

（三）对比体验，对比周长与面积的区别，深刻领悟两者之间的联系与区别

在教学中发现只教面积时学生掌握情况很好，一旦加入周长的练习便问题百出，所以在面积概念的学习中，将容易混淆的几个概念置于同一情境集中展开学习，这是概念学习的一条重要途径。本课最后的拓展练习是让学生分别画面积是 24 平方厘米和周长是 24 厘米的长方形，画好了再根据面积求周长，根据周长求面积，练习中将周长、周长计算的意义等概念融在一起。最后再观察对比长方形的面积与周长计算有什么区别和联系，在对比反思的过程中更深入地理解面积及面积计算的意义。

五、体验教学片段

片段一：

师：老师为同学们准备了一些面积为 1 平方厘米的小正方形，请小组合作摆出 3 个你们喜欢的长方形，并完成记录单上的内容（表 4.2）。

表 4.2　教学记录单

图　　形	每行的个数	行数	1 cm² 正方形的个数	面积 /cm²
	3	2	6	6
	6	2	12	12
	4	1	4	4

小组学习要求：

①摆出长方形后完成表格。

②观察表格，你有什么发现？

教师巡视、指导，大部分学生完成后全班交流。

生 1：我发现每行的个数乘行数等于小正方形的个数。

生 2：小正方形总个数就是它的面积。

生 3：每行的个数乘行数就是长方形的面积。

生（质疑）：为什么小正方形的个数就是它的面积？

生 4：因为每个小正方形的边长是 1 cm，小正方形的个数乘 1 就是总面积，所以它的面积是 6 平方厘米。

师（总结）：边长 1 cm 的小正方形面积是 1 平方厘米，大长方形由 6 个小正方形密铺而成，它的面积就是 6 平方厘米。而总个数是由 2 个 3 组成，所以每行个数乘行数也等于它的面积。

师：那么，你们发现长方形的面积和什么有关？

生：我发现长方形的面积和每行的个数、行数有关。

片段二：

师：请你用你喜欢的方法求出这个长方形的面积。

学生有 5 cm×3 cm 的长方形，若干个 1 平方厘米的正方形、直尺等学具。课件出示后，学生自主探究，用喜欢的方法计算，师巡视，用手机拍照或摄影，投影放在白板上（图 4.25）。

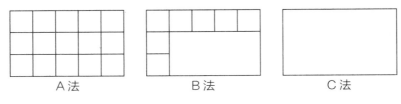

图 4.25

师：同学们想到了这么多的好方法，你能看懂哪一种？

生 1：我看懂了 A 方法，每行有 5 个正方形，有 3 行，一共有 15 个小正方形，面积是 15 平方厘米。

师板书：5×3=15（个）   15×1=15（平方厘米）

生 2：B 方法和 A 方法是一样的，每行摆 15 个，摆了 3 行，一共有 15 个小正方形，面积是 15 平方厘米。

师追问：这里没有摆满，你怎么知道第 2 行也是 5 个？不是只摆了一个吗？

生 2：因为每行的个数都是一样的，第 1 行是 5 个，第 2 行肯定也是 5 个，就算我不全部摆出来，它还是 15 个。

生 3：使用测量的方法，量出这个长方形的长是 5 厘米，宽是 3 厘米，乘起来面积是 15 平方厘米。

生 4：只要长乘宽，就能得到面积。

师：为什么长乘宽，就能得到面积？请小组讨论。

生同桌讨论后全班交流。

生：每行的个数就是长，因为一个小正方形的边长是 1 厘米，一行有 5 个就是 5 厘米。摆了 3 行，也就是每列的个数有 3 个，宽就是 3 厘米。

师：每行摆几个 1 平方厘米的正方形，长就是几厘米；每列摆了几个 1 平方厘米的正方形，宽就是几厘米。

生：只要知道了长方形的长和宽就能求出它的面积。

师：由此得出，长方形的面积 = 长 × 宽。

（此案例由贾渝提供）

旋转与平移

一、教学内容分析

"旋转与平移"是西师版教材三年级下册第四单元的内容，属于"图形与几何"领域中"图形与变换"的知识范畴。《义务教育数学新课标（2011年版）》对这一部分的具体要求是：结合实例，感知平移和旋转现象；能在方格纸上画出一个简单沿水平方向、竖直方向平移后的图形。教材中选取了生活中丰富的实例，引导学生观察、比较、体会，初步认识旋转和平移现象。这部分知识的学习，对于学生认识、理解图形的位置与变换，培养学生的空间观念有着很大的作用。

二、学情分析

三年级的学生在头脑中已有一些平移和旋转意识，但是对于这些现象的判断有些模糊，学习活动需要大量的材料去支持。因此，教学时兼顾直观形象性与抽象概括性，集趣味性与知识性于一体，以学定教，让学生体会和发现平移与旋转的运动规律。

三、体验点

通过对教材的深度解析以及学情分析，本节课体验点主要有三个：
①体验旋转与平移的运动特征，加深对旋转与平移的理解。
②体验简单图形通过平移后的位置发生了什么变化，形成良好的空间观念。
③体验生活中旋转与平移的应用，感受数学之美。

四、体验的途径和方法

（一）情景体验——利用生活经验，初步感受图形运动的特征

课前，教师布置学生去游乐园玩各种游乐设施，并体验它们的运动方式，

感受旋转和平移现象。课堂上，教师播放视频，缆车的开动、玩滑梯的小朋友、坐小火车、玩旋转木马、荡秋千、飞机螺旋桨的摆动……吸引学生的注意力，激发学生的学习兴趣。学生在亲身体验的基础上，把多种运动方式进行分类，并且说出自己的分类理由，从而明确旋转和平移两种运动方式的特点。

（二）操作体验——对比观察平移前后的图形，理性认识图形运动的特征

学生明确了物体运动的两种方式，但还只是停留在初级阶段，只是具备了一定的感性认识，因而必须通过实践活动进行巩固。教师带着学生用手势模拟图形运动，并思考："平移和旋转运动，它们什么变了，什么没变？"引导学生用最简洁的语言将运动特征描述出来。学生主动思考，先猜想，再操作，最后归纳出：平移运动是图形的位置改变，图形的方向不变；旋转运动是图形的方向改变，位置不变。从而培养学生的空间想象力和逻辑推理能力，巩固了旋转与平移的运动特征。

（三）观察体验——感受生活中的旋转和平移，体验数学之美

课堂中利用课件播放视频，通过观察体验旋转和平移，感受数学之美。结合孩子们的年龄特点，播放舞蹈、体育、艺术、军事等片段（其中含有旋转和平移的现象），可以最大限度地激发学生的学习热情，体验到旋转和平移在生活各方面发挥的巨大作用，使生活更加丰富多彩。

五、教学实践片段

片段一：

师：星期天，小明和爸爸妈妈一起去游乐场玩摩天轮、缆车、旋转木马、滑梯等大型设备。请孩子们观察一下，这些设备是如何运动的？你能按运动方式的不同给它们分类吗？

生1：它们的运动方式不同，可以把滑滑梯、缆车分一类，把旋转飞机、风车分一类。

生2：摩天轮和旋转木马都是转动。缆车和滑梯都是移动的。

师：数学上我们把它们称为旋转和平移。

师：用你的语言说一说，什么是平移，什么是旋转？

生：直直地动，就是平移，转圈的感觉就是旋转。

师：像滑滑梯、缆车这样都是沿着一条直线在移动，这种运动方式在数学上被称为"平移"；像旋转飞机、风车都在绕一个点或轴为中心转动，这样的运动现象在数学上被称为"旋转"。

师：今天，我们就一起来研究"平移和旋转"。

片段二：

师：同学们，刚才我们研究的都是生活中的物体平移现象。那图形怎么平移呢？请看大屏幕。

师：通过刚才的观察，物体平移时，什么变了？什么没变？

生：平移时，位置变了，但是它们方向没有变化。

生：物体的大小形状也没有变化。

师：课件展示单喜变双喜、倒"福"变正"福"，花瓣变花朵，让学生体验了平移和旋转在生活中的作用。

师：物体旋转时，什么变了？什么没变？

生：物体在旋转时，形状和大小没有变，运动方向发生了变化。

师小结：同学们的总结很到位！平移运动，改变了物体的位置，但是大小、方向没有变化；旋转是绕着一个固定的点转动，这个点，通常叫作"中心点"，旋转运动变化了物体的方向，物体的大小和中心点的位置没有改变。

（此案例由李涛提供）

线段、直线和射线

一、教学内容分析

《义务教育数学课程标准（2011年版）》在"学段目标"的"第二学段""图形与几何"中提出"结合实例了解线段、射线和直线"。不同教材版本，安排也有所不同。苏教版和人教版在二年级安排了认识线段，把射线、直线的认识放在四年级上册。西师版、北师大版教材的编排有所不同，把"线与角"作为一个单元编排，其中"线"与"角"分别作为独立的内容安排在不同的课时，线段、射线、直线作为一课时，重在学习三种线的联系与区别。四个版本都强调通过操作体验让学生了解"过一点可以画无数条直线""两点确定一条直线"，西师版、苏教版还提供了相关的生活场景，从生活中抽象出线段。苏教版、北师大版还通过图例让学生感知"两点之间线段最短"。通过对比可以看出，四套教材虽然呈现方式不尽相同，但都注重从生活原型中认识概念，都非常重视区别线段、射线、直线。

"线段、直线和射线"是西师版教材四年级上册第三单元第 1 课时的内容。其中包括从生活现象中引出线段、直线和射线的意义和特征，线段、直线和射线之间的联系，线段、直线和射线的画法等。这些内容是进一步学习角、垂线、平行线、三角形、平行四边形和梯形等几何图形的重要基础，对今后进一步学习图形与几何具有重要意义。教材在内容的编写上十分注意联系学生的生活实际，在主题图中呈现有关线的现实背景，让学生从一些常见的物体和现象中抽象出几何图形，为学生在后面的学习中抽象出线段、直线、射线提供了重要的资源。在生活中很难找到"射线""直线"的原型，因此认识这两种线要在联系生活实际的基础上引导学生发挥想象，体会"端点""无限"，实现从具体到抽象的过程。在教学中组织学生讨论、交流，让学生在对比中明晰三种线的本质特征，进一步理解概念。

二、学情分析

学生在二年级的学习中，对角已经有了较多的直观认识，并会用直尺画规定长几厘米的线段。在学习长度单位时，已会直观描述它们的特点，而且还认识了长方形、正方形、三角形等图形。这些内容是几何形体知识最基本的概念之一，也为学习线段、直线、射线奠定了一定基础。

四年级的孩子是小学低年级向高年级的过渡期，大脑发育正好处在内部结构和功能迅速发展和完善的关键期，开始从被动的学习主体向主动的学习主体转变。培养思维的独立性和发散性在四年级尤为关键，思维发展水平由具体形象思维向抽象逻辑思维过渡，抽象思维逐渐成为一种重要的思维形式。对于中年级学生来说，虽然操作、表达能力比较强，但他们学习积极性不够稳定，知识面和思维还是有一定的局限性。首先，对于直线和射线，学生在日常生活中经历过一些感性的例子，但不太会注意它们的几何特征。再者，直线、射线的概念比较抽象，对于四年级学生来说，抽象思维还不成熟，因此学起来会有一定难度。所以，本课要尊重学生的认知规律，从"有限"到"无限"引导学生认识直线和射线。

三、体验点

本内容在教学时应尽量找到生活中的原型，从一些常见的物体和现象中抽象出几何图形，帮助学生理解。本节课主要有以下三个体验点：

①直观演示，体验"点动成线"。

②通过实例体验线段的特点以及两点间线段最短。

③在具体活动中，体验直线、射线的无限延长。

四、体验的途径和方法

（一）"点动成线"，关注学生的直观体验

东北师范大学马云鹏教授指出"图形作为几何对象，其价值在抽象"。数学上所说的"线"，都是人为抽象出来的产物，现实生活中并不存在。它是点运动的结果，这点很难让学生理解。在开课时，可充分利用多媒体课件让学生直观感受。"物体运动能产生很多轨迹，请看大屏幕，这里有 6 个点，如果老师让它们运动起来，它会不会留下很多路线呢？"（图 4.26）像这种由点运动形成的线的例子，在生活中还有很多很多（播放 PPT）。然后让学生对点的运动形成线进行分类，引出这节课需要研究的直线。

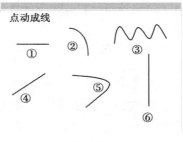

图 4.26

（二）创设情景，关注学生的知觉体验

①观察感知，建构线段的概念。在教学中，先出示学生分组拔河时的照片：让学生判断哪个小组正在拔河，并说出理由。从拔河活动中引出生活中线的模

型,利用画图将生活中的模型进行抽象,突出线的本质区别之一是"直"和"曲",并揭示线段概念"正在拔河的最前面两位同学之间这段直直的绳子就可以看成线段,两位同学用手捏住的地方就是这条线段的两头,叫作这条线段的端点"(图4.27)。再让学生观察四周,哪些物体上可以找到线段?(书本的边,黑板的边,门的边……)想一想,生活中还有哪些物体上也有线段?(桥梁上,马路上……)再用课件演示生活中的线段原型,体会线段的基本特点。

②对比体验,理解线段的特点以及两点间线段最短。

学生独立完成题单:在两点之间的线中,你能找出哪条是线段吗?并量出线段的长度。接着让学生同桌交流。在全班汇报后追问:这些线中最短的是哪条呢?顺势揭示两点间线段最短,线段的长度就是这两点间的距离。随后引导学生总结出:线段是直直的,有两个端点,可以度量(图4.28)。

图4.27

找一找
下面两点之间的线中,你能找出哪条是线段吗?并量出长度。

你发现了什么?

编号____是线段,长度是____。
想想:线段有什么特点?

在两点之间可以画出很多条线,其中线段最短,线段的长度就是这两点间的距离。

图4.28

(三)由"静"到"动",关注学生的想象体验

1.想象 + 操作——认识射线

课件出示一条线段,将它的一端无限延长,到了屏幕边缘,还继续延长,延长,让学生闭眼想象,穿过教室的墙壁,继续无限地延长下去,得到的线就是射线。让学生再次闭眼想象一条竖着的射线,建立射线的直观表象。能测量出它的长度吗?再请学生描述射线的特点,并归纳概括出:射线有一个端点,一端延伸,不能测量。"射线该怎样表示呢?"让学生动手操作,试着画一画,进一步巩固射线的特点,掌握标准的射线表示方法。学生汇报以后追问:以一点为端点可以画多少条射线,让学生明白以一点为端点可以画无数条射线。

生活中哪些现象可以看成是射线呢?学生可能会说出手电筒发出的光,探照灯发出的光……教师及时出示图片,让学生看到彩色的灯光都可以近似地看成射线,沿着端点向另一端无限延伸。

2. 想象 + 操作 + 对比——认识直线

出示一条线段，沿两个端点向两边无限
延长，延伸到了屏幕的边缘，继续穿过窗户、
透过云层，射向宇宙，让学生闭眼展开想象，
想象这条线是什么样子的？进一步建立直线的
直观表象（图 4.29）。接着问学生，你能量出
直线的长度吗？为什么？让学生概括直线的特
点：没有端点，两端延伸，不可测量。"直线
又应该怎样表示呢？"学生创造图示后，展示学生的作品，并说明自己的想法。
在肯定学生想法的同时，提出标准的画法。

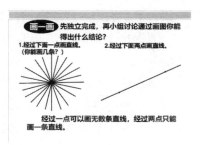

图 4.29

随后，开展小组活动。先独立完成：①经过一点画一条直线；②经过两点
画一条直线。然后在小组内讨论，通过对比可以发现了什么？学生发现了过一
点能画无数条直线，而过两点只能画一条直线。

（四）观察对比，关注学生的整体认知体验

认识了线段、直线、射线以后，首先出示
一条直线，问学生这是什么图形？接着直线上
出现一个点，你发现有什么变化吗？最后直线
上出现两个点，现在你能找到哪些图形？学生
回答后，教师追问：在一条直线上既找到了线
段又找到了射线，那说明了线段、射线与直线
之间有什么关系呢？（线段、射线是直线的一
部分）接着开展小组活动，讨论完成图 4.30 所示表格，理解三线之间的区别与
联系。

图 4.30

五、教学实践片段

片段一：

师：物体运动能产生很多轨迹，请看大屏幕（课件演示生活中点动成线的
例子）。

师：这里有 6 个点，如果老师让它们运动起来，它会不会留下很多路线呢？想象一下，它们的路线会是什么样子？（课件呈现）

师：这个点怎么运动，你想到这个点的运动路线了吗？（动画展示点的运动）

师：这个点的运动留下的线是怎么样的？（1 号线）

生：也是平的。

师：方向是怎么样的？大家用手比画下。

师：这个点又是怎么运动的？（4 号线）

生：斜着的。

师：大家也用手比画下，大概是怎样运动的。

师：还有一幅图，看清楚了。

师：怎么弯的，用手比画下。看是不是跟你想的一样？（2 号线）

师：这又是怎么样的？（3 号线）

生：波浪形。

师：刚才点的运动，留下了这六条线，（课件出示）如果让你给它们分类，你准备怎么分？

生：1，4，6 分为一类，因为它们都是直的；2，3，5 分为一类，因为它们都是弯曲的。

师：这节课我们先来研究这些直的线。

片段二：

师：刚才我们学会了画线段，老师这里有一条 10 厘米长的线段（课件出示），如果我们让这个点（右边的端点）继续运动起来，看看发生了什么？仔细看！运动到了屏幕边缘了。（配合课件演示）还可以继续运动吗？

生：可以。

师：这个点的运动跟刚才有什么不一样呢？

生：以前的点运动了之后会停下来，现在跑到那边去了，不见了。

师：不见了？你觉得它可能到哪里去了？

生：往看不见的地方走了。

生：它只有起点，没有终点。

师：猜对了！闭上眼睛，想象一下，这个淘气的小点沿着这个方向跑啊跑……告诉我，你想到的这条线是什么样子的？

生 1：它很长很长，长得望不到头。

生 2：这条线已经伸到宇宙中去了。

……

（此案例由朱莉提供）

认识平行四边形

一、教学内容分析

"认识平行四边形"是西师版数学教材四年级下册第六单元"平行四边形和梯形"第 1 课时的内容。《义务教育数学课程标准（2011 年版）》指出："让学生亲身经历将实物抽象成数学模型，并进行解释与应用的过程，从而使他们真正掌握数学知识与技能，理解数学思想与方法，获得广泛的数学活动经验。"平行四边形在平面图形里有着非常重要的地位，认识平行四边形特征的过程以及学习的方法能帮助学生更好地认识其他的多边形，同时也为以后学习平行四边形面积打基础。

各版本教材都遵循儿童学习数学的认知规律，通过呈现大量与生活实际密切相关的平行四边形素材，将课程内容与学生的生活经验有机融合，让学生经历实物抽象成平面图形的过程。在研究平行四边形的特征时，教材设置了量一量、画一画、想一想等活动，通过一系列的实践活动放手让学生自己探究，旨在让学生完整地体验发现平行四边形基本特征的过程，培养学生数学探究能力。

二、学情分析

学生在前面的学习中已经初步认识了长方形、正方形、三角形的特征，且对角、平行、垂直这几个最基本的几何概念有了比较深刻的认识。

学生在生活中对平行四边形已经有了一定的了解，具备了一定的认知基础，能分辨出生活中常见的物体表面的平行四边形。但现实情境中的平行四边形大

175

多是立体的，且平行四边形的特征概念具有高度的抽象性和概括性。学生的这些认识仅停留在表象，不系统也不深入，且本年龄段的学生正处于由直观形象思维逐步向抽象逻辑思维过渡的阶段。因此，教师需要在抽象的概念与学生的具体生活感知之间搭建桥梁，为学生提供丰富的素材，让学生在具体实物中抽象出平行四边形，进而探索其内部特征，概括总结出平行四边形的普遍特征，最后将图形特征内化为对图形的整体感受，形成空间观念。

三、体验点

基于以上分析，针对重难点及常见问题，本节课有以下体验点：
①体验立体图形抽象成平面图形的建模过程。
②体验探究平行四边形特征的过程。
③体验平行四边形特征在生活中的应用。

四、体验的途径和方法

（一）初步感知，形成表象，体验立体图形抽象成平面图形的建模过程

课前教师出示生活中平行四边形的图片，如车位、装饰物、折叠门等，提出问题"同学们知道平行四边形，那能从图中找到平行四边形吗？谁能上来再给大家指一指"。学生一边指，教师一边操作 PPT 从图中抽象出独立的平行四边形，这个过程让学生经历具体到抽象，感知平行四边形的具体形态。然后引导学生交流生活中曾在哪些地方见过平行四边形，再次让学生将抽象还原成具体，从生活空间中"发现"这些图形，经历从现实中抽象出数学模型的过程，从而加深对平行四边形的认识。学生在描述时可能会出现不准确的表述，教师可及时纠正。

（二）利用学具，动手探究，体验概括平行四边形特征的过程

1. 在猜想验证中体验发现平行四边形的定义
图形的名称往往与其特征有着直接的关系，学生对平行四边形的认识局限

于其形状表象的初步感知，但是学生没有深入思考过名字与特征的关系。教师提出"观察这些平行四边形，思考人们为什么称它们为平行四边形呢？"给学生一个研究的方向，引导学生结合图形对比观察，发现其中的奥秘。学生提出"平行四边形相对的两条边互相平行"的猜想后，老师继续提出"刚才这位同学的猜想需要我们想办法帮他验证一下。请大家拿出需要的工具，在题单上选择一个喜欢的平行四边形验证一下"，学生通过验证平行线的方法得到对边平行，进而归纳出平行四边形的本质特征，概括出其定义。

这个教学环节旨在给学生渗透一种研究方法，以学生已有的知识经验为基础，引导学生通过表象认识找到联系点从而发现其本质。

2. 自主探究，深入理解，在探究活动中发现平行四边形边角的特征

通过对名称的探究发现平行四边形的一个特征后，继续引导学生大胆猜测，自己设置验证活动，发现更多的特征。老师提出"除了这个特征以外，平行四边形还有其他特征吗？我们来猜测一下"，学生做出大胆猜测后，教师设计探究活动和活动要求，让学生通过合作学习，设计验证方法，深入探究平行四边形的其他特征。通过研究可以发现：①角的特征：学生通过量、剪、比等方法得到平行四边形对角相等；②边的特征：通过量、剪、比等方法得到平行四边形对边相等。在汇报交流以后，概括总结出平行四边形对边相等且平行、对角相等。学生在这个活动中，亲身经历探究平行四边形多方面的特征的过程，积累了活动经验，为后面学习其他图形的特征奠定了知识和方法基础。

3. 对比观察，生生互动，在观察思考中体验图形间的关系

概括出平行四边形的特征以后，适时出现一个随堂练习，让学生判断哪些图形是平行四边形。学生对长方形、正方形是否是平行四边形存在争议，老师及时抓住课堂生成，组织学生进行讨论，讨论以后学生发现长方形、正方形的特征符合平行四边形的特征，所以它们也是平行四边形，是特殊的平行四边形。在这个过程中加深学生对平行四边形特征的理解，为学生明确图形之间的关系做准备。老师提出"如果用集合圈表示所有的平行四边形，那表示长方形、正方形的集合圈应该怎么画"，让学生先在小组内讨论，说自己想法，然后在交流中完善集合圈。这个教学过程使学生在争论与交流中对平行四边形的特征有了更加深刻的认识，同时逐渐在大脑里构建起清晰的关系图，有利于构建完整的知识网络。

（三）动手操作，感知特性，体验平行四边形特性在生活中的应用

课前学生准备平行四边形框架结构，这个教学环节教师让学生拿出学具，设计听口令的游戏活动抓住学生的好奇心，吸引学生继续探究。教师提出："平行四边形还会听口令呢，我们来试试，我们一起喊向左—向右—变高—变矮。看看你们手中的平行四边形会不会听口令呢？"学生通过操作学具根据老师的指令参与游戏活动，很快就能发现在听口令改变框架的过程中平行四边形的形态发生了变化。教师继续设疑"三角形也会听口令吗"，老师摆弄三角形框架，学生观察。然后再分组让同学们拉一下三角形的框架，学生操作完后进行比较，说说发现了什么，有同学们总结出：平行四边形一拉就变形，它具有易变形的特性；三角形无论怎么拉动都不会变形，它具有稳定性。

然后，教师介绍平行四边形的易变形特性在生活中的应用——升降架、伸缩拉门等，进而唤起学生的生活经验，交流平行四边形易变形的特性在生活中的应用，有利于让学生感知数学与生活的联系，体验图形在现实世界的广泛存在。

五、教学实践片段

片段一：

师：观察这些平行四边形，思考人们为什么叫它们平行四边形呢？

生：对边平行。

师：像这样上下、左右相对的边我们通常称为"对边"，一个平行四边形有两组对边。刚才这位同学说出了他的猜想，我们想办法帮他验证一下。拿出需要的工具，在题单上选择一个喜欢的平行四边形验证一下。

（学生独立操作，展示验证。）

师：通过验证我们领会了它们为什么被称为平行四边形，谁能说说到底什么样的图形才能叫作平行四边形呢？

引导学生说出，两组对边分别平行的四边形就是平行四边形。

片段二：

师：现在我们知道了平行四边形的定义，也知道了两组对边分别平行也是平行四边形的一个重要特征。除了这个特征外，它还有其他特征吗？我们来猜

测一下（学生猜测）。

师提出要求：要知道这些能不能成立就要想办法验证。

验证要求：

①在这三条特征中选择一条喜欢的，想办法验证。

②如果用量的方法就写出数据。

③验证完后将你的方法和同桌说一说。

学生想办法独立验证、展示，在展示时纠正学生语言的准确性。

师：通过几位同学的验证，这里的"可能"不再是"可能"，而是"一定"了，我们可以把"可能"二字擦掉。我们一起来说一说，平行四边形有哪些特征？

（学生齐读板书）

师：我们通过自己的操作知道了平行四边形的特征，也就是说要判断一个图形是不是平行四边形就要看它是否满足定义，是否符合这些特征。这里有一些图形，我们一起来判断一下它们是不是平行四边形（图4.31）？

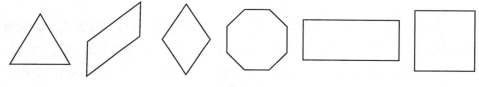

图 4.31

①讨论：长方形、正方形是平行四边形吗？

学生通过讨论发现长方形、正方形都是特殊的平行四边形。

②用集合圈表示他们的关系（出示图片，请生摆）（图4.32）。

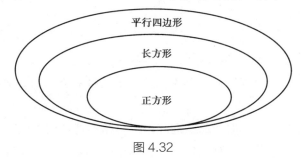

图 4.32

（此案例由沈妮提供）

179

三角形的分类

一、教学内容分析

"三角形的分类"是西师版教材四年级下册第四单元的内容，这部分是"图形与几何"领域的内容。教材是根据学生已学习了角的分类，能区分锐角、钝角、直角、平角、周角这一基础上开展学习的。教材分为两个板块：按角分为锐角三角形、钝角三角形和直角三角形，并通过集合图来体现分类的不重复和不遗漏原则；按边分为等腰三角形、等边三角形和不等边三角形，着重引导学生认识等腰三角形、等边三角形边和角的特征。学好这部分知识为以后进一步学习三角形的有关知识打下基础。

二、学情分析

学生在学习"三角形的分类"之前，已经学习了三角形的认识，能够在物体的面中找出三角形，学生也学习了角的知识，认识了常见的角，为学习三角形的特征以及从角和边的不同角度对三角形进行分类做好了有力的知识支撑。四年级的学生正处于儿童期向少年期过渡的过程，求知欲及好奇心增强，兴趣爱好有所分化，这时爱对新鲜事物开始探索，因此在上课时让学生充分利用已有的知识和经验经历探索过程。

三、体验点

基于以上分析，本节课有以下三个体验点：

①体验探索三角形按边分，三类三角形的特征；按角分，三类三角形角的特征。

②体验经历观察、分类，总结提炼得出三角形特征的方法。

③体验不同的分类标准对三角形分类结果的影响。

四、体验的途径和方法

（一）在活动中，逐步体会三角形角的特征

1. 借助学具，自主观察分类，初步体会三角形角的特征

教师在电子白板上呈现出 6 个不同的三角形（图 4.33），教师提出问题，这些三角形按角分类可以分为几类？怎么分？让学生先独立观察三角形各角的大小，并完成表格（图 4.34），再独立思考，根据角的大小特征，将三角形进行分类。学生根据角的特征对三角形进行分类，大多数学生将三角形分为了三类：直角三角形、锐角三角形和钝角三角形。但也有个别学生将这些三角形分成两类，即有直角的分成一类，没有直角的分成一类；或者有钝角的分成一类，没有钝角的分成一类等。活动中，学生在自主观察分类的过程中对三角形的特征已经有了初步的体会，也让他们感受到不同的分类标准，分类结果就不同。

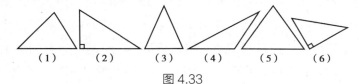

（1）　　（2）　　（3）　　（4）　　（5）　　（6）

图 4.33

	（1）	（2）	（3）	（4）	（5）	（6）
直角 / 个						
钝角 / 个						
锐角 / 个						

图 4.34

2. 交流讨论，进一步体会按角分类，各三角形的特征

在学生自主观察将三角形分类后，教师组织学生在小组内讨论各自的分类结果以及这样分类的理由。同时，对将三角形分成两类的情况，在小组交流时，学生能通过观察别人的分类结果，或者其他学生提出意见，明白之前分成两类的情况还可以细分，比如没有直角的三角形就还可分成三个角都是锐角的三角形和有一个角是钝角的两类三角形。学生通过小组内的交流讨论再次加深了对三角形按角分类所具有的特征。

3. 展示交流，明确定义，深入体会按角分类，各三角形的特征

在学生通过自主观察、小组交流达成共识以后，教师请一组学生上台展示，在展示过程中，学生可利用电子白板的拖动功能，将一类的三角形拖动在一起，并说出它们共同的特征。在学生展示完以后，教师顺势提问："他们的分类理由你们听明白了吗？"引导其他学生再次说出锐角三角形、直角三角形、钝角三角形的特征。教师同时进行板书，利用白板拖出对应三角形的特征。通过学生的白板展示，全班的总结交流，教师的板书展示，让学生明确锐角三角形、直角三角形、钝角三角形的定义，更加深入地体会这三类三角形的特征。

4. 游戏互动，巩固按角分类各三角形的特征

在学生认识了锐角三角形、直角三角形、钝角三角形后，教师首先通过"比一比"的活动，依次出示课前准备好的锐角三角形、直角三角形、钝角三角形，让学生通过观察特征，答出对应的名称，比一比谁的观察力和反应力快。在学生的积极性被调动起来后，教师利用"猜一猜"的游戏，让学生根据露出的一个角，猜出信封里藏的是什么三角形（图4.35），前面两个学生很快就能猜出并确定是直角三角形和钝角三角形，但在猜第三个信封时，有的学生说是锐角三角形，但有的学生却发出了质疑，不敢确定，认为都有可能。教师顺势提问："为什么前面两个大家能确定，而最后一个大家却不敢确定呢"？通过问题，引导学生再次体会三角形的特征，有一个直角的三角形就是直角三角形，有一个钝角的三角形就是钝角三角形，而锐角三角形必须是三个角都是锐角。随后老师利用电子白板将第三个三角形从信封中抽出来三次，学生体会到，只露出一个锐角时，这个三角形有可能是锐角三角形，也有可能是直角三角形或钝角三角形。

猜一猜（你能根据露出的一个角判断信封里面是什么三角形吗？）

图 4.35

（二）动手操作，逐步体会按边分类各三角形的特征

1. 量一量、折一折，独立探索三角形边的特征

学生学习完按角分类后，老师再让学生根据边的特征分类。学生利用老师准备的学具，通过用尺子测量三角形的边长，或者通过将三角形对折，发现有的三角形三条边都相等，有的三角形有两条边相等，有的三角形三条边都不相等，从而将三角形分成了三类。此环节，学生通过亲自测量三角形的边长，或者对折发现边长的特点，初步体会三角形边的特征。

2. 展示交流，进一步体会三角形边的特征

通过小组展示，学生利用电子白板进行拖动分类，并将自己测量的结果或者折叠的方法过程进行展示。在学生展示通过对折的方式验证等腰三角形、等边三角形时，老师顺势提醒其他学生拿出学具一起跟着折一折，再次验证。学生展示后，老师随之便揭示等边三角形、等腰三角形以及不等边三角形的定义。量和折两种方法，折相对来说更加简便，此环节，通过部分学生折，到全班学生一起动手折的操作活动中，体会到等边三角形三条边都相等、等腰三角形有两条边相等、不等边三角形三条边都不相等这些重要特征。

（三）对比观察，体验不同的分类标准，对三角形分类结果的影响

在学生分别学习了各种三角形以及认识了它们的特征后，老师通过提问："同样的六个三角形进行分类，为什么分出的结果却不一样呢？"从而引导学生通过对比观察，体验不同的分类标准对三角形分类结果的影响。紧接着，老师拿出一个三角形，让学生判断是什么三角形，有的学生很快说出是锐角三角形，有的学生说是等边三角形，有的学生说都可以，关键看老师您怎么分。通过一个简单的交流活动，学生听到了其他同学的不同回答，通过对比，学生再一次体会到不同的分类标准对三角形分类结果的影响。

五、教学实践片段

片段一：三角形按角来分：

师：如果我们要按角的大小来分，可以怎么分呢？（课件出示：这些三角形按角分可以分为几类？怎么分？）

（板书：按角的大小分）学生独立思考后纷纷举手。

师：我看到很多同学都有自己的想法了。接下来请大家看学习要求。

学习要求：〔课件出示学习单（图 4.36）〕

①观察三角形各角的大小，完成表格。

②独立思考，将三角形按角的大小进行分类。

③小组交流，汇总意见，准备汇报。

一号学习单

1.仔细观察下面三角形各有几个锐角、直角、钝角？再完成表格。

2.观察表格，这些三角形按角的大小来分可以分为几类？怎样分？

类别＼结果	①	②	③	④	⑤	⑥
直角/个	0					
钝角/个	0					
锐角/个	3					

通过对比观察：

　　　　我们发现这些三角形按角来分可以分为（　　　）类。

（填序号）＿＿＿＿＿＿＿为一类，因为＿＿＿＿＿＿＿＿＿＿

＿＿＿＿＿＿＿＿＿＿为一类，因为＿＿＿＿＿＿＿＿＿＿

＿＿＿＿＿＿＿＿＿＿为一类，因为＿＿＿＿＿＿＿＿＿＿

图 4.36

片段二:

师:同学们,刚才我们按角分成了这三类,那如果按边来分类,可以分为几类? 怎么分呢? (课件出示:按边分类,可以分为几类? 怎么分呢?)

师:很多同学已经有想法了。接下来请同学们看看学习要求。

课件出示学习要求:

①把你的分类想法在组内进行交流,可以借助学具带里面的三角形量一量、折一折进行说明(请组长拿出信封里面的三角形)。

②汇总意见,完成二号学习单,小组代表准备汇报。

……

师:那位同学来汇报一下。

生:我们将③,④,⑥分为一类,因为它们都是等腰三角形,都有两条边相等,我们通过左右对折,发现这两条边完全重合;⑤分为一类,因为它们都是等边三角形,三条边都相等,也可以通过对折证明,不过要对折两次(学生一边说一边展示折法),教师引导其余学生一起动手跟着折一折;①,②为一类,因为它们都是不等边三角形(三条边都不相等),我们也可以对折比一比,很容易就发现了。

师引导学生进行回顾并板书。

师:按边分类,分为三类,一类是有两条边都相等的等腰三角形;一类是三条边都相等的等边三角形,也叫作(正三角形);还有一类是三条边都不相等,叫作"不等边三角形"。

(此案例由王媛媛提供)

认识三角形

一、教学内容分析

"认识三角形"是小学数学西师版四年级下册第三单元第 1 课时的内容。《义务教育数学课程标准(2011 年版)》指出:"义务教育阶段数学课程的设计,充分考虑本阶段学生数学学习的特点,符合学生的认知规律和心理特点,有利于激发学生的学习兴趣，引导学生的数学思考。"并着重强调"在探索物体的位置关系、图形的特征、图形的变换以及设计图案的过程中，进一步发展学生的空间观念。"更加注重"充分考虑数学本身的特点，体现数学的实质；在呈现作为知识与技能数学结果的同时，重视学生已有的经验，是学生体验从实际背景中抽象出数学问题、构建数学模型、寻求结果、解决问题的过程。"

通过对比分析不同版本的教材，我们很容易就发现几个版本教材都是通过不同的途径，引导学生掌握"三角形的底和高"。但是"三角形的底和高"这一概念十分抽象，它既是这节课的重点，更是这节课的难点。对于 10 岁左右的儿童来说，空间观念是从体验活动的过程中逐步建立起来的，"什么是底？什么是高？"需要教师在教学中进行适当引导。因此，在教学时要特别注意数学概念的特点，变抽象为具体，进行精心的设计和引导，相信能够取得良好的效果。

二、学情分析

"认识三角形"一课中涉及的知识点：三角形的特征、定义、底和高的对应关系。学生在二年级时，对三角形已经有了形象直观的认识，他们已经知道三角形的角是尖尖的，有三条边和三个角。学生对三角形的认识还停留在"直观"阶段，未进入"分析""抽象"阶段。所以，在教学设计的过程中，让学生观察生活中的一些三角形，从而分析、抽象出三角形的共同特征。由浅入深、从易到难，在已有知识的基础上进行实践，在操作中体验、感受，在不断的尝试中寻求结果，借助几何直观，将复杂的数学问题变得简单、形象。

虽然学生对三角形已经有了一定的认识，但是对于三角形三条边"首尾相连""一个封闭图形"这一抽象概念感受不深刻、不清楚，理解上还存在认知困难，而本节课中的"三角形底和高的对应关系"这一知识点，也为学生在以后进一步学习多边形的相关知识打下了扎实的基础。

三、体验点

基于以上分析可以得出，讲授"认识三角形"这节课，老师通过组织多种活动（观察、操作、想象、交流），注重自主探索与合作交流的有效结合，在教学"三角形的底和高的对应关系"时，将数学概念的特点和学生的生活实际相结合，变抽象为具体，在呈现知识的同时重视学生已有的经验，使学生体验从实际背景中构建出数学模型。因此，本节课有以下三个体验点：

①在观察和操作中，通过用小棒围三角形的活动，抓"围成"一词，体验三角形是一个首尾相接的封闭图形。

②通过对"三角形的高"的概念理解，体验"三角形底和高的对应关系"。在拉动三角形顶点的活动中，让学生体验三角形的形状对高的位置影响。

③在"玩三角形"的活动中，体验三角形的稳定性。

四、体验的途径和方法

（一）在观察和操作中，体验"围成"的意义

三角形是首尾相接的封闭图形。因此在教学时，老师应充分利用这一知识的生长点，先让学生观察生活中的事物，教学楼房顶的造型是三角形、窗户的支架是三角形，红领巾、自行车、金字塔等事物中都可以抽象出形状不同、大小不一的三角形后，让孩子们想一想：它们为什么都被称为三角形？它们的共同的特征是什么呢？目的是让学生明确三角形有三个角，三条边，三个顶点的基本特征，让学生初步体会到只要是三角形，就会有三个角，三条边，三个顶点。那反过来呢？能不能说有三个角，三条边，三个顶点的图形就是三角形呢？让学生自己思考、画图、讨论后找出反例，为后面学习"三角形的定义"，体会"围成"一词的重要性和感受三角形定义的精简性和准确性做好铺垫。

（二）通过对"三角形的高"的概念理解，体验"三角形底和高的对应关系"

1. 在认识高和画高的过程中，体验"底和高相对应"的关系

"认识三角形的高"这一知识点太抽象，学生很难理解和掌握。针对这个难点，老师直接将这个例题抛给学生，先让学生自学，初步理解体会什么是三角形的高；接着让学生在小组内互学，通过相互之间的交流，对知识的理解更透彻；在全班展学时，请一名学生说说"什么是三角形的高？什么是三角形的底？"，同时老师PPT动画演示，让学生不仅读懂字面的意思，还要更加形象

地体会到"顶点到底边的垂线"就是"高"，目的是降低学生对"三角形的高"理解的难度；再接着让全班同学齐读概念，目的是让学生对"三角形的高"这一概念建立得更加牢固；最后请另一名学生在黑板上画高，学生边画高，老师边引导学生们观察、判断是否正确，让学生深刻体会底边和高的对应关系，为后面学习"三角形有三组对应的底和高"打下扎实的基础。

2. 运用媒体演示，发挥想象，建构"三角形有三组对应的底和高"

在"认识三角形的高"后，学生对三角形的底和高相对应有一个比较粗浅的认识，老师充分利用这一知识的生长点，借助多媒体，先让学生复习从顶点到底边的垂线就是三角形的高，并闪烁顶点和底边，目的是强调它们的"一一对应"关系；接着让屏幕中的三角形转动起来，让学生们想一想，现在这个顶点对应的底边是哪条？高在哪里？目的是让学生明确顶点和底边相对，底边和高的对应关系；再接着让三角形转动起来，学生们很快就找到了最后一个顶点对应的底边，并找到对应的高，最后老师和学生们一起归纳总结出"三角形有三组对应的底和高"，为后面学习直角三角形的底和高做好铺垫。

3. 对比观察，进一步感受三角形的形状不同，高的位置也就不同

学到这里，新课已经结束，但是怎样让知识生根？为后面学习新知识打下良好基础呢？因此在教学时，增加了一个新环节，借助多媒体，先让学生观察向上拉动顶点，高有什么变化？想象一下，如果向下拉动顶点呢？通过对比观察，学生们很快得出结论，上下拉动顶点，高的变化是长短不同。接着老师让学生们想一想，如果向左移动顶点，高会怎样呢？向右移动呢？在学生说出自己的猜想后，老师再进行演示，目的是让学生通过想象和对比观察后，体会到高的位置会发生变化，这为后面认识直角三角形和钝角三角形的高打下了扎实的基础，从而也培养了学生的空间观念。

（三）对比实验，体验三角形的稳定性

在学生们学习了三角形的定义以及高后，为了让他们更加深刻地感受到三角形的美妙之处（稳定性），在教学的最后设计"变一变"这项活动，让学生们自由拉扯三角形框架、正方形框架和长方形框架。在活动中，孩子们发现一个有趣的现象，正方形、长方形框架可以随意拉扯，可以变高变矮，变胖变瘦；只有三角形无论怎么拉都还是原来的样子。由此得出，三角形独有的特性：稳

定性。接着老师出示三角形稳定性在生活中的应用，在拓展、延伸中，让学生明确三角形是最基本的平面图形，"任意一个多边形都可以分割成若干个小的三角形"，拓宽学生的视野，培养学生的创新意识。

五、教学实践片段

片段一：

师：同学们，老师昨天来到南开小学，看到校园里树木郁郁葱葱，环境优美，十分喜欢！我还捕捉到了一些有意思的镜头，我们一起来看看（课件接着展示三角形在生活中运用的图片）。

师：从这些照片中，你找到了什么图形？

生：三角形……

师：在我们生活中，还有哪些物体上有三角形？

生：红领巾、三角尺

……

师：既然这些图形都是三角形，那它们具有共同特征是什么呢？

生：它有三个角、三条边……

师：对，这三个点（师手势指黑板上的顶点），我们称为顶点（板书），这是三角形的一个角（板书），这是三角形的边（板书）。

师：三角形有几条边？几个顶点？几个角？谁能完整地说一说？

……

片段二：

师：现在老师把这个三角形放在屏幕上，让它动起来，这还是三角形的高吗？

生：是。

师：为什么？（第二次转动后）是哪条底边上的高？（学生用手指）

师：三角形就只有这一条高吗？

生：不是。

师：那有几条呢？

生：三条。

师：为什么呢？

生：三个顶点对应着三条底边。

师：这三个顶点的对边在哪里呢？我们一起来找一找这个顶点的对边在哪里？

（引导学生说出三角形都有三个顶点，三条边，都可以作为底，都有对应的高。同时课件出示三条高，三条底的动画效果）。

……

片段三：

师：接下来，我们来玩一个游戏"变变变"，比比谁的眼—力—好！

师：将三角形的一个顶点向上拉动，得到一个新的三角形，想象一下，是什么样子？

生：越来越高。

师：这个三角形与原来的三角形比较，什么没变，什么变了？

生：底边没有变，三角形变高了。

师：如果往下拉动呢？

生：底边还是没有变，三角形可能会变矮。

师：现在我们改变一下移动的方向，如果沿着这条平行线左右拉动它的顶点，又会是怎么样呢？请同学们大胆地想象一下，如果继续往右拉动，这条底边的高又会在哪里呢？

生：三角形会歪了。

生：看来三角形的这个角变成钝角了，它的一条高就跑到外面去了。

生：这几个三角形虽然形状不一样，但它们这条底所对应的高是一样的。

……

（此案例由孙明月提供）

相交与平行

一、教学内容分析

本课的教学内容属于"图形与几何"领域，是在学生已经认识了线段、射线、直线和角，相交等相关知识的基础上教学的。教材在内容上突出了平行相交与生活的紧密联系，在教学中淡化语言叙述，通过直观的画面展示平行线、垂线的画法，引导学生仔细观察归纳，从直观的图形中抽象出平行和垂直的概念，进而概括出垂直的特点。教材安排了黑板、秋千、五线谱、镜框等丰富的素材，使学生能够从生活的角度理解知识，并感受到处处有数学，建立起学有所用的数学思想，同时也为学生将来进一步学习空间与图形的其他知识奠定基础。

二、学情分析

学生已经学习了直线、线段、射线和角等有关知识，对一般的平面图形也有了初步认识。对于四年级的学生来说，兴趣仍然是他们最好的老师，在教学时应全面考虑学生已有的生活经验和知识经验，从学生的生活实际入手，选择与生活相关的材料，加强学生的学习兴趣，让学生在学习新知识的同时获得愉悦的数学学习体验，增强学生学好数学的信心。

三、体验点

基于以上分析可以看出，"相交与平行"这节课有以下三个体验点：
①体验同一平面内两条直线的位置关系。
②体验垂直是相交的特殊情况。
③体验平行线与垂线在现实生活中的作用。

四、体验的途径和方法

（一）观察操作，体验平行线与垂线的概念

1. 观察体验，初步感知平行线与垂线的概念

出示铁轨、跑道线、电线杆等实物图，让学生观察这些物体具有的共同特征。学生通过观察抽象出平行线并概括其本质属性。再借助生活中的实际物体感知垂直，如镜框的长边和宽边互相垂直等。在概括定义时，要注意适当强调"同一平面内"的限制，由于平行线反映两条直线在同一平面内的位置关系，所以平行线指的是两条互相平行的直线，不能说某一条是平行线。两条直线相交成直角时，这两条直线互相垂直，其中一条直线是另一条直线的垂线，这两条直线的交点是垂足。

2. 动手操作，进一步体验平行线与垂线的概念

让学生利用手中的工具画一组平行线，小组合作，展示交流，通过操作获得画平行线的方法。利用三角板的平移画平行线，其画法可以总结为"一落""二靠""三移""四画"。一落：三角板的一边落在已知直线；二靠：靠近三角板的另一边放上另一块三角板；三移：使第一块三角板沿着第二块三角板移动，使其经过原直线的一边经过已知点；四画：沿三角板过已知点的一边画出直线。这时所画直线就一定与已知直线平行。

（二）摆一摆、转一转，体验垂直是相交的特殊情况

利用两条相交的纸条，转动纸条，让学生观察，有什么发现？学生不难发现，这些纸条是绕着交点转动的；随着转动，角的大小要发生变化；当一个角转动成直角时，其他三个角也是直角。由此得出结论：当两条直线相交成直角时，我们就说这两条直线互相垂直，交点就是垂足，垂直是相交的特殊情况。再通过对照图形，直观理解一条直线垂直于另一条垂线时，就有另一条直线也垂直于这条直线的结论，这称为互相垂直。

（三）看一看、说一说，体验平行线与垂线在现实生活中的作用

出示各种图片，让学生感知生活中的平行线和垂线。如斑马线、电线杆、桌面、十字路口、黑板边框、课桌、五线谱、墙面，再让学生说说平行线和垂

线的运用。如建筑工人在建造房子时墙壁与地板必须垂直；一个长方形或正方形的纸盒，两个面必须互相垂直；人站立时与地面的角度也是互相垂直的；垂直过山车，有近 90° 垂直俯冲和冲浪体验；斑马线一般是由多条互相平行的白实线组成，好像斑马身上的线条，引导行人安全地过马路；篮球场中线，在边线的中点有一条平行于端线的线，称为中线。

五、教学实践片段

片段一：
游戏引入，观察比较，想象分类，初步认识平行。
①课件出示视频：撒小棒。
②学生活动。
过渡：到底藏着什么学问呢？上课之前，就让我们也来撒撒小棒。观看活动步骤视频，复述强调操作注意点。
学生活动并试画小棒图，教师巡视，照相收集学生画好的几种具有代表性的小棒图，标好序号贴在黑板上。
③观察比较、想象分类。
A. 引导：如果把这两根小棒画出的图形看作直线的话，他们在这张纸上画了几条直线？（板书：两条直线）
B. 思考：根据两条直线的位置关系，你想按照什么标准区分呢？学生交流分类标准。
C. 学生分组活动、讨论，形成统一分类意见。
D. 汇报分类情况。
片段二：
过直线上一点画这条直线的垂线：三角板上有一个角是直角，通常可以用三角尺来画垂线。
①先画一条直线。
②将三角板的一条直角边与这条直线重合，沿着另一条直角边画出的直线就是前一条直线的垂线（直角顶点是垂足）。
强调：让三角板的直角顶点落在给定的这点上，过直线外一点画这条直线

的垂线，画线前让三角尺的另一条直角边通过这个已知点。

强调：一般用左手持三角板，右手画线。当要求直线通过其一点时，要考虑笔画的粗细度，三角板的边与已知点之间可稍留一些空隙。

在画图过程中，通过多媒体屏幕，一步步给孩子展现画的方法和注意点，让孩子们直观地进行观察。

（此案例由胡静提供）

观察物体

一、教学内容分析

"视图与投影"是"图形与几何"领域的内容，《义务教育数学课程标准（2011 年版）》在第一学段的要求是"能辨认从正面、侧面、上面观察到的简单物体的形状"。在第二学段的要求是"能辨认从不同方位看到的物体的形状和相对位置"。

西师版教材关于观察物体的编排分为以下两个阶段：在二年级上册，能根据具体事物、照片或直观图辨认从不同角度观察到的简单物体；在五年级下册，从三个不同的方向观察同一个几何组合体，看到的形状不同，以及给出三个方向观察到的图形，让学生还原立体图形（思考题）。

人教版教材关于观察物体的编排分以下三个阶段：在二年级下册，学生从不同角度观察实物或单个的立体图形；在四年级下册，让学生体会从三个不同的方向观察同一个几何组合体，看到的形状不同；在五年级下册，根据一个面的形状拼搭立体图形，体会仅从一个方向观察，不能确定立体图形形状，需要给出三个方向观察到的图形，才能还原立体图形。

通过比较、分析两个版本的教材，我们发现：该内容是帮助学生沟通二维与三维的联系、发展空间观念的良好载体，通过观察、操作、想象等活动，学生的空间想象能力不断提升。

二、学生学情分析

本节课的教学对象是学习西师版教材的五年级学生，他们上一次系统观察物体的经验停留在二年级，且重在感性的观察，缺乏理性的思考。但是，五年级学生有较强的观察、操作、推理能力，通过有效的问题设计和有层次的操作活动，能迅速调动他们的学习能动性。

三、体验点

基于以上分析可以得出，"观察物体"这节课具有以下三个体验点：
①体验从正面、左面、上面观察同一立体图形，看到的形状可能不同。
②体验从三个方向观察才能确定立体图形的形状及位置。
③体验平面图形与立体图形的联系。

四、体验的途径和方法

（一）在观察的基础上交流感知，体验从正面、左面、上面观察同一立体图形，看到的形状可能不同

1. 在观察中体验从正面、左面、上面观察同一立体图形，看到的形状不同

老师给学生准备数个小正方体学具，并组织学生进行如下的探究活动。

首先是独立操作：先摆出 ，再分别从正面、左面、上面观察立体图形，把你看到的形状在方格纸上画一画（图4.37）。

从正面看　　　从左面看　　　从上面看

图4.37

其次是合作探究：

①组内交流从不同方向看到的形状，说一说你是怎么想的。

②通过交流可以发现：同一个立体图形，从三个方向观察，看到的图形_____。

学生通过独立操作并观察，发现：对于这个立体图形，从三个方向观察看到的平面图形是不一样的。

2. 在交流中体验不同的立体图形，从三个方向观察，看到的形状可能不同，也可能相同

对于所有的立体图形，从三个方向观察，看到的形状是不是都不一样呢？部分学生在组内的交流中，还没有得到确定的想法。因此，当学生汇报结论"同一个立体图形，从三个方向观察，看到的图形不相同"时，老师设问"他们认为不相同，有没有不一样的想法"，引导学生思考，并鼓励学生举例验证自己的猜想。学生在交流中举出了正方体这样的例子：从三个方向观察正方体，看到的形状相同。从而完善结论：从正面、左面、上面观察同一立体图形，看到的形状可能不同。

（二）在操作、比较中体验从三个方向观察才能确定立体图形的形状及位置

刚才的活动是"由体到形"，那接下来的活动则是"由形到体"的初步体验。"形""体"结合，促进学生空间观念的提升。

1. 层层递进，拼搭立体图形，体验限制条件增多，拼出的立体图形种类变少

老师引导学生用 4 个小正方体，根据要求完成三个层次的拼搭（表 4.3）。

表 4.3

用 4 个小正方体，拼搭立体图形	
拼搭一	从正面看：□□□ 我们组可以拼出（1 种 / 多种）（请打"√"）
拼搭二	从正面看：□□ 从左面看：□□ 我们组可以拼出（1 种 / 多种）（请打"√"）

续表

用 4 个小正方体，拼搭立体图形	
拼搭三	从正面看：
	从左面看：
	从上面看：
	我们组可以拼出（1 种 / 多种）（请打"√"）
从拼搭一到拼搭三，我们发现：拼出的种类＿＿＿＿＿＿＿＿＿＿＿＿＿＿＿＿＿＿＿，这是因为＿＿＿＿＿＿＿＿＿＿＿＿＿＿＿＿＿。	

学生通过操作发现：用 4 个小正方体进行"拼搭一"时，因为只有一个限制条件（从正面看：⬜⬜⬜），所以，可以拼出很多种情况，如：

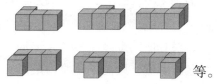

等。

而"拼搭二"增加了限制条件，拼出的种类减少，直到"拼搭三"，因为规定了三个方向看到的形状，所以只能拼出一种立体图形，如图：　。

2. 在比较中体验从三个方向观察立体图形，才能确定立体图形的形状及位置

学生在操作的基础上，已经对三个层次的拼搭有了一定的感知，比较拼搭条件和拼搭结果见表 4.4。

表 4.4

层次　　　　过程及结果	拼搭条件	拼搭结果
拼搭一	1 个方向	多种
拼搭二	2 个方向	多种
拼搭三	3 个方向	1 种

学生认识到：在正方体个数确定的情况下，明确三个方向看到的形状，才能正确还原立体图形的形状及位置。

（三）多种途径体验平面图形与立体图形的联系

1.借助多媒体辅助教学，动静结合，帮助学生沟通二维与三维之间的联系

学生上一次系统地观察物体是二年级，因此，课堂伊始，老师利用 3D 软件 SketchUp，出示画面。

老师提问"屏幕上可能是什么"引导学生猜想。再利用软件调整观察视角，通过观察，学生可以发现，屏幕上是三个小正方体组成的立体图形。

这样的演示可以帮助学生把平面图形和立体图形动态地结合起来，帮助学生沟通二维与三维之间的联系。

2.有层次地进行练习设计，促使学生灵活地进行平面图形与立体图形之间的转化

对于学生而言，通过观察立体图形来明确各个方向观察到的平面图形相对简单，而由平面图形还原立体图形，则是学生学习的难点。因此，本节课进行了有层次的练习设计，帮助学生灵活运用。

首先，老师出示三个方向看到的平面图形图片，引导学生根据三个方向的形状图，还原立方体（图 4.38）。

从正面看　　　从左面看　　　从上面看

图 4.38

学生利用手中的小正方体学具，独立操作，在拼搭、检查、调整的过程中，不断了解平面图形和立体图形之间的联系。

接着，老师出示如图 4.39 所示图形，要求学生不操作，闭眼想象，符合条件的立体图形，可能需要多少个小正方体。

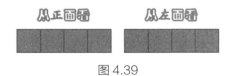

图 4.39

大部分学生均得出结论：最多需要 16 个小正方体；而最少的情况，学生从最初的 7 个，到最后的 4 个，实现了思维的飞跃。

五、教学实践片段

片段一：

摆一摆，画一画（从不同方向观察同一立体图形，看到的形状可能不同）。

老师出示实物教具（图 4.40）：

我们一起来看活动要求（切换 PPT）。

并出示活动要求：

独立操作：先摆出 ，再分别从正面、左面、上面观察立体图形，把你看到的形状在方格纸上画一画。

图 4.40

老师提示：

①为了交流方便，规定正面（人们将这一面作为大家的正面观察方向）。

②观察左面和上面时，同学们保持学具不动。有同学就在想，不动学具怎么观察呀？动自己，建议学生下位观察。

学生独立完成后，小组合作。

合作要求：

①小组内交流从不同方向看到的形状，说一说你是怎么想的。

②通过交流，我们发现：同一个立体图形，从三个方向观察，看到的图形_____。

学生展学后，老师导学（PPT）：通过观察，我们发现，从不同的方向观察同一个立体图形，看到的形状可能不同。

（学生说法可能不同，师：难道还有相同的情况吗？举个例子。学生说出，看到的形状不同，师：是一定不同吗？有没有相同的情况？）

片段二：

摆一摆，说一说（体会从三个方向观察才能确定立体图形的形状及位置。）

师：接下来，我们换个花样玩，看是否有新的发现。

怎么玩呢？一起来看大屏幕（表 4.5）！

表 4.5

用 4 个小正方体，拼搭立体图形	
拼搭一	从正面看：▢▢▢ 我们组可以拼出（1 种 / 多种）（请打"√"）_____
拼搭二	从正面看：▢▢▢ 从左面看：▢▢ 我们组可以拼出（1 种 / 多种）（请打"√"）_____
拼搭三	从正面看：▢▢▢ 从左面看：▢▢ 从上面看：▢▢▢／▢ 我们组可以拼出（1 种 / 多种）（请打"√"）_____
从拼搭一到拼搭三，我们发现：拼出的种类_____， 这是因为_____。	

PPT 出示学习要求：

①小组合作，用 4 个小正方体，拼搭立体图形。

②思考：通过拼搭活动，拼出的种类发生了什么变化？变化的原因是什么？

学生小组合作，老师巡视。

展学时，师强调："拼搭一"和"拼搭二"，都拼出了多种立体图形，而"拼搭三"只拼出了一种立体图形。

原因是什么？

预设：

生：因为条件变多了。

师：大家所说的条件，就是观察的方向，也就是说，只观察一个或两个方向，不能确定立体图形的形状和位置。

要想拼出唯一的立体图形，必须从（　　　　）个方向观察。

师板书：三个方向，确定立体图形。

（此案例由骆雯提供）

圆的认识

一、教学内容分析

"圆的认识"是西师版教材六年级上册第二单元第 1 课时的内容,该内容在其他版本教材中也主要编排在五年级下册或六年级上册,它是小学阶段"图形与几何"部分的重要内容之一。《义务教育数学课程标准(2011 年版)》指出:"要创设与学生生活环境、知识背景密切相关的,又是学生感兴趣的学习情境,让学生在观察、猜测、交流、反思等活动中逐步体会数学知识的产生、形成与发展的过程,获得积极的情感体验,感受数学的力量。"从课程标准的这些论述中,可以窥见其对"圆的认识"这部分课程内容的要求是:联系学生生活经验,引导通过观察、操作和探究等活动认识圆,了解圆的特征,会用圆规画圆,进一步发展空间观念。

从"图形与几何"部分的教材体系来看,圆是小学阶段最后认识的一种常见平面图形,与长方形、正方形、平行四边形等平面图形既有联系,也有区别,是对平面图形认知的进一步拓展延伸。同时也为学生进一步学习圆的周长和面积,以及圆柱、圆锥等知识奠定基础。对比几个不同版本教材中"圆的认识"一课的编排,发现基本都是先借助实物揭示圆,让学生感受圆与生活的密切联系,再引导学生画圆,初步感知圆的特征,掌握圆规画圆的方法。在此基础上引导学生认识圆的相关概念,掌握圆的基本特征。教科书特别重视学生的操作探究活动,同时丰富学生的认知体验,进一步拓展空间概念。

二、学情分析

在前面的学习中,学生已经对几种常见直线型平面图形的相关知识有了比较系统深刻的认知,对圆也有了初步的认识,为本课乃至本单元的学习奠定了一定的知识基础。同时,五、六年级的学生已经具备了一定的观察分析和归纳总结能力,同时也具备了一定的平面图形的认知经验,能够通过操作和探究交流等活动分析归纳并总结出圆的特征。然而由于圆是平面曲线图形,学生虽有画圆的经历却可能很少使用圆规规范画圆,因而对与圆密切相关的圆心、半径、直径等概念的建立和理解有一定困难。

三、体验点

基于以上分析可以得出，"圆的认识"这节课非常重要的一个目标就是通过学生的操作体验和探究来认识圆，理解圆的相关概念，了解掌握圆的特征。因此，本堂课有以下两个体验点：

①通过多种方式画圆，体验画圆方式的多样性，以及圆规画圆的规范性、优越性，感知圆的特征。

②通过多种实践操作活动，体验"一中同长"，认识圆的相关概念，理解圆的特征。

四、体验的途径和方法

（一）实践操作中体验画圆方式的多样性和圆规画圆的规范性、优越性

圆是生活中常见的一种平面曲线图形。学生要深入认识圆，理解圆的特征，必须先从具体情境中抽象出圆，然后去观察欣赏圆，感知圆与直线型平面图形的区别，以及体验圆的几何美。最后通过设置"创造圆"的活动操作，去体会画圆方式的多样性，以及用圆规画圆的规范性和优越性，从而感知圆的特征。

①通过观察搜集，找到圆。课前让学生留意生活中哪些地方有圆，并拍照或记录进行搜集，课堂中引导学生进行交流展示，从而让学生充分地联系生活实际初步感知圆。

②通过媒体展示，欣赏圆。学生在搜集生活中的圆的同时，老师也提前通过拍照或网络搜索等方式，收集更精美、震撼的圆形景物的图片，既包括生活实际中的圆形建筑，也包括自然中的水圈和太阳光环等，并制作成精美的PPT进行展示，让学生在欣赏的过程中，体验圆形景物所传递的自然美和震撼美。

③通过对比思考，感知圆。通过创设"猜猜看是什么图形"的游戏活动，让学生在对比观察和思考中，感知圆与其他所学平面图形的不同，从而体验圆

作为平面曲线图形的独特性。

④通过操作探究，认识圆。通过创设"创造圆"的操作活动，让学生先自主尝试用身边的不同物体或工具在白纸上画圆，并进行交流展示，再引导学生学会用圆规准确规范地画好圆。学生在这个"创造圆"的操作活动中既能体验用多种方式方法画圆的乐趣，又能体验圆规画圆的科学性、规范性，同时通过引导思考，还能初步感知点和定长这一圆的本质特点。

（二）游戏活动中体验"一中同长"，认识圆的相关概念，理解圆的特征

1.设置游戏，在观察、对比活动中体验圆"一中同长"的特征

在初步感知了圆的特征后，老师设置了一个"套圈"的游戏活动，让学生先站成直线从不同位置套圈，学生很快体会到游戏的不公平。然后让学生提出更合理的游戏规则，自然地将游戏进一步改为学生围成圆站立进行套圈活动。老师适时引导学生思考："为什么站成圆圈更公平呢？"从而让学生在对比思考中体验圆"一中同长"的特征。

2.利用学具，在测量、验证等活动中认识圆的相关概念，理解圆的特征

体验式学习的关键是把知识的学习转化为对数学问题的探究，问题在探究学习中是重要的载体，它既是思维的起点，又是思维的动力。而学生的实践操作则是问题探究和体验的重要途径。在"圆的认识"这节课中，问题贯穿始终。在引导学生探究半径直径的特点时，先抛出如下问题：

①在同一个圆里，可以画多少条半径？所有半径的长度都相等吗？

②在同一个圆里，可以画多少条直径？所有直径的长度都相等吗？

③同一个圆的直径和半径有什么关系？

④圆是轴对称图形吗？它有几条对称轴？让学生独立思考，小组合作围绕这些问题进行量一量、折一折等操作活动，去探究和体验圆的特征，深入认识圆、理解圆的特征。最后为了深入理解圆"一中同长"的特征及其应用时，提出数学问题：为什么车轮要做成圆的？启发引导学生对现实中这一看似普通又普遍的数学问题进行深入探讨，鼓励学生结合圆的特征进行合理解释，从而加深巩固学生对圆的认识。

五、教学实践片段

片段一：

师：你能创造出一个圆吗？（能）

师：下面就请同学们发挥你的奇思妙想，利用身边的工具或物体，小组合作去创造圆，看哪个小组的方法最多？

学生进行小组合作，分工创造圆。

师：老师发现每个小组都有各自精彩的创造，哪个小组上来展示一下？（投影展示）

学生独立操作后，汇报：

生1：利用硬币或其他圆形轮廓描圆。

师：这个同学很善于用身边的物体来创造圆。

生2：利用图钉和线画圆。

师：这位同学真有创意。

生3：用圆规画圆。

师：这个同学能借助画圆工具来创造圆，真棒！

生4：用圆形物体用力在纸上压印圆（印章）。

生5：线一头系上重物旋转形成圆、手电筒……

师：同学们能用多种方法合作创造出圆，真棒！我们把掌声送给他们！

……

片段二：

师：谁再来说说，什么是圆的半径和直径?

师：同学们，我们通过观察、操作发现了很多圆的知识，圆还有很多奥秘。下面就请大家结合刚才的学习猜想以下问题（多媒体出示）：

①在同一个圆里，可以画多少条半径? 所有半径的长度都相等吗?

②在同一个圆里，可以画多少条直径? 所有直径的长度都相等吗?

③同一个圆的直径和半径有什么关系?

④圆是轴对称图形吗? 它有几条对称轴?

师：想一想，猜一猜。

指生汇报。

师：同意他的观点吗？

师：咱们的猜想对不对呢？现在就请你拿出圆形纸片，用喜欢的方法来验证你的猜想吧！

生展示汇报：

生 1：我是用折一折的方法，发现圆可以从各个方向进行对折，所以圆有无数条直径和半径（你讲得真清楚）。

生 2：我们通过量一量，发现同一个圆中各条半径确实都是一样的，直径也相等（实践出真知，真棒！）。

生 3：我补充 ××× 同学的观点，也是通过折一折的方法，还发现圆对折后两边可以完全重合，所以我认为圆是轴对称图形，而且还发现折痕就是圆的直径。

……

师：同学们真不简单！人人都成了小数学家。

师：老师用了画一画，比一比的方法验证的。请看：（播放课件）

（此案例由吴意提供）

平行四边形面积

一、教学内容分析

"平行四边形面积"是西师版教材五年级上册第五单元"多边形面积的计算"第 1 课时的内容。《义务教育数学课程标准（2011 年版）》指出："应当注重学生对所学知识的理解，揭示知识的数学实质及其体现的数学思想，帮助学生理清相关知识之间的区别与联系，体会数学知识之间的关联"。由此可见"平行四边形面积"一课在小学几何部分知识的学习中具有非常重要的作用，是第一次将转化思想运用于几何知识的学习，对后面进一步学习三角形面积、梯形面积、组合图形面积，圆的面积和立体图形表面积公式具有重要铺垫意义，而且在日常生活中对解决实际问题也有着重要作用。

各个版本的教材都遵循学生的认知特征，在学习了长方形、正方形后安排平行四边形的学习，且都将平行四边形面积的学习放在多边形图形面积的第一课，凸显其重要性。并且各版本的教材都在课本中详细呈现了用转化方法将平行四边形转化为长方形的过程，旨在让学生完整地经历探索平行四边形面积计算公式的推导过程。由此可见，学生体验用转化的数学思想推导平行四边形面积公式过程的必要性。

二、学生学情分析

学生在前面的学习中已经掌握并能灵活运用长方形面积公式，理解了平行四边形的特征，对平移也有了一定的了解，为本节课的学习奠定了坚实的知识基础。五年级的学生已具备了一定的分析归纳、逻辑推理、语言表达能力，能够通过操作呈现转化的过程，找到前后图形之间的联系，推导出公式，但完整清晰叙述这一过程对学生来说有一定的难度。部分学生在生活中已经积累了一些平行四边形相关知识，也对平行四边形的面积公式有所了解，但是他们仅仅停留在机械记忆及运用的阶段，并不知道公式的由来以及它所蕴含的数学思想，同时学生没有经历完整的转化过程，对公式的理解也不够深入。

三、体验点

基于以上分析，针对重难点和常见问题，本节课有以下三个体验点：
①体验转化发生的必要性。
②体验推导转化前后图形各部分关系的过程，感受"形变大小不变"。
③体验运用转化思想形成数学方法策略的过程。

四、体验途径和方法

（一）设置情景，联系旧知识，在操作中体验转化发生的必要性

设置比较平行四边形和长方形的水稻田大小的问题情景（这两块田地面积

相等但形状不同），如图 4.41 所示在分析
的过程中，先复习旧知识长方形面积的计算
方法，同时提出问题"平行四边形的面积怎
么计算？"引导学生思考。学生结合以前的
知识经验，会想到数格子的方法。实际操作
后，引导学生体会数格子的方法数出平行四
边形的面积不方便，具有局限性。同时老师
提出"在数格子中有什么发现？"学生发现

图 4.41

平行四边形与长方形面积相等，长方形的长与平行四边形的底相等，及长方形
的宽与平行四边形的高相等。这是巧合还是平行四边形与长方形真有某种联系
呢？要研究这个问题就只能运用转化的思想，由此体现了转化的必要性。

（二）利用学具，动手操作，体验转化的数学思想

1. 在操作中体验平行四边形转化过程

教学过程中，老师提出"能不能运用转
化的数学思想，把平行四边形转化成我们学
过的图形呢"，给学生一个研究的方向，让
学生将思路延伸显化，如图 4.42 所示。此时
学生的思路和想法只是一个模糊的轮廓，要
让学生清晰地捕捉到这一瞬间的灵感还得通
过充分的动手操作、手脑结合。老师课前布
置学生准备好两个完全相同的平行四边形、

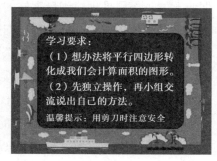

图 4.42

剪刀、直尺，上课时教师出示活动要求，让学生独立操作，通过剪一剪、拼一拼，
将平行四边形的纸片转化成长方形纸片，让每个学生都有机会展现思维的闪光
点。学生反馈时，老师会惊喜地发现孩子通过"剪开—平移—拼"能发现多种
平行四边形转化为长方形的方法。

2. 在对比中体验，发现多种方法的共性，体会转化发生的本质

学生反馈以后老师抓住两种剪高拼接的方法，让学生比较"观察对比这两

种方法，它们有什么共同点"；当学生发现他们都是延高剪下一部分再拼接后，老师再次提出"为什么要沿着高剪"，让学生找到转化的关键点是只有沿高剪开，才能形成四个直角，再经过平移就能拼接成长方形。最后追问"是不是其他的平行四边形都能通过剪拼转化成长方形呢"，让学生发现平行四边形与长方形的转化并不是特殊个例，而是普遍规律，如图 4.43 所示。

（三）对比观察，找到转化前后图形各部分之间的关系

①在观察中体验，厘清转化前后图形的关联。

学生通过操作体验将平行四边形成功转化成了长方形。老师提出"仔细观察拼成的长方形和原来的平行四边形，它们有什么关系呢？"，这个问题将学生从图形转化的表象引导到深入思考"变与不变"的核心问题：什么变了？什么没变？通过对比观察，学生发现转化前后图形面积没变，而形状变了。面积不变是因为转化前后图形所占的单位正方形个数没变；而形状变了，导致平行四边形的底和高发生了变化。为什么底和高变了，面积却不变呢？这样的追问促使学生一层层推理找到最本质的核心知识。

②在交流中体验，描述平行四边形面积公式推导过程。

学生在体验平行四边形面积公式的推导过程中，完整经历了转化图形、寻找关系、推导公式的学习过程。接着，老师及时引导学生将整个过程完整地用数学语言描述，即"拼成的长方形的长相当于原来平行四边形的底，拼成的长方形的宽相当于原来平行四边形的高，长方形的面积 = 长 × 宽，所以平行四边形的面积 = 底 × 高"，将知识与方法内化，为后面学习做准备，如图 4.44 所示。

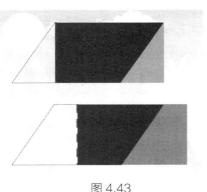

图 4.43 图 4.44

五、教学实践片段

片段一：

师：同学们动动脑筋，想想你准备怎么去研究平行四边形的面积呢？

生：可以转化成长方形、正方形。

师：那我们一起来研究一下？（PPT 出示要求）

学习要求：

①把平行四边形转化成我们会计算面积的图形。

②先独立思考，再小组交流自己的方法。

提醒：用剪刀时注意安全。

师：从信封里拿出平行四边形，拿出自己准备的剪刀和直尺，开始活动。

……

师：哪一组来汇报？（学生汇报时，老师注意纠正学生数学语言，剪开—平移—拼）

生 1：把平行四边形沿高剪开，然后平移拼成长方形，拼成的长方形面积等于原来平行四边形的面积。

生 2：沿中间的高剪开成两个梯形……

师：我们把这位同学的方法用 PPT 演示一下。

师：观察对比两种方法，它们有什么共同点？

生：都是沿高剪开，都经过"剪—平移—拼"的过程。

师：为什么要沿着高剪？

师：你很敏锐、善于思考，抓住了图形间的联系。只有沿高剪开，才能形成四个直角，经过平移都能拼成长方形。

师：是不是其他的平行四边形都能通过剪拼转化成长方形呢？

生：是，所有的平行四边形都有高，只要沿着高剪开都能形成四个直角，所以都能拼成长方形。

师：刚才我们把没学过的求平行四边形的面积转化成学过的求长方形的面积，实现了图形的转化。

片段二：

师：大家仔细观察拼成的长方形和原来的平行四边形，它们有什么关系呢？

生：它们的面积没变。

师：同学们很棒，发现了转化前后面积没变，但是如果你们能找到原来平行四边形和转化后的长方形的关系，并且推导出求平行四边形面积的计算公式，那就更棒了。

生：拼成的长方形的长相当于原来平行四边形的底，拼成的长方形的宽相当于原来平行四边形的高。

师：我觉得这位同学最棒的是不仅发现了面积没变，还找到了转化前后两个图形间的关系，你们能像她那样找到这个关系，并推导出求平行四边形面积的计算公式吗？

师：小组交流讨论一下这两个问题（图4.45）。

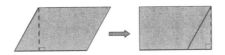

小组讨论：
（1）拼成的长方形与平行四边形有什么关系？
（提示：拼成的长方形的长和宽与原来平行四边形的底和高有什么关系）
（2）能根据这些关系，推导出求平行四边形的面积的方法吗？

图4.45

生：拼成的长方形的长相当于原来平行四边形的底，拼成的长方形的宽相当于原来平行四边形的高，长方形的面积 = 长 × 宽，所以平行四边形的面积 = 底 × 高。

PPT演示各部分间的相等关系（学生说时同步演示）。

师：请同学们闭上眼睛，跟着老师的描述，在大脑里想象一下这个推理过程。

生：把平行四边形转化为长方形，平行四边形的底变成了长方形的长，平行四边形的高变成了长方形的宽。因为长方形的面积 = 长 × 宽，所以平行四边形的面积 = 底 × 高。

（此案例由沈妮提供）

长方体和正方体的认识

一、教学内容分析

"长方体和正方体的认识"是西师版教材五年级下册的内容，是学生对长方体和正方体的"再"认识，是学生深入认识立体图形的第一个单元。"长方体和正方体的认识"是第二学段"图形的认识"中的重要内容，是学生深入认识立体图形特征的种子课。《义务教育数学新课程标准（2011 年版）》对认识立体图形的具体要求是："通过观察操作，探索一些图形的形状、大小和位置关系，了解一些几何体的基本特征，初步形成空间观念。"

对比人教版、北师大版、西师版三个版本的教材，对长方体、正方体的认识编排存在如下共性：都分成两个阶段认识，即一年级上册初步认识、直观感知，学会直观辨认；五年级下册"再"认识，重点是理性分析、刻画特征，能根据特征来判断，能通过图形框架或模型想象图形原来的样子，是培养学生空间观念的重要载体。

二、学情分析

一年级的学生已经初步认识了一些简单的几何体，能够对长方体、正方体、圆柱和球进行正确的分类和识别，并能够用比较简洁的语言表述这些几何体的特征，但还不能全面建立点、面、棱各特征之间的联系。学生在小学中段分别学习了一些常见的平面几何图形，并能够对这些平面图形的特征进行描述，这为学生描述立体图形的特征打下了基础。

三、体验点

本节课主要有以下三个体验点：
①观察操作，认识长方体的特征，建立图形表象。
②推理想象，认识长方体的长、宽、高。
③对比交流，建立长方体与正方体的联系。

四、体验的途径和方法

（一）观察与操作相结合，探究长方体的特征及其关系，形成表象

首先，老师运用多媒体辅助教学，出示大量包含长方体、正方体实物的生活情景图片，让学生在观察感知各种实物的基础上，抽象出长方体、正方体；其次，学生结合长方体学具，通过摸一摸、数一数、量一量等活动，探究长方体各部分的特征；最后，在全班交流的过程中，引导学生明确点、面、棱的个数，发现相对的面形状完全相同、相对的棱长度相等，并形成表格或思维导图，帮助学生建立长方体的表象，发展学生的空间观念。

（二）推理后再想象，建构长方体的长、宽、高与图形的关系

立体图形的学习，重点在于发展学生的几何直观这一数学核心素养。首先，引导学生通过推理"长方体的哪些棱去掉后，不会改变长方体的形状和大小？"促进学生的深度学习，体会长方形的大小主要是由相交于一点的三条棱决定的，从而认识长方体的长、宽、高。接着通过几何画板的演示，引导学生感受长、宽、高的变化导致长方体的形状改变，体会长、宽、高的作用。最后，通过学生闭眼想象"根据长方体的一组长、宽、高想象出长方体的样子"，将长方体"印"在学生的脑海里，发展学生的空间观念。

（三）对比后交流，体验长方体与正方体的联系

正方体作为特殊的长方体，学生对于正方体特点的探究，不再是常规的动手探究，而是通过对比观察长方体和正方体，独立思考"它们有什么相同点和不同点？"让学生在迁移类比中，发现正方体的特征，以及长方体与正方体之间的联系，培养学生的推理意识和逻辑思维能力。

五、教学实践片段

片段一：

师：认识了长方体和正方体的面、棱、顶点，下面就来研究它们的特征，（PPT 出示活动要求）请一位同学读一读活动要求。

独立观察：数一数长方体的顶点、棱、面各有几个？

师：清楚要求了吗？现在开始数一数。（学生独立数）

师：数好了吗？下面就请小组讨论：

①把你数的结果在小组内说一说，怎样数不容易出错？

②长方体的面和棱有什么特点？将小组的发现填在表 4.6 中。

表 4.6

形 体	数 量			特 点		
	顶 点	棱	面	哪些棱长度相等	每个面是什么形状	哪些面完全相同
长方体						
正方体						

小组汇报展示：

抽两个小组分别汇报顶点、棱的数量以及特点。汇报中教师注意引导学生质疑互动。

教师提醒注意事项：

数长方体，正方体面、棱、顶点的个数时，怎样数不会出错？（数面时运用上面、下面、左面、右面、前面、后面来描述）

师：加上"左右""前后""上下"这样的方位词来描述面的位置，让我们更加清晰地看出 6 个面是怎么数出来的。真棒！我们按照他的方法来数一数。

片段二：

师：在这个长方体中，如果有一条棱没有画，你还能想象出原来的样子吗？如果有两条棱没有画，你还能想象出原来的样子吗？如果有 3 条棱没有画呢？（课件演示依次隐去 1 条棱、2 条棱、3 条棱……一直到只剩下一条长、一条宽、一条高）如果继续减少你们还能想象吗？

生：不能了。

师：也就是说，只要画出几条棱就能想象出它原来的样子？

生：3 条。

师：怎样的 3 条？

生：相交于一个顶点的 3 条棱。

师：那么相交于一个顶点的 3 条棱的长度分别叫什么呢？

自学教材 38 页，"认一认"，把你认为关键的语句勾下来。

学生汇报

师：一般情况下，我们把底面上较长的棱叫作长，较短的棱叫作长方体的宽，垂直于底面的棱叫作长方体的高。

师小结：只要知道一组长、宽、高，我们就能确定一个长方体（PPT 出示一组长、宽、高，慢慢演变成一个长方体）。

师：观察长方体，它有几条长、几条宽、几条高？

师：正方体有长、宽、高吗？它的长、宽、高有什么特点呢？

生：长度都相同。

师：所以都统称为棱。

（此案例由谌梅提供）

长方体、正方体的表面积

一、教学内容分析

在《义务教育数学课程标准（2011 年版）》中提出："通过观察、操作，认识长方体、正方体，认识长方体、正方体的展开图"，"结合具体情境，探索并掌握长方体、正方体的表面积的计算方法"。对比各版本教材，关于表面积的认识，各教材加强了独立探索、动手操作，便于学生更好地建立表面积的概念。

本课是西师版教材五年级下册第三单元第二小节的内容。该内容是对长方体和正方体特征的进一步认识，也是学生空间想象能力和空间观念的一次质的飞跃。长方体和正方体既是最基本的立体几何图形，是进一步学习其他立体几何图形的重要基础。学生通过探索长方体和正方体特征及计算方法的过程，体会数学思想方法与解决问题的策略。教材提供了长方体的展开图，帮助学生理解表面积的含义，并让学生体会平面与立体的转化与对应，发展学生的空间观念。当学生知道了长方体、正方体表面积的概念之后，就能借助观察和已有的表象，独立探索出计算长方体、正方体表面积的方法。本课的重点是理解长方体和正方体表面积的意义。在学生已有的认知基础上，通过把长方体盒子展开成一个平面图形，让学生形成表面积的直接表象，理解表面积的意义，同时让学生经历立体图形到平面图形的转化过程，发展学生的空间观念。

二、学情分析

学生已经在一年级初步认识了一些简单的几何体，能够对长方体、正方体进行正确地分类和识别。在三、四年级和五年级上册分别学习了一些常见平面几何图形的特征以及周长与面积的计算，并能解决一些简单的实际问题。在本单元前面课时的学习中，学生已认识并掌握了长方体和正方体的基本特征。学习这部分内容，可以加深学生对长方体和正方体特征的理解，并且能够利用所学的知识解决一些有关的实际问题。同时，还可以发展学生的空间观念和想象能力，是进一步学习其他立体几何图形的基础。

小学五年级学生的思维能力主要是由直观形象到逻辑思维的过渡阶段。他们有一定的空间观念和动手能力，对长方体和正方体也已经有了一些初步的认识，并且掌握了它们的基本特征。要想理解长方体和正方体表面积的计算方法，必须理解每个面的长和宽各是多少。学生往往因不能根据给出的长方体的长、宽、高想象出每个面的长和宽各是多少，以致在计算中出现错误。为此，教学中加强了让学生动手操作，通过对长方体实物的观察指出长方体的长、宽、高，闭上眼睛想象前面、上面、右面，同时用手势比画怎样求，从而突破难点。

三、体验点

教学"长方体、正方体的表面积"，应注意选取符合儿童年龄特征和经验背景的活动，按由近及远、由浅入深、由具体到抽象、由简单到复杂的教学过程。本节课主要有以下三个体验点：

①通过多种活动体验，理解表面积的意义。

②在自主探索中，体验长方体、正方体的表面积计算方法的推导过程。

③在具体情境中，体验长方体、正方体的表面积计算的生活应用。

四、体验的途径和方法

（一）多感官体验，建构表面积的概念

①观察体验。教学伊始，让学生拿出准备好的长方体、正方体，说一说它们的特征。再用手按前、后，上、下，左、右的顺序摸一摸长方体的 6 个面，指一指它的长、宽、高，并分别指出和长、宽、高相等的棱。

②操作体验。让每个学生拿一个长方体和正方体纸盒，把纸盒沿着棱剪开（纸盒粘连处多余的部分要剪掉，不能把每个面分离开，如果剪坏了就用胶带粘上）再展开。展开后，思考：你有什么发现。学生会发现，由原来的立体图形变成了平面图形，长方体的每一个面都是长方形，正方体的外表面展开后是由 6 个正方形组成的。

③想象体验。让学生闭眼想象，长方体未展前是什么样，展开后，原来的"上面""下面""前面""后面""左面""右面"分别对应在展开后的哪一个长方形上。然后，分别把它们标注出来。这样学生就容易把展开后每个面与展开前这个面的位置联系起来，更清楚地看出长方体相对的面的面积相等，相对的面在展开图中的位置关系是不能相邻的。再让学生在每个面上找到原来长方体的长、宽、高，发现每个面的长和宽与长方体的长、宽、高之间的关系，为下面学习计算长方体的表面积做好准备。然后概括出表面积的含义：长方体或者正方体六个面的面积和，称为它的表面积。通过这样的一个过程，学生很好地建立了长方体的空间观念，表面积的概念清楚，就能够比较容易地理解和掌握计算表面积的方法。

（二）多活动体验，探索长方体、正方体的表面积计算方法

①操作体验。"既然长方体六个面的总面积称为它的表面积，那么怎样求长方体的表面积呢？"让学生拿出长方体展开图，先想一想，再量一量，最后算一算这个长方体的表面积是多少？先独立完成，有困难的同学，小组内互帮互助。

②交流体验。学生独立完成后，再在小组内交流，小组内达成共识，概括出长方体表面积的计算方法，再请小组向全班汇报讨论的结果。经过交流，学

生可能会出现四种情况：

A. 一个面一个面的面积依次相加。

B. 两个面两个面的一对对相加。

C. 先求出三个面的面积的和再乘以 2。

D. 把侧面的四个面展开看成一个长方形求面积，再加上上、下两个面的面积。

学生通过对比观察，理解并找出相对便捷的计算方法，并概括出计算公式。

③迁移类推。由于计算正方体的表面积是在计算长方体表面积的基础上进行教学的，所以老师提问：长方体的表面积我们会计算了，那么正方体的表面积应该怎样计算呢？让学生通过迁移类推自己去发现、类推出正方体表面积的计算方法。这不仅培养了学生的逻辑思维能力，而且培养了学生的再创造能力。

（三）情境中体验，感受生活中的长方体表面积的变化

在最基本的练习完成后，我们可以设计一道练习题：首先，制作一个长方体牙膏盒（特殊的长方体）需要多少纸板？为学生提前准备这样一个长方体，通过量一量发现长方体药盒的宽和高是相等的，是一个特殊的长方体。其次，探索这样一个特殊的长方体的表面积计算方法。再次，让学生在生活具体情境中，根据要求说出解答方法：

①制作一个长方体的鱼缸需要用多少玻璃？

②求粉刷教室墙壁的面积。

③制作长方体通风管道要用多少铁皮？

④游泳池贴砖要贴哪些部分？

⑤火柴盒的用料。

最后，学生从数学回到生活实际，从理解知识到具体应用，解决了实际问题。做到面对不同的形体能具体问题具体分析，灵活应用长方体表面积的意义和计算方法解题，使学生在研究、讨论、探索的过程中发展能力。体会生活中的长方体表面积是变化的，只有活学活用才能真正解决生活中的实际问题，从而体会到生活中处处有数学。

五、教学实践片段

片段一：

师：今天这节课，我们来研究什么是长方体、正方体的表面积（老师利用教具出示长方体）。请同学们仔细观察：沿着棱剪开（纸盒黏接处多余的部分要剪掉），再展开，你发现了什么？（学生活动）

生 1：我发现原来的立体图形变成了平面图形。

生 2：我发现长方体展开后是由 6 个长方形组成的。

师：同学们观察得很仔细！（再出示正方体）按同样的方法剪开，再展开，你又发现了什么？

生 1：我发现正方体展开后也变成了平面图形。

生 2：我发现正方体展开后是由 6 个正方形组成的。

师：说得真好！请大家看看展开后的形状，闭上眼睛想一想，展开后的每一个长方形对应的是原来长方体的哪一个面？（学生闭眼想象）

片段二：

师：既然长方体六个面的总面积称为其表面积，那么怎样求长方体的表面积呢？请大家拿出长方体纸盒，先想一想，再量一量，最后算一算这个长方体的表面积是多少？先独立完成，有困难的可以在小组内合作完成。

（学生独立完成后，在小组内交流，小组内达成共识，概括出长方体表面积的计算方法，再请小组向全班汇报讨论的结果。）

组 1：我们组列式是：$7×5+7×5+7×3+7×3+5×3+5×3$，分别求出长方体上、下、前、后、左、右 6 个面的面积，再把它们的积加起来就是它们的表面积。

……

组 2：我们组制作的长方体纸盒和他们的不一样，因为左右两个面是正方形，所以我的列式是：$7×5×4+5×5×2$，我用 $7×5×4$ 求的是上下、前后四个面的面积和；用 $5×5×2$ 求的是左右两个面的面积和，把两次乘得的结果加起来就是长方体的表面积。

师：你们的方法很正确！你们组制作的长方体纸盒是一个特殊的长方体，

能具体问题具体分析，找到简捷的计算方法，很值得大家学习。

师：长方体的表面积我们会计算了，那么正方体的表面积应该怎样计算？

生 1：正方体的六个面都是正方形，面积相等，所以正方体的表面积等于棱长 × 棱长 ×6。

师：你们真是善于思考的孩子，学会了用迁移、类推的方法来解决新问题，真了不起！

（此案例由朱莉提供）

圆柱的表面积

一、教学内容分析

"圆柱的表面积"是"图形与几何"领域中最后一个单元"圆柱和圆锥"的一个内容，也是最后一个关于面积计算的知识点。本节内容是在学生学习了长方体与正方体的表面积后，并充分理解了立体图形表面积含义的基础上展开教学的。

对比不同版本的教材编排，该内容都重点突出圆柱侧面展开图的探索过程，以及侧面展开图的长、宽与圆柱有关量之间的关系，强调学生结合具体生活实践灵活运用圆柱的表面积知识解决问题。

二、学情分析

在学习这个内容之前，学生已经认识了长方体、正方体和圆柱等立体图形，也了解了长方形、正方形、圆等平面图形的特点，并会运用公式进行这些平面图形的面积计算。学生能理解圆柱表面积的含义，但由于其空间想象力不够丰富，不能很好地将圆柱侧面展开图与圆柱的各部分联系起来，因此在计算圆柱表面积的过程中存在困难或错误。

三、体验点

本节课主要有以下两个体验点：

①体验圆柱侧面"化曲为直"的转化过程，明确圆柱侧面展开图与圆柱各部分之间的联系。

②体验圆柱表面积公式的推导过程。

四、体验的途径和方法

（一）操作体验——圆柱侧面"化曲为直"的转化过程

学生以前学的面都是"平面"，包括长方体和正方体，它们的每个面也是平面图形。但是这次我们所学的圆柱，它的侧面则是"曲面"，曲面的面积怎么算，是本课教学的难点。我们将通过操作体验，帮助学生分解难点。

首先，剪一剪，感知"化曲为直"。根据教科书上的提示，我让学生将易拉罐商标剪一剪，探究刚才的曲面图形展开后是什么形状，让其感知"化曲为直"。

其次，指一指，明确圆柱侧面展开图与圆柱各部分之间的联系。学生独立思考"圆柱侧面展开后，所得的图形与原来的圆柱有什么关系？"再通过全班交流，发现：沿高剪，展开后长方形的长就是圆柱底面圆的周长，宽是圆柱的高。

最后，通过剪一剪、指一指的操作体验，学生体会到转化思想在数学学习中的奥秘以及"化曲为直"的魅力。在操作的过程中实现了新旧知识的转化，突破了教学的难点。

（二）类比、交流——体验圆柱表面积公式的推导过程，促进思维的发展

在教学过程中，不仅要重视公式的记忆与应用，也要重视公式的推导，让学生亲身经历公式的探究过程。因此，老师提出两个核心问题：

①能通过圆柱的侧面展开图与长方形的关系推导出圆柱的侧面积吗？

②如何计算圆柱的表面积？

学生类比长方体、正方体的表面积，将圆柱的表面积分为底面积和侧面积

两部分，并联系旧知识对公式进行推导。在交流中，通过语言表达促进思维的发展。同时，老师引导学生熟练运用符号记录公式，发展学生的符号意识。

（三）变式练习——加强对公式的理解，体验公式的灵活应用

数学学习必须通过解决问题去巩固和理解知识。因此，老师为学生提供了丰富的情境，如无盖的水桶、烟囱的制作等，促进学生在不同的情境中，结合生活实际灵活运用数学知识解决问题。这样设计，既能使学生获得对表面积计算方法的深刻理解，也丰富了学生解决问题的策略。同时，计算圆柱的表面积，改变或隐藏已知信息的呈现方式，让学生在众多条件中挑选出自己需要的，既增加了学习活动的挑战性，又锻炼了思维的灵活性。

五、教学片段

片段一：

师（手拿圆柱学具）：请同学们观察老师手中的圆柱，思考这样两个问题。（课件出示：①圆柱的表面积由哪几部分组成？②计算圆柱的表面积，你遇到了什么困难，怎么解决呢？）

（学生独立思考后，抽学生口答。）

生：我认为圆柱的表面积就是把圆柱的两个底面和侧面的面积加起来。

生：我也同意他的想法。不过，侧面是弯的，不好算。

师：那怎么办呢？

生：可以把它剪开，铺平，变成平面图形。

师：大家都是这样想的吗？

生：是！

师：我们一起来探究一下。

出示学习要求：取出学具（圆柱模型、剪刀），小组合作完成。

①剪一剪：把圆柱的侧面剪开。

②指一指：圆柱侧面展开后，所得的图形与原来的圆柱有什么关系？

学生活动，老师收集资料。

片段二：

师：既然圆柱的侧面已经转化为学过的图形，那侧面面积的计算应该难不倒大家，请继续看学习要求。

独立思考：

①能通过圆柱的侧面展开图与长方形的关系，推导出圆柱侧面积吗？

②如何计算圆柱的表面积？

师：你可以把自己的想法在作业本上写一写。

学生独立尝试。

师：有困难的同学可以在小组内寻求帮助。

师：谁来给大家分享一下你的推导过程？

生 1：我是这样想的，首先，长方形的面积 = 长 × 宽，长方形的长就是圆柱底面圆的周长，宽是圆柱的高，所以可以用 Ch 来表示这个长方形的面积，也就是原来侧面的面积，所以 $S_{侧}=Ch$。

生 2：我们再把上下两个底面圆的面积加上去就可以了，$S_{底}=\pi r^2$，所以 $S_{表}=Ch+2\pi r^2$。

生 3：我还可以想到圆的周长公式，$C=2\pi r=\pi d$，所以 $S_{表}=2\pi rh+2\pi r^2$ 或者 $S_{表}=\pi d h+2\pi r^2$。

师：同学们的思路非常清晰，还能灵活运用前面学习的圆的知识变换公式。

（此案例由谢维提供）

圆锥的体积

一、教学内容分析

学生在第一学段经历了几何图形从立体到平面的抽象、从整体到局部的认识过程，为第二学段的认识奠定了学习基础；在第二学段学生又经历了平面二维到立体三维图形的转换，以及从实物中抽象出直观图的过程，这又是学生到了初中第三学段学习几何图形的基础。本节课的教学内容是圆锥体积公式的推导，属于空间与图形知识的教学，是小学阶段几何知识的重难点部分，是小学阶段学习几何知识的最后一课时内容。

　　本节课是小学学习立体图形体积计算的飞跃,通过这部分知识的教学,可以发展学生的空间观念、想象能力,较深入地理解几何体体积推导方法,为学生进一步学习几何知识奠定良好的基础。本节内容是在学生了解了圆柱的特征和掌握体积的计算方法基础上进行教学的,其重点是理解圆锥体积的计算公式并能运用圆锥体积公式正确地计算圆锥的体积,难点是探索圆锥体积公式的推导过程。教材重视类比、转化思想的渗透,直观引导学生经历"猜测、类比、观察、实验、探究、推理、总结"的探索过程,理解掌握求圆锥体积的计算公式,会运用公式计算圆锥的体积。这样不仅可以帮助学生建立空间观念,还能培养学生抽象的逻辑思维能力,激发学生的想象力。

二、学情分析

　　学生在低年级已经直观地认识过圆柱、长方体、正方体、球等基本的立体图形,且已具备从众多的几何体模型中,将圆柱模型准确辨认出来的能力。从学生的经验来说,学生对圆柱和圆锥的特征有一定的了解,会计算长方体、正方体、圆柱的体积。因此,学生具备将圆锥转化为圆柱来推导其体积计算公式的知识基础的能力。此外,在前面的学习中,教师注重培养学生解决生活化问题的能力,学生在运用知识解决相关问题方面也有一定的意识。

三、体验点

　　《义务教育数学课程标准(2011版)》指出:教学的任务是引导和帮助学生主动去经历观察、猜想、实验、验证、推理与交流等数学活动,形成自己对数学知识的理解和有效的学习策略。本节课的授课目的首先是力求为学生创造一个自主探索与合作交流的环境,使学生能够从情境中发现数学问题,产生探究问题的需要,然后再通过自己的探索去发现和归纳公式,体验探究过程,学习方法,解决问题。在教学时,从学生的生活实际和已有的知识经验入手,让学生在自主学习、动手操作、合作探究知识中,着重体验以下三点:

　　①通过猜想、验证,体验"真知产生于实践"的意识。

②通过探索圆锥体积公式的推导过程,体验"对应、转化、建模"的数学思想。

③通过应用圆锥体积进行计算,解决实际问题,体验数学与生活的联系。

四、体验的途径和方法

（一）创设情境，观察猜想，激发实践验真知的欲望

展示圆锥零件，老师问：你能计算出它的体积吗？为此，你想提出什么问题？学生提问：

①计算圆锥的体积须知哪些条件？

②圆锥的体积怎样计算呢？

③圆锥的体积与圆柱的体积有什么样的关系？

以生活中的数学设置情境，引疑激趣，激发学生好奇心，产生试验探索的欲望。

（二）合作探究，验证推理，体验"对应、转化、建模"的数学思想

1. 采用比较方法，选择实验器材，确定对应关系

在研究圆锥体积时，学生根据以前的类比思想会想到正方体、长方体和圆柱体，选择哪一个图形来研究圆锥呢？最后确定为圆柱，因为它们的底面都是圆形，方便我们推导。这是第一次选择实验器材。

可是,在很多圆柱体中(等底不等高,等高不等底,不等底不等高,等高等底)选择哪一个呢？学生采用比较的方法，经过思考后，知道圆锥与圆柱的体积是变量，因而采用单一变量，要求选择等高等底的圆柱来帮助研究。这是第二次选择。在这一次选择实验器材中，学生确定了本次实验的目的是研究两个等高等底的圆柱、圆锥体积有什么关系。明确将圆锥转化为圆柱来研究其体积，重要的前提条件是它们的底和高分别要对应相等，有了这样的底和高的对应相等关系，才能推导出它们的体积对应关系是：圆锥体积是圆柱体积的三分之一。

2. 操作验证，推理公式，建立模型

选好实验器材后，学生小组活动，动手实验探究，用空圆锥容器装满水往空圆柱容器里倒，边倒边观察有什么发现？然后汇报交流：圆柱的体积是圆锥体积的 3 倍；或圆锥体积是圆柱体积的1/3。最后归纳总结：圆锥体积等于等

底等高圆柱体积的 1/3，即圆锥体积 $V=Sh\div 3$。建立公式模型后，老师再一次强调在理解这个公式时要注意：

①圆柱、圆锥必须是等底等高的关系。

②要知道圆锥的底面积和高。

③要注意单位的统一。

（三）分层应用，利用圆锥体积公式解决实际问题，体验理论在实际生活中的灵活应用

1. 基础应用，初步运用公式解决问题

例：一个圆锥形的零件，底面积是 19 平方厘米，高是 12 厘米，这个零件的体积是多少？

2. 强化练习，进一步增进公式理解

师：要求圆锥的体积必须知道底面积和高，如果底面积不是直接已知，还能求出圆锥的体积吗？根据信息，求出下列圆锥的体积：底面半径是 4 厘米、高 21 厘米；底面直径是 8 厘米、高 6 分米；底面周长是 18.84 分米、高 2 分米。老师根据学生练习情况当堂板演订正，巩固公式理解。

3. 举一反三，拓展运用

填空：①圆柱圆锥等底等高，圆柱体积是 87 立方厘米，圆锥体积是（　　）立方厘米。若圆锥的体积是 34 立方厘米，圆柱体积是（　　）立方厘米。

②一个底面积是 12 平方分米、高 6 分米的圆柱，它的体积是（　　）立方分米。如果把它削成一个最大的圆锥，圆锥的体积是（　　）立方分米。削去部分的体积是（　　）立方分米，削去部分的体积是圆柱体积的（　　），是圆锥体积的（　　）。

③一个圆柱与圆锥等底等高，圆柱体积比圆锥多 18 立方米，圆柱体积是（　　）立方米，圆锥体积是（　　）立方米。

五、教学实践片段

片段一：

师：我们以前学过哪几种立体图形？拿哪种立体图形来帮助研究圆锥的体

积更合适？为什么？

生：用圆柱帮助研究圆锥更方便。因为圆锥有一个圆形底面和一个侧面是曲面，圆柱也有一个圆形的底面和一个侧面也是曲面，所以用圆柱帮助研究圆锥更方便。

出示 4 个圆柱、1 个圆锥。

师：这里有 4 个圆柱，选哪一个来帮助研究圆锥的体积呢？演示比较：圆柱与圆锥等底等高，等底不等高，等高不等底，既不等底又不等高。

生：选等底等高的圆柱与圆锥研究更便于发现规律。

片段二：

出示等底等高的圆柱与圆锥以及一小桶水。

师：想一想，利用这些材料，你能设计一个实验来研究圆锥的体积吗？

师：圆柱、圆锥学具都是容器，通过研究容积的实验来得出体积的计算公式。

学生动手实验：二人一组进行操作，注意观察实验过程。

师：用空圆锥容器装满水往空圆柱容器里倒，边倒边观察有什么发现？

生：往空圆锥容器里装满水，然后倒入空圆柱容器里倒了三次正好倒满。

师：你得出什么结论？

生：圆柱体积是和它等底等高的圆锥体积的 3 倍，圆锥体积是和它等底等高的圆柱体积的 $\frac{1}{3}$。

根据学生回答师板书：$V_{锥} = \frac{1}{3} V_{柱}$。

也就是可以利用圆柱体积公式 "$V_{柱} = Sh$" 得出圆锥体积公式 "$V_{锥} = \frac{1}{3} Sh$"。

师出示不等底等高的圆锥、圆柱，问：圆柱体积还是圆锥体积的 3 倍吗？

生：不是。

师：那刚才的结论里得出圆柱、圆锥体积关系的重要前提条件是什么？

生：等底等高。

（此案例由杭仕华提供）

第五章
小学数学"统计与概率"体验内容教学设计

第一节　统计与概率体验内容分析

  "统计与概率"是小学数学课程的核心内容之一，是落实数学核心素养下的"数据分析观念"的实践依据。按照课程标准的设计，"统计与概率"在小学阶段的主要内容包括：经历数据的收集整理的过程（分类与整理、收集与整理），认识统计表、统计图（条形统计图、折线统计图、扇形统计图），认识平均数，以及感受随机现象和列出随机现象中可能的结果，现将小学阶段"统计与概率"课程内容做如下分析。

一、 "统计与概率" 教材内容分析

"统计与概率"作为小学数学的重要教学板块，主要研究生活情境中的数据和客观世界中的随机现象，通过对数据收集、整理、分析以及对事件发生可能性的描述，来帮助人们做出合理的推断和预测。学习统计与概率，本质上是统计活动的学习，而不单单是统计概念的学习。因此，在教学上统计部分应注重调动学生的学习主动性，注重学生对统计活动的体验和统计意义的体验，概率部分则是对"不确定现象和可能性"的体验。

西师版教材按照知识的逻辑性和学生的认知特点将"统计与概率"部分的内容作了如下安排（表 5.1）：

表 5.1　西师版"概率与统计"教学内容安排

内容　年级	统　计	概　率
一年级	分类： 1. 单一标准 2. 不同标准（标准不同结果不同）	—
二年级	分类（按多种标准分类） 1. 象形统计图 2. "正"字统计法	—
三年级	1. 认识统计表 2. 简单的统计图（一格表示一个单位）	—
四年级	条形统计图： 1. 分段整理数据 2. 一格表示多个单位	不确定现象（感受随机现象）
五年级	折线统计图	列出所有可能发生的结果
六年级	扇形统计图	可能性（定性描述）

从教学内容不难发现，随着学生知识以及年龄的增长，学生将从体验简单的分类整理活动，逐步发展为体验更加完整的收集、整理、描述、分析数据的全过程；从初步感知随机现象的产生到能够对可能性的大小作定性描述。

（一）简单数据统计过程

1. 分类与整理

分类是一种数学思想，也是认识客观事物、描述生活现象、解决实际问题的一种方法。让学生学习分类与整理，一方面是让学生掌握一些最基本的分类方法，另一方面是让学生体会分类与整理的价值，使学生逐步形成从统计的角度分析问题和解决问题。

西师版教材对这部分内容做了如下安排：一是把图形或数据进行分类，并体会分类标准与分类结果的关系；二是在分类与整理数据的基础上，把整理的结果呈现出来；三是综合与实践"分一分"。

在分类与整理中，让学生体验到按一定标准进行分类是关键。因此，在教学时，可以给学生提供丰富的素材，通过大量的操作活动，如图形分类、卡片分类、人民币分类等，引导学生以不同的标准分类，从而经历分类的过程、体验分类的方法与策略。分类标准的不同，可能会导致不同的分类结果。因此在教学过程中，还要让学生体验标准不同结果也不同的事实，感受分类结果与分类标准的关系。教材中还安排了综合与实践活动"分一分"。让学生运用所学知识去解决实际生活中鸡、鸭分栏喂养的问题。这个活动分为按种类分、按大小分、按种类和大小分、交流收获 4 个活动。每个活动都有分类的标准和要求。学生可在整个活动中体验分类与整理的应用价值，从而发展学生的统计思维。

2. 收集与整理

收集与整理部分包括了按不同标准进行分类、象形统计图、整理数据、统计表等内容。此时的分类不再是按一个标准分，通过操作活动要让学生体验到一个标准之下还可以继续细分。象形统计的教学可以通过出示"杂乱无章"的具体情境去激发学生想要整理的欲望，并且通过对比象形统计图和符号统计图，让学生自己去感知、体验符号的方便性和简洁性。在整理数据的教学过程中，要鼓励学生去经历收集与整理数据的过程，通过对数据进行整理而得到结果，并对整理方法进行比较，感受画"正"字方法整理数据的优越性：一是方便记录，二是方便统计。

3. 简单的统计活动

简单的统计活动部分是在数据的收集与整理上认识方格统计图，通过涂方格统计图引导学生进一步掌握收集、整理、分析数据的方法，体验统计的意义和价值。方格统计图与象形统计图相比，一方面继续保持形象、直观的特点，另一方面更加简洁便于操作，同时也为以后顺利过渡学习条形统计图做好准备。通过涂方格统计图表示数据以及相应的简单分析活动，既便于使学生更加自觉地进行数据的整理与分析，也便于学生从数学的角度去发现和提出问题，从而丰富统计活动的经验。

4. 条形统计图

条形统计图主要包含以下几个知识点：用统计图表示统计结果，出现有方向标志的横线或纵线，可用 1 格代表 1 个单位，1 格表示多个单位；数据的分段整理等。在教学时要注意体验以下内容：一是，通过选取学生熟悉的、有密切联系的生活实例作为学习的素材，让学生感受到生活中的统计需求，体验到统计是有价值的。二是，通过讨论与交流，体验条形统计图的作用与优势——快速看出数据的多少和分布情况。三是，通过生活中的具体例子制造需求，让学生体验到分段统计的必要性。

复式条形统计图是在单式图形统计图的基础上合并而成的，主要体验它的"比较"作用，以及能更直观地表示数据、分析数据的特点。

5. 平均数

平均数部分主要是从"统计角度"作为"一组数据的代表"来表述和认识"平均数"。教学时可以通过操作学具，让学生动手体验"移多补少"的过程，从而感受平均数"求和均分"的计算方法。同时要创设适当的情境，引导学生思考，让学生在交流讨论中明确平均数的作用和意义。

学生在参加各种简单统计活动的过程中，感受"用数据说话"的氛围，学会一些基本的统计方法，逐步发展学生"数据分析"观念。因此，教学时还要特别强调学生实际参与活动，设计简易调查表，亲自动手收集数据，发现图、表中的信息，多进行交流等。学生只有在亲身经历了这些活动过程后，才会感受到数据分析的作用；只有通过合作学习、积极交流，才可能逐步学会"用数据说话"，形成数据分析观念。

6. 折线统计图

折线统计图部分教学内容包括折线统计图的认识、折线统计图的绘制、复式折线统计图的认识。在学习折线统计图之前已介绍了条形统计图，条形统计图能使人们快速、具体、形象地看出数据的数量及分布情况，但是不方便看出和预测事件在某一范围内发展、变化的趋势，这恰好是折线统计图的优点，这就为折线统计图的产生奠定了基础。折线统计图主要体验以下内容：一是根据学生的知识和经验，在"想一想""说一说""试一试"中体验绘制折线统计图的要点和步骤。二是通过观察讨论体验折线统计图的优势——预测事件在某一范围内发展、变化的趋势。

7. 扇形统计图

扇形统计图的内容主要是扇形统计图的认识、用百分数在圆内表示所要统计的各部分数量、根据扇形统计图提供的信息解决有关问题等。通过收集整理数据，绘制扇形统计图，学生在操作与探究中体验扇形统计图的作用与特点：用整个圆表示总数，用圆中扇形表示各部分占总数的百分率。在交流讨论中体验扇形统计图的作用：能清楚地反映出各部分数量与总数以及各部分数量之间的关系；通过对比探究体验条形统计图、折线统计图、扇形统计图各自的优缺点和适用范围。

（二）随机现象发生的可能性

1. 不确定现象

要让学生在丰富多彩的体验活动中感受不确定现象，能恰当地用"一定""不可能""可能"等词语来描述不确定现象和确定现象。在教学活动中，老师要根据学生的心理特点及认知规律，合理、灵活地利用和开发教科书，寓教于丰富多彩的活动之中。如"抛硬币""摸彩球""套圈"等都可让学生在具体的游戏活动中做一做、想一想、说一说，通过实际参与、亲身感受不确定现象与确定现象。此外，还可让学生自己设计不确定现象的游戏，如"石头、剪子、布""青蛙跳水"等，让学生在活动中了解和感受不确定现象。

关注学生的思维过程，培养学生猜想、分析、推理的能力。培养学生的思维能力是小学数学教学的一个重要目标。在这部分的教学中，老师要关注学生的思维过程，不仅要求学生说出结果，还要求学生说一说为什么。如水往低处流，是因为结果是一定发生的，所以是确定现象；抛掷一枚硬币，是正面向上还是反面向上？是无法预知的，所以是不确定现象。

2. 可能性

西师版教材把可能性分为了两个阶段进行教学，五年级上册对可能性的认识主要分成两点：

①引导学生联系实际生活情境，进一步感受简单的随机现象。

②让学生列出简单的随机现象中所有可能发生的结果。

对于相当一部分学生而言，初次接触"可能性"的最大障碍是用确定性的数学思维方式（如结果唯一），去观察或认识不确定现象。这就要求老师利用分类等数学思想引导学生，不重复、不遗漏地列出简单的随机现象结果发生的所有可能性，并能加以描述。

六年级上册包括两部分，第一部分通过"摸球"游戏，学生根据统计结果，感受"可能性有大小"。第二部分通过"抽牌"游戏，让学生学会对"可能性大小作定性描述"，并能对"可能性大小"相关话题进行交流。

二、义务教育课程标准西师版教材"统计与概率"部分体验点梳理

"统计与概率"邻域体验点分布表见表5.2。

表5.2 "统计与概率"邻域体验点分布表

课程内容	知识板块	年 级	册 数	学习内容	体验内容与途径
统计与概率	统计	一年级	下册	分类与整理	通过图形、人民币分类等操作，让学生体验按给定标准（单一标准）或自己选定的标准进行分类整理数据的过程，并感受分类结果与分类标准的关系。
		二年级	下册	收集与整理	1.通过物体分类的一系列操作活动，体验按不同标准分类整理。 2.通过对数据的整理，对比体验"正"字方法整理数据的优越性。
		三年级	下册	简单的统计	通过对数据的整理，体验方格统计图的优势。
		四年级	上册	条形统计图	1.通过生活中具体实例的制造需求，让学生体验统计的必要性。 2.通过与其他整理数据的方式对比，体验条形统计图的优缺点。

续表

课程内容	知识板块	年级	册数	学习内容	体验内容与途径
统计与概率	统计	五年级	下册	折线统计图	1.通过绘制折线统计图的过程，体验折线统计图的绘制要点和步骤。 2.通过交流、对比，体验折线统计图能反映数据"变化趋势"的优点。
		六年级	下册	扇形统计图	通过学生对扇形统计图的绘制、交流与探究，体验扇形统计图能反映部分与整体关系的作用。
统计与概率	可能性	四年级	上册	不确定现象	通过"摸彩球""抛硬币"等操作活动，让学生体验，结果一定发生的是确定现象，结果无法预知的是不确定现象。
			下册	平均数	1.通过动手操作"移多补少"，体验平均数的计算方法（求和均分）的由来。 2.通过学生思考、交流与讨论体验平均数具有"代表性"。
		五年级	上册	可能性	1.通过摸牌或抽签游戏活动，体验事件发生的可能性。 2.通过"摸球""转盘"等游戏活动，体验可能性有大小。

第二节　统计与概率体验式教学设计

分一分

一、教学内容分析

"分一分"是西师版数学教材一年级上册第三单元的第一课时。"分一分"主要让学生经历简单的分类过程，能够按一个标准进行分类，能选择不同的标准对物体进行不同的分类。《义务教育数学课程标准（2011年版）》提出"能根据给定的标准或者自己选定的标准对事物或数据进行分类、感受分类与分类标准的关系。"

分类是一种基本的数学思想，也是小学数学学习的一项重要基本技能，它与统计有着密切的联系，是学生后续学习统计的重要基础。"分一分"是学生首次接触"统计与概念"板块的内容，在整个统计内容中具有十分重要的地位。在该课的教学中，从学生的已有经验出发，在学生充分探究的基础上，通过多次操作体验，掌握初步的分类方法，先按一定标准分类，再选择不同标准进行分类，并会表达分类的结果。学生会对不同的分类结果产生疑问，在对比与交流中体会到分类结果在单一标准下的一致性和不同标准下的多样性，既为以后学习统计打下基础，也为后面认识图形做好铺垫。

通过对比分析不同版本教材，发现各版本教材都有在情境中体验分类的过程，感受分类的意义；都有按照同一标准进行分类和自己制订标准进行分类的活动，让学生体会分类标准不同，分类结果也不同。其中人教版教材将内容放在一年级下册中，其他三个版本教材均为一年级上册的内容。

二、学情分析

在学生的实际生活中，分类随处可见。例如，超市里的物品要分类摆放，既美观整齐又便于顾客很快地找到想买的东西；图书馆里的书也要根据类别分类摆放等。因此，学生对分类是有一定的了解和感受的。

除此之外，不少学生也有将自己的学习用品和生活用品进行分类整理的习惯。因此，对于本节课的知识，学生已经具备了一定的知识基础和生活体验，老师在教学中要注重将知识与实际生活联系起来，让学生在动手实践操作中找出分类的标准，掌握分类的方法。

三、体验点

基于以上分析，"分一分"这节课的体验点如下：
①体验同一分类标准下，分类结果的一致性。
②体验不同分类标准下，分类结果的多样性。
③体验分类整理的作用和意义。

四、体验的途径和方法

通过解决"分铅笔""分服装"等简单而又熟悉的实际问题，感受分类在解决问题中的作用——使问题的解决变得快捷、准确。通过开展"整理书包""整理自己的房间"等日常生活中的分类活动，让学生感受分类在生活中的作用——使生活变得整洁、方便。

（一）观察对比，体验分类的必要性

一年级学生年龄小，可是已经有了一定的生活经验，在家帮助父母完成家务，整理房间，自己的小房间、小书包也是自己整理。根据学生的实际经验，"分一分"主题图呈现出一间凌乱的房间，让孩子们思考：你看见这样的房间有什么感受？你喜欢这样的房间吗？使学生有进行分类整理的动机和欲望，初步感受分类与生活的密切关系和分类的必要性。

（二）实际操作，体验分类与分类标准的关系

1. 体验分类结果在单一标准下的一致性

如何把数学活动生活化、把学生的生活经验课堂化，化抽象的数学为有趣的、生动的、易于理解的事物。让学生在操作性活动中感受数学其实是源于生活且无处不在的，数学的学习就是建立在日常的生活中，学习数学是为了更好地解决生活中存在的问题，更好地体现生活。

老师给每位同学都准备了跟书上例图一样的小棒，出示操作要求，让学生分一分。完成后，请学生上台分享，把小棒按照颜色分，相同颜色分成一类：红色一类，黄色一类。老师询问：这样分有什么好处？学生发现这样分类，可使物体摆放得更整洁、清楚。

通过用小棒代替铅笔的实际操作，将不同颜色的小棒分类，体会在同一个分类标准下进行分类（按颜色分），得到的分类结果是相同的（都是按照绿色一类，红色一类进行分类），体现分类结果在单一标准下的一致性，巩固对分类标准的理解和认识（图5.1）。

图 5.1

2. 利用学具，体会分类结果在不同分类标准下的多样性

利用已有的分类知识与经验，让学生根据自己选定的标准进行分类，体会分类结果在不同标准下的多样性。利用学具进行服装的分类（图 5.2）。因为没有统一的分类标准，得出的分类结果也不同。学生通常会有不同的分类标准：一种是按颜色分，一种是按种类分。在黑板上呈现出这两种不同的分类标准下分出的结果，让学生体会到分类结果在不同分类标准下的多样性。

图 5.2

图 5.2 所示分衣物，多媒体显示衣服和裤子，让学生先独立思考怎么分？再利用老师给每人准备的一套与图 5.2 所示相同的衣物学具动手分一分，展示汇报时强调按什么标准分（颜色、衣裤、长短）。师提问引导学生思考：他们分得一样吗？谁分得对？为什么？让学生交流体会，一组物体有时可以按多种标准分，分出的结果是不一样的。师再追问：这样分有什么好处？让学生体会

分类整理好的物品可方便人们挑选，体验分类整理的作用。

（三）活动体验，感受分类整理的广泛应用

为进一步让学生感受分类与生活的密切关系。老师可以追问：在生活中我们见到过分类吗？学生交流，老师再使用课件演示分类在生活中的应用，如图书馆、超市、商店等物品已经分类整理好的图片，让学生感受生活中分类无处不在，体会到分类的重要性。课后让学生搜集生活中应用分类的地方，照相制作成 PPT，并且回家自己运用分类的知识整理房间，进行与生活相联系的实际体验。通过活动让学生体验分类在生活中的应用价值，巩固学生对分类方法的理解和掌握。

五、教学实践片段

片段一：

师：喜羊羊听说懒羊羊那么乱的家都被小朋友们整理好了，于是，准备请同学们帮他整理他新开的铅笔店。（课件出示乱七八糟放着的铅笔）瞧，这些铅笔摆放得好凌乱，（生：乱七八糟的）那我们帮他整理一下吧！（PPT 演示）

师：哪位同学愿意到讲台上给同学们一边分铅笔，一边介绍你是怎样分的？

指名学生上台分一分，说一说。

生：我是把黄色放在一起，红色放在一起……（即按颜色分）

师（板书：按颜色分）：也就是按颜色分的。请问你为什么这样分呢？（如果学生说不出来，教师引导提问）这样分看起来怎么样？

生：这样看起来很整齐，不会乱七八糟的，也方便买东西的人挑选。你们同意这样的分类方法吗？

片段二：

师：美羊羊要开一家服装店，这是她服装店的衣柜和服装（PPT 出示衣柜和服装），也需要小朋友们帮她整理一下。

师：哪位同学愿意到讲台上给同学们一边分服装，一边介绍你是怎样分的？

生 1：我按颜色来分。把红色的放在一起，把蓝色的放在一起。（贴图，板书，按颜色分：红色，蓝色）

师：能告诉大家你为什么这么分吗？（让学生自己回答）

师：咱们看看按颜色来分之后的效果是怎么样的？（按颜色分好类的衣服图片）这样看起来确实很整齐。

师：还有没有不同的分法？

（抽学生上台分一分，分完后）

师：说说你是怎么分的？

生2：我是把衣服放在一起，裤子放在一起……（师板书：衣服、裤子）

师：能告诉大家你为什么这么分吗？你觉得这样分，有什么好处？（学生自己回答，回答不上来可以请别的同学帮助回答。）

师：这位同学把衣服放在一起，裤子放在一起，就是按照种类来分的。（板书：按种类分）

（此案例由郝佳欣提供）

收集与整理（一）

一、教学内容分析

"收集与整理"是西师版教材二年级下册第七单元的内容，这部分内容在一年级的教材中也有相应的内容安排，但更加侧重于分类，没有对数据进行进一步的分析，没有经历统计的全过程。而二年级下册在这一部分内容的编排上，各版本教材，都结合生活中的具体案例，让学生通过活动对事物按不同的标准进行分类，再让学生整理数据，形成象形统计图，最后通过用抽象出的符号表示具体的事物，感受符号化的简便性。在此基础上还要让学生学会分析数据，体验数据中蕴含的信息，感受收集与整理在实际生活中的应用和价值。

二、学情分析

学生在一年级下学期已经对分类与整理有了初步的认识，他们能将事物和数据按照标准进行分类并整理，初步感受分类标准与分类结果的关系。二年级的学生缺乏生活经验，以形象思维为主，而本节课需要让学生从具体形象的物体抽象成符号，因此这是一个难点。所以本节课将让孩子通过亲自动手操作，充分地体验感知事物收集整理数据的全过程，在丰富表象的基础上，再抽象概括出可以用简洁的符号代替事物，能综合分析统计图，初步培养学生的抽象思维。

三、体验点

基于以上分析，本节课有以下三个体验点：
①体验分类收集与整理的优越性。
②体验符号化思想及符号统计图的简洁性。
③体验分析数据的价值。

四、体验的途径和方法

（一）抓住学生的兴趣点，体会分类收集与整理的优越性

1. 借助混乱摆放的水果卡片，直观体验分类收集的便利

老师在黑板上故意混乱地贴出红苹果、青苹果、红桃子、青桃子四种水果卡片，然后让学生快速地数出每种水果卡片对应的数量。在数的过程中，学生感受到杂乱地堆放数起来不方便，不利于准确地知道每种水果的数量，从而激发学生分类与整理的欲望，老师则顺势追问："那有没有什么好办法呢？"学生自然想到"分类"。通过这一直观体验，学生能积极主动地参与到分类、收集与整理等教学活动中，感受数学与生活的联系。

2. 结合生活实际，创设情境，在情境中体验收集数据的必要

老师结合六一儿童节创设情境，"班级为了庆祝六一，准备要采购一些水果，可是买哪种水果好呢？"学生欢呼雀跃地高呼着自己喜欢吃的水果。随后教师问道："每个人喜欢吃的水果都不同，有没有什么好办法可以帮助老师清楚地知道哪种水果该买多少呢？"学生自然而然地想到了需要收集数据，统计班上喜欢吃每种水果对应的人数是多少。

3. 动手操作，体验分类收集数据，方便数量的统计

老师给学生提供水果卡片的学具，让学生亲自动手将其进行分类。按照一个标准分类是一年级的内容，二年级主要教学按照两个标准进行分类。因此学生利用教师提供的水果卡片，有的将其按照颜色分为两类：青苹果、青桃子一类，红苹果、红桃子一类；有的按照种类分为两类：青苹果、红苹果一类；青桃子、红桃子一类；有的既按颜色又按种类分成四类：红苹果一类、青苹果一类、红桃子一类、青桃子一类。学生分类后再和同桌交流自己的分类结果，并再次对每种水果的数量进行统计，让学生感受到分类后更便于统计物体的数量。在这里，学生通过操作不仅体验到了分类收集数据的好处，还体会了不同的情况需要按照不同的分类标准进行分类会更加方便。

4. 对比体验，有序整理更有利于观察统计

学生既按颜色又按种类进行分类，分完以后会出现不同的呈现情况，一种是虽然进行了分类，但是同种水果卡片的摆放是堆在一起的，而另外一种是不仅进行了分类，还将每种水果卡片进行了整理和有序摆放。因此老师在教学时可以充分利用这两种不同的情况，让学生对比观察哪种方式更加方便收集数据，学生通过对比，自然而然地就感受到将水果卡片整齐地从下往上进行有序的摆放整理，更加有利于观察，数出物品的数量，体会整理的作用。

（二）抽象符号，体验符号的简洁性

1. 交流体验，由多种符号表示实物到一种符号的简便

在学生利用水果卡片操作分类以后，老师提出问题："如果没有水果卡片该如何进行收集整理呢？"学生想到了可以用其他物品代替，即用○、△、√等符号，虽然符号不一样，但都可以表示水果。紧接着老师让同桌两人利用给出的图商量并完成统计，结合生活经验，学生通过在自己喜欢的水果后面打钩或者画圈等方式表达自己的选择，学生选择自己喜欢的符号进行统计（图5.3）。统计完成后再问一问学生图中符号分别代表什么水果。值得注意的是，在用符号表示水果时，学生会用同一种符号表示所有的水果，也有学生会认为因为水果不同，所以必须要用不同的符号区分不同的水果。老师则引导全班交流，最后达成统一，可以用不同的符号表示不同的水果，但当水果的种类很多时，要去想很多不同的符号来代替比较麻烦，而统计图中每种水果都标注了名称，所以即便同种符号也可以区分，这样也会更加简便。

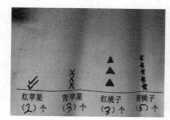 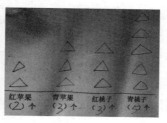

图 5.3

2. 对比象形统计图与符号统计图，体验符号代替实物更简洁

将象形统计图和符号统计图放在一起，借助问题："孩子们，这两种方法都表示出了每种水果的数量。请比较，你觉得这两种方法哪一种更简便？"学生结合实际以及对比观察体会到很多时候都没有水果卡片可以摆，我们就只能画一画，而用符号代替实物来记录更加简洁（图 5.4）。

 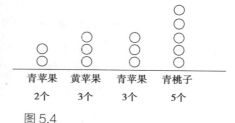

图 5.4

（三）观察应用，体验分析数据的价值

老师根据学生收集的全班喜欢吃的水果的统计图，提出问题："对于班上购买水果的计划，你想提点什么建议呢？"学生自然而然地根据统计图上每种水果竖列整齐排列后的高低去判断数量的多少，从而建议每种水果的购买数量。随后让学生举例说一说生活中还有哪些地方也可以用到分类整理的方法来帮助我们解决问题。通过这样的具体情境，让学生体验到分析数据的必要性，体会这些数据的价值。

五、教学实践片段

片段一：

师：同学们，手工课上，二年级 2 班的同学们制作了一些水果卡片，我将一个组的作品带来了。

师：卡片这样摆放，感觉怎么样？

生：太乱了。

师：能快速数出每种水果卡片的数量吗？

生 1：不能。

生 2：不方便。

师：有什么好办法吗？

生：分类。

师：真是个好主意，今天我们就一起来分类、整理。

片段二：

师：同学们看，这两位同学的分类都是既按颜色又是按种类来分的。现在我们来玩个游戏，抢答！请在这两幅图中选择一幅快速数出指定物品的数量。

生：青桃子有 6 张；红桃子有 3 张；红苹果有 2 张；青苹果有 3 张。

师：同学们数得这样快，是选的哪一幅？为什么选这幅？

生：看起来比较整齐。

师：看来，分类之后还要像这样进行整理，竖排横排对整齐，这样更加有利于我们观察。

片段三

师：同学们，想一想，如果没有水果卡片让你摆一摆，而我们又想对这些水果卡片进行分类与整理，该怎么办呢？

生：画水果图。

师：可以，但感觉有点慢。

师：还有没有更简单的办法？

生：画符号。

师：这个方法怎么样？那我们就一起来画一画吧！请看学习要求。

学习要求：

①组内交流：用什么符号来代替这些水果？

②分工合作：用你们选定的符号快速地画一画。

（此案例由王媛媛提供）

收集与整理（二）

一、教学内容分析

"收集与整理"是西师版教材数学二年级下册第七单元的内容。本单元教学内容主要包括三块：简单的分类整理（例1），收集数据的方法（例2），记录数据的方法（画"正"字，例3）。

本课的引入主要是通过实践活动引入，让学生对不同颜色、形状的扣子进行分类整理，简单回顾旧知识；接着通过统计图表对水果进行统计，用符号代替水果，让学生体验到统计图的方便性和统计的意义；最后主要教学用画"正"字的方法来记录数据。与一年级的统计教学相比较，统计的对象相对复杂，数量也更多一些。因此对不同的图形进行统计时，在记录数量的过程中，自然引入了记录数据的方法。教材上呈现了多种统计方法，有画"√"的，画"○"的，还有写"正"字的方式。在多种方法的比较过程中，学生可以发现这些方法的共性和各自的一些特性，特别是画"正"字的方式更便于统计。因为"正"字的笔画是固定的，很容易看出来一共得了多少"票"。

通过对比分析不同版本，可以发现几个版本教材都有在情境中和活动中体验统计的过程，数据收集、整理、分析的过程，感受统计的作用。人教版从学生的生活入手，能让孩子体会统计在生活中的重要性；苏教版从问题入手，让学生通过问题的解决获得知识；西师版更重视新旧知识的联系，在教材中例1到例3的学习内容是层层递进的。

二、学情分析

通过一年级下册的学习，学生已经学习了一些简单的统计的知识，能够依据事物特征，简单按照同一或不同分类标准进行分类整理；能用语言简单描述分类的过程；初步体验了数据的收集、整理、描述和分析的过程，学会了运用简单的方法收集和整理数据，能正确计数，并能根据统计表中的数据，提出并回答简单的数学问题，体验统计的作用。而本单元的学习要求学生在已有的知识和经验的基础上，让学生进一步体验数据的收集、整理、描述和分析的过程，知道记录数据的符号不唯一，并在教学中通过观察、对比，发现不同的统计方法的一致性和特殊性，学会用"正"字的记录方法。

三、体验点

基于以上分析，"正字统计法"这节课的体验点有以下三点：
①体验数据的收集、整理、描述和分析的过程。
②体验统计方法的多样化。
③体验"正"字统计法的作用及优越性。

四、体验的途径和方法

在具体情境中，通过学生的实践操作，亲手分类、整理、记录，让学生体验统计的全过程，并通过多媒体课件的直观展示，用活动、操作和观察等多种方法，理解用"正"字记录和其他以图代形记录方法的异同，感受"正"字统计法的重要性和实用价值。

（一）观察对比，体验用"正"字法统计的优越性

为了让学生体会到"正"字统计的优越性，在教学中设计了三次对比，以此丰富学生的体验。第一次对比是符号与符号之间的，学生们在统计中分别用四种不同的符号来记录数据，那么这些不同的符号，有没有相同的地方？让学生通过对比知道，这些不同的符号都是一个符号代表一"票"，也就是说

无论用什么符号来记录数据，符号与图形都是一一对应的关系。第二次对比是符号与"正"字记录之间的，对于生活中的某些统计活动，用其他符号记录具有不便性，从而让学生体会用"正"字记录更简便。第三次对比是在对两种方法进行数"票"时，让学生能明白用"正"字记录数比较快而且便于记数。三次对比，不但让学生明白了记录数据的方法不唯一且必须有序，也让学生对"正"字统计的优越性有了更深刻的体验。这样也为学生以后学习规范的统计图表和统计量奠定了比较牢固的基础。

（二）实际操作，体验数据的收集、整理、记录全过程

《义务教育数学课程标准（2011 年版）》在第一学段关于统计教学的目标明确指出："让学生经历简单的数据收集、整理和分析的过程，了解简单的数据处理方法；能对调查过程中获得的简单数据进行分类，体验数据中蕴涵着信息；了解分析问题和解决问题的一些基本方法，知道同一个问题可以有不同的解决方法。"因此，为了不让统计教学流于形式，在教学中一定要鼓励学生运用已有的数学经验，自主经历收集数据的过程，帮助学生积累数学经验。

在教学统计部分时，如果直接采用书中提供的数据入手，就会直奔数据整理，缺少数据收集的过程。这样会造成学生对统计的认识不全面。为了避免这一现象，采取现场收集"本班运动小达人的候选人"选票的环节，激发学生提出与统计有关的数学问题，让学生感受到统计的必要性。在确定用"投票"的方式进行评选后，让学生亲自投票，经历体验数据收集的过程。正是由于这些信息来源于学生自己的生活，学生在整个教学环节的参与积极性比较高。

（三）巧设练习，让学生体验数据分析对决策的作用

在评选运动小达人这个情境中，除了对投票进行整理后知道谁是运动小达人，还可以对数据进行简单的对比，提出简单的数学问题请学生解答，但这一数据的统计不太具有分析的价值，所以在后面的练习中，着重考虑了数据分析对决策的作用这一点练习。第一题是课前搜集的资料——生活中哪些问题需要用统计来解决？学生在交流中感受统计在生活中的应用。第二题是统计一分钟三峡广场停车场进出的车辆，通过前后两次的对比，让学生分析数据，感受数据分析以及对决策的重要性。

五、教学实践片段

片段一：

观察对比，用图形代表实物更简洁。

师：聪明的喜羊羊想出了另外一种整理的方法（展示喜羊羊用符号整理过程）。

师：你觉得用符号整理还是摆实物整理简便？为什么？

生1：我觉得用实物简便。因为比画符号更快。

生2：画符号更简便。因为上课时不可能带这么多水果在书包里。

师：是的，画符号的方法更为简便。孩子们想想，除了用画圈来表示实物，还可以用什么符号来表示实物？（引导学生发散思维）

生：可以画□、△、√……符号来表示。

……

片段二：

实践操作，体验"正"字记录法的优点。

课件展示卡片出现顺序。

师：请同学们在统计表上进行记录，每一项分别有几个？

学生活动：根据课件出示的图形进行记录。

小组交流各自的方法。选择具有代表性的记录方法准备展示。

全班交流。

组1：按图形出现顺序记录、分类后画图形记录、画圈记录等。

组2：除了分类图形记录以外，我们小组还用了画"正"字的方法进行记录。

师出示用图形记录和用"√"记录的统计表。

师：同学们非常棒，用不同的方法对图形进行了整理统计。比较画图形记录和画"√"记录，哪种方法更简洁不易错？

生1：画"√"的方法更快，画图形时如果速度较快，可能会画错，有的图形不止一笔，画起来要慢一些。

师出示画"√"和画"正"字的方式进行记录的统计表。

师：哪一张统计表能一眼看出图形的个数？怎么看？

生2：用画"正"字的方法进行记录也很快捷方便，并且因为一个"正"

字是五画，所以用画"正"的方法能很快看出每一种图形的个数。

老师用课件进行展示并介绍，让学生体会该方法更清楚更方便。

……

（此案例由陈虹艳提供）

平均数

一、教学内容分析

"平均数"一课是"统计与概率"板块中的重要内容，它是在学生已经经历了收集、整理等简单的统计活动，并通过学习"表内除法""分一分"初步认识了"平均"的基础上进行教学的。"平均数"作为一个基础的统计量，既是前面所学统计知识的延伸，又为今后学习"中位数""众数"等更为复杂的统计量做好了铺垫，同时对发展学生数据分析观念有着至关重要的作用。平均数作为一组数据的代表，在实际教学中应该注意增加其统计"色彩"，更加有利于学生把握、体会平均数的意义和作用，逐步实现让学生利用自己的语言解释平均数的实际意义。

通过对比不同版本的教材，发现各个版本的教材均不是单纯地让学生掌握平均数的计算方法，而是从学生的实际生活情境和需求出发，体现了数据收集、整理、分析的过程。使学生在数据分析中感悟和理解平均数的实际意义，体会平均数在生活中的重要作用，培养数据分析观念。

"平均数"一课是西师版教材四年级下册的内容，教材编排了两个例题。例一是从生活情境出发，感受平均数产生的必要性，初步感知平均数的意义，并学会计算平均数。例二则是让学生通过分析、对比数据，进一步理解平均数作为"一组数据的代表"的统计意义。教材这样编排，把计算方法和意义的理解这两个重点和难点分散开，更加有利于学生突破重点，掌握难点。

二、学情分析

四年级的学生通过前面丰富知识的积累，已经经历了数据的收集、整理、分析的过程，并学会了从"统计表、条形统计图"中提取信息、分析信息，本节课就是要在数据分析中理解平均数的概念。同时早在二年级时学生就已经明确了平均的概念，但此前的教学仅仅停留在将"一个整体"平均分为若干份来表示除法的基础上，而现在却是从"统计角度"，用"一组数据的代表"来表述和认识平均数，因此学生对平均数统计意义的理解是存在一定难度的。同时四年级学生的生活经验也是比较丰富的，从生活情境出发更能加深学生对统计意义的学习。本节课就是要重点体验平均数的统计意义。

三、体验点

基于以上分析我们可以确定，"平均数"这节课应把让学生深刻理解平均数的实际意义作为教学重点。因此，本节课有以下三个体验点：
①通过体验"移多补少"的过程，理解平均数的计算方法。
②在分析数据中体验平均数的统计意义，感受平均数的特点。
③体验平均数在生活中的运用和价值。

四、体验的途径和方法。

（一）操作体验——"移多补少"理解平均数的计算方法

通过制造"投篮比赛人数不同"的情境，引出问题："两个队人数不相同，比较投篮总数不公平，那该怎么办呢？"这时老师为学生提供大量学具——"可移动篮球磁铁象形统计图"，如黑体标号图（图5.5）所示。引导学生动手操作，移一移、想一想究竟哪个数据最合理？并让学生结合动手操作的过程写出算式。这里要发挥小组合作学习的优势，学生在小组中相互学习、相互碰撞，大胆放手，老师要留足时间让学生去操作、思考、计算。一部分学生由于生活经验会直接想到比较平均数更为科学，个别学生甚至会计算平均数。还有的学生通过移动学具，使每队每名队员的投篮个数相同，再比较这个相同的"投篮个数"——平均数。学生通过操作发现，移动篮球的这个过程其实就是将总数平均分的过程，因此算式自然而然就可以列出来了。

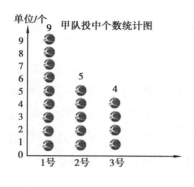
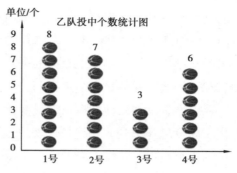

图 5.5

在学生集体交流汇报时，老师重点关注"移多补少"的操作方法，并再次让全班一起跟着操作，加深体会"移多补少"的过程就是算式"求和均分"的由来，同时也体现平均数产生的过程。这一环节将操作过程与计算方法相结合，使得计算方法直观化，既促进了学生对平均数算法的理解，也让平均数的得到可视化，深化了学生对平均数概念的理解。

（二）在数据分析中，体验平均数统计意义，感受平均数的特点

1. 体验平均数具有"虚拟性"

老师出示通过计算得到的平均数和原来的一组数据，并提问："比较我们计算得到的平均数和原来的这一组数据，你们有什么发现？"学生通过观察、比较、思考后发现，原来的数据中并没有出现计算得到的平均数。学生产生困惑"为什么原来的数中没有平均数？"此时老师不予提示，而是让学生交流、讨论。学生通过思维的碰撞后发现，平均数是我们将原来的数据"求和均分"后得到的一个数，因此原来的数中可能没有出现平均数。此时老师再出示第二组数据，并提问："为什么这组数据的平均数在原来的数据中出现了呢？"此时学生感到困惑不解，但是细心的学生会发现，计算得到的平均数仅仅是与原来的数的数值相同，但是所表示的含义却是不同的。在这一过程中，通过观察、对比体验让学生感受到平均数是一个"虚拟值"的数学本质，平均数可能与原数据中的数相同，也有可能与原数据中的数不相同。

2. 体验平均数具有"代表性"

老师让学生计算出一组数据的平均数。学生发现，计算出的平均数在原数据中不存在。老师追问："既然平均数与原来的数不相同，这里的平均数究竟表示的是什么呢？"学生交流得出，平均数表示的并不是哪一个数或者哪几个数，而是整组数据的"平均水平"或者"整体水平"。

老师让学生计算出第二组数据的平均数，学生通过观察后发现在原来的数据中有和平均数一样的数。学生提问："平均数和原来这个数表示的意思一样吗？"，引发争议和激烈的探讨，最终让学生明确虽然两个数据的大小相同，但是代表的意思却不同。平均数代表的是整组数据的整体水平，具有代表性，而原来的这个数仅表示其本身的大小。学生在这个过程中领悟到了平均数的数学本质，深化了对平均数概念的理解。

3. 体验平均数具有"敏感性"

平均数是一个非常有特点的统计量，它十分敏感，会随着数据的变化而变化。为了让学生感受这一特点，老师结合投篮继续创设情境"如果迟到的队员只投 1 个，平均数还是 6 吗"，学生异口同声地回答："平均数会变小"，老师结合课件动态演示平均数下降的过程。"投 6 个呢？"学生口答"平均数不变"，"投 8 ~ 10 个呢"，"平均数变大"。老师追问学生："你有什么感受？"学生在数据的变化中感受到平均数的变化，体会到平均数具有"敏感性"。接着老师讲了一个趣味故事，以加深学生对敏感性的理解。在一则招聘广告中写着平均工资 8 000 元，而小张的实际工资却只有 4 000 多元，这是怎么回事呢？调查后发现原来经理的工资 10 000 多元，拉高了平均数。通过这样一个故事让学生明白，平均数的敏感性会让它容易受到极端数据的影响，使学生更加深刻地认识平均数，理解到并不是任何境况下平均数都是公平、公正的。

（三）体验平均数在生活中的运用和价值

老师展示了我国与其他国家"水资源总量的统计表"和"人口情况统计表"，让学生观察，学生纷纷为我国水资源丰富而感到自豪，老师追问"为什么又说我们是一个水资源匮乏的国家呢？"学生通过思考后发现我国水资源非常丰富，但是我国的人口众多，人均用水量非常少。通过这样的视觉冲击让学生感受到在实际生活中使用平均数分析数据的必要性和合理性，充分体现了平均数的运用价值。

五、实践片段

片段一：

师：同学们，激烈的投篮大赛即将开始，你们想去看看吗？（播放视频）

师：在刚才比赛的两个队中，只能由一个队代表学校参赛。

出示投篮结果：甲队 9 个、5 个、4 个，乙队 8 个、7 个、3 个、6 个。

师：甲、乙两队的成绩，哪个队的成绩更好呢？你是怎样想的？

生 1：比较他们每个队的投篮总数。

生 2：这样不公平！

师：为什么不公平？

生：因为两个队的人数不同，甲队只有 3 个人。

师：看来投篮的总个数不能代表他们投篮的水平，那该怎么办呢？

生：比较平均数。

片段二：

师：这是甲队参加总决赛的成绩，不计算你能估出他们的平均成绩是多少吗？

（学生自由估计）

师：你同意他估出的这个数吗？为什么？

生：不同意！他最多才投 8 个，平均数不可能是 10 个。

师：你认为应该是多少？

生：5 ~ 8 个。

师：你是怎么知道的？

生：因为他最多投了 8 个，最少也投了 5 个。

师：看来平均数是有范围的，应该在最大数与最小数之间。

（体验平均数的范围在最大数与最小数之间）

（此案例由王书月提供）

可能性

一、教学内容分析

《义务教育数学课程标准（2011年版）》在"学段目标"的"第二学段"中提出"体验随机事件和事件发生的可能性"。"可能性"的学习，各种版本的教材安排不同：西师版教材分别安排在四年级上期、五年级上期、六年级上期学习相关内容；人教版、苏教版安排在四年级上期；北师大版安排在了四年级上期、五年级上期两个学习阶段。各版本的教材在教学内容编排和设计上都是通过具体的情境，结合生活中的实例，以及丰富的实践体验活动，感受随机现象的特点。同时也在活动中引导学生从事件发生的可能性这个角度去思考问题。

本课题内容主要通过开展"摸球""转动转盘"等游戏活动，让学生根据统计结果，感受到随机现象结果发生的"可能性有大小"，学会对随机现象发生的可能性进行定性描述，并能对"可能性大小"相关话题进行交流。在现实世界中，严格确定性现象十分有限，不确定现象却是大量存在的，而概率论正是研究不确定现象的规律性的数学分支。本节课的教学重点是通过具体情境，让学生感受"可能性有大小"。教学难点是学生用自己的语言对"可能性大小"作定性描述，并能进行交流；对"摸球实验结果"与"合情推理出的结果"不吻合的理解。在小学阶段，可能性的学习是紧密相连和前后呼应的，它有着循序渐进、螺旋上升的知识体系和内在联系。因此，老师一定要准确拿捏素材的前后关联，再现学生熟悉的情境活动，充分唤醒学生的已有经验。

二、学情分析

六年级的学生性格活泼，且较易接受新鲜事物，课堂上善于独立思考，乐于合作交流，有较好的学习数学的能力；再者，关于"可能性"，在四年级上期已经学习了对具体情境中的确定现象与不确定现象能用"一定""不可能""可能"等词语进行描述；在五年级上期已经掌握能列出简单的随机现象中所有可能发生的结果，为学习可能性从定向到定量的过渡奠定了基础。

虽然六年级的孩子在推理、问题解决和逻辑方面已经有所发展，但思维还具有一定的局限性，还不能进行抽象的语言推理，很大程度上还需要依赖具体形象的经验材料来理解抽象的逻辑关系。在教学时，只有让学生充分地参与蕴含随机现象的试验、游戏等活动，才能帮助他们直观形象地感知所学知识。

三、体验点

本内容在小学阶段只是让学生初步感知，在初中将会进一步系统地学习。教学"可能性"应通过丰富的体验活动才能提升学生对可能性内涵的体验和理解。

本节课主要有以下三个体验点：

①在具体情境中，通过实例体验感受简单的随机现象。

②在丰富的活动中，体验感受随机现象结果发生的可能性是有大有小的。

③通过观察、分析、交流，对"可能性"的大小作出定性描述。

四、体验的途径和方法

（一）创设情境，体验感受简单的随机现象

"可能性"主要研究现实生活中的数据和客观世界中的随机现象以及事物发生的概率，它通过对数据收集、整理、描述和分析以及对事件发生可能性的刻画，帮助人们作出合理的推断和预测。为了引导学生有根据地猜想，感受简单的随机现象。人们可以通过一些活动，如抛硬币、摸球、抽签、转盘等，为学生探索可能性大小的规律提供最基本的保障。"你能用'一定''不可能''可能'来描述抛硬币得到的结果吗？"先启发学生用语言表述问题的结果，实现第一步的猜想。让学生思考：我们的猜想正确吗？带着问题进一步研究，直观感受简单的随机现象。

（二）实验演示，体验感受随机现象结果发生的可能性是有大有小的

数学课程标准倡导，数学活动经验的积累不仅需要学生亲身"经历"，更要在"经历"中"认真体验"，最终从"体验"中"有所体会"，将活动过程和活动结果统一起来。

①操作体验，初步感受由合情推理来体会可能性相同。"可能性"的学习

只有通过学生亲自经历游戏过程，在感性认识的基础上，提高对随机现象结果发生的可能性大小的理性认识。而学生由感性认识上升到理性认识，要靠学生实际操作和课堂演示来过渡。为了增强学生感受，让学生经历"猜想—实验—验证"的体验过程，我们先安排一个摸球游戏。首先是每次摸球前，不能预先知道会摸出几号球；其次是由合情推理来猜测、体会每一个号球有相同的机会被摸出（强调这是 3 个除号数不同外，其余都"相同的球"）；在教学时，不做过多的解释。最后，通过分组合作验证先前的猜测，并让学生将实验的结果记录在表 5.3 中。

表 5.3　合作学习卡

1 号球		2 号球		3 号球	
画正字记录	统计次数	画正字记录	统计次数	画正字记录	统计次数

填完表后，请观察数据，在小组内说一说你们有什么发现？

②观察体验，进一步感受可能性大致相同。通过学生多次摸球体验，得到了多层次的感受。我们将每组的数据统计到黑板上，通过观察、比较，让学生在大数据下进一步感受到"摸出每个号球的次数大致相同"。

③活动体验，感受可能性有大有小。为了提高学生兴趣，我们可以在课堂上随机抽学生参与转盘游戏，并让全班同学将结果记录在表 5.4 中。

试一试：将指针落在红色区域、黄色区域的次数记入下表。

表 5.4　结果记录表

红色区域 / 次	黄色区域 / 次

通过学生有兴趣地参与游戏，让学生进一步明确，"指针落在哪个区域仍是不确定"，经过多次转动转盘，指针落在红色区域（红色区域比黄色区域大得多）的可能性要大，感受到随机现象结果发生的可能性有大有小。

（三）合作交流，准确表达"可能性"的大小的定性描述

有了活动的基础，最重要的是让学生有机会用自己的语言，表述"随机现象""随机现象各种不同的结果"以及"可能性大小"，并与同学交流，使每个学生能将自己的感受，并在集体活动中表述出来；在相互的思维碰撞中，对不合理的感受实现"自我纠正"或"相互纠正"。"摸球活动"展示环节先抽3个组（数据大致相同的）汇报，学生可得出结论：从表中的数据知道，任意摸出一个，可能摸出 1 号球，可能摸出 2 号球，也可能摸出 3 号球，摸了很多次后，从袋中摸出每个号球的次数大致相同。老师质疑：从袋中摸出每个号球的次数为什么大致相同？（因为每个号球的数量是一样多的）。再抽数据相差大的小组汇报。老师反问：看到这样的数据，难道我们的结论是错误的吗？这究竟是怎么回事呢？谁来解释一下。（引发学生互相质疑、讨论）在实验中，造成误差的原因有很多，并且我们每次摸到的号球都是不确定的。当活动次数太少时，也会对结果造成影响。当活动次数足够多时，在这样的活动中，每个号球被摸出的可能性是大致相同的。学生在活动过程中，通过观察、实践、描述和交流，不断地反思、碰撞，对"可能性"大小的定性描述有了更深刻的理解。

（四）游戏闯关，深度体验"可能性"的综合应用

在本节课中，设计活动是重点，设计有层次有内涵的活动更是我们应该关注的。建立数据分析观念最好的办法是让学生经历完整的收集、整理、分析、描述的统计全过程。在闯关游戏中，游戏一：小心炸弹。通过这一环节，可以多次让学生对结果进行预判，体验事件随机可能性，内化所学知识，进一步提升学生的思维品质。游戏二：设计游戏。尝试着让学生设计放球可能性的游戏，通过比较不同可能性之间的共同点和相似之处，加深知识的理解，更好地应用"可能性"来解决实际问题，既深化学生对所学知识的理解，也培养了学生反向思考的能力。游戏三：合情推理。学生通过多次有放回地摸球，让学生发现每次摸出的球的颜色的不确定，感受数据的随机性。统计摸出黄球和白球的数量，由此估计袋中黄球和白球数目的情况。在不确定的基础上，体会规律性，进一步提升学生数据分析、合情推理的能力。让学生初步养成乐于思考，勇于质疑，言必有据的良好品质。

五、教学实践片段

片段：

师：你们真是善于思考的学生，我们就一起带着问题来做第一个游戏。

师：老师这里有个袋子，装有 1 个 1 号球，如果你去摸，结果会怎样？

生：一定能摸到 1 号球。

师：现在袋子里有 1 个 1 号球，1 个 2 号球，1 个 3 号球，请同学们想一想，如果从袋子中任意摸出一个球，可能摸出哪个号球？

生：可能摸出 1 号球，也可能摸出 2 号球或 3 号球。

师：刚才同学们所说的结果仅仅是我们的推理，接下来，我们需要怎么做？

生：我们需要通过实验来验证。

师：实验中，我们要注意哪些问题呢？

生 1：摸的时候不能看。

生 2：摸完之后，要把球放回袋子。

生 3：摸完之后，一定要把袋子里的球搅匀，再进行下一轮摸球。

师出示操作活动要求：

①每个同学任意摸出一个球，每人摸 10 次，共 30 次。

②组长将每次摸出的结果记录并统计在学习卡上。

③小组内交流，从数据中你发现了什么？

分小组汇报，互动交流。

……

（此案例由朱莉提供）

第六章
数学体验课程的评价

第一节　校本体验课程实施的评价

对学生的学习评价是体验课程实施的重要组成部分。评价的主要目的就是全面了解学生的数学体验学习过程，激励学生进行学习和改进教师的课程设计。长期以来，由于受应试教育的影响，人们常常把考试与评价、考试与分数与学生价值等同起来，存在着评价功能单纯、评价标准单一、评价内容片面、评价方法单调、评价主体单向等问题。这样的评价方式已经不能适应当前小学数学教育的需要。在校本体验课程实施的过程中，促进了学生对课本知识的理解，极大地丰富了学生的数学学习体验。在与同学、教师的沟通交流中，学生的表达能力、观察能力、信息筛查能力、交往能力、自主探究能力都有明显提高，学生学有所得、学有所乐。

因此在评价的过程中，既要关注学生体验学习的结果，更要关注他们学习的过程。关注学生参与、体验和合作表现，关注他们在数学活动中所表现出来的情感与态度，帮助学生认识自我，建立信心。而在体验学习中，不同个体的表现也往往呈现不同的特点：有的学生善于观察和发现；有的学生善于思考和构建联系；有的善于小组合作讨论；还有的善于记录或表达自己的见解。在评价学生学习效果时，不仅要考虑共性的目标，还应该把握差异性原则，把课程目标与学生个性发展结合起来。此外，在学习过程中，体验学习资源丰富，学生活动形式多样，不同的学生在参与过程中会有不同的收获，甚至会有预设目标之外的"收获"，这些都是极为可贵的。因此，体验课程在评价方式上强调多元化、弹性化。

一、创意体验课程的评价

创意体验课程着重培养学生动手动脑，灵动学生思维，让学生在操作实践中感知、比较、归纳，对关注学生数学活动体验及数学素养发展具有重要意义。数学创意课程的评价主要分为过程评价和期末评价，两项所占比例分别为 70% 和 30%。

（一）过程评价

过程评价是以激励学生投入学习为目的，给表现优异的同学颁发"数学小能手"印章。在课堂上，根据创意体验内容，学生操作成功一次可以获得一枚"数学小能手"的印章；小组能结合操作情况，完成一次分享，每人获得 2 枚"数学小能手"的印章；小朋友有创新的操作或发现时，获得 3 枚"数学小能手"的印章。对每一次创意体验活动，小朋友都要对自己的表现进行自我评价，小组内相互评价，然后综合老师的评价作为小朋友该次创意主题活动的整体表现情况。

（二）期末评价

期末评价，一是结合学校每期一次的数学体验周而进行的评价。在校园内以小组为单位完成一次数学体验活动，然后将小组的成果展示为一张 A4 纸大小的小报。对于一到三年级的孩子，老师提供小报模板，并给予指导。对于四到六年级的孩子，则是自主设计，自主制作。小组一起完成活动，制作的小报被评为良好的，获 3 枚"数学小能手"的印章；小组一起完成活动，制作小报被评为优秀的，获 5 枚"数学小能手"的印章。

二是开展体验游园会。学生通过游园，回答问题，参与游戏，可以赢得"数学小能手"印章。比如，游园活动之一为"猜灯谜"。灯谜由谜面、谜目和谜底组成。谜面是给学生的问题，将会从创意体验课程教材中进行抽取。谜目是告诉学生问题涉及什么领域，如数与代数、图形与几何、统计与概率等，为学生提供一定的思考方向，谜底就是答案。依据灯谜的难度，学生回答正确后可换取数额不等的"数学小能手"印章。老师主要根据学生获得的印章数量以及学生的活动表现来给出成绩。

二、游戏体验课程的评价

学生对游戏体验课程有浓厚的学习兴趣。学生在游戏中获取、理解并运用知识，发展实践能力与创新能力，提升数学素养。游戏体验课程打破了传统教育观念的禁锢，给予了学生独特的学习体验，与众不同的学习方式也会带来意想不到的学习效果。游戏体验课程要求老师关注学习过程与学习结果，而且要对结果进行确切的评价，评价内容涉及学生参与游戏的程度、体验效果是否达成等。评价维度要科学，科学的评价维度是促进学生数学素养全面发展的有效途径，因此要全面关注素养发展，设立技能、体验、策略、创新、兴趣、探索等几大方面的评价维度。评价方式要多元，不仅是对某一阶段努力的认同，更是成长的必要动力，所以动态化、多元化是游戏体验课程评价的主要特点。

（一）动态式评价

动态评价倡导以人的发展为本，关注学生潜在优势的发展，注重游戏组织中学生动态发展行为，回归游戏本真的评价心态。坚持评价要在真实的游戏情境和开放性活动中展开，以发现每个学生的潜力和特点，让每个学生都得到富有个性的发展，从而不断地深化游戏体验课程的研究。如学生的自评记录表、小组成员之间的互评表、老师对某个游戏的评价表。其中老师评价主要分两类模式展开：

①日常形成性评价：主要对学生在游戏过程中的表现给予整体性的定量评价，对典型事例进行个别性的定性描述。

②终结性评价：主要通过一学期一次的老师主观评价和一年一次的测试性评价。倡导以一种"动态评价"的眼光来评价游戏价值与孩子发展，给予学生积极、合理的回应，可以是鼓励、建议，可以是进一步的协助，可以是充分的肯定，这种伴随着评价而产生的回应对游戏活动的开展具有积极的意义。

（二）多元化评价

伴随着休闲与游戏的大众化与普及化，游戏的意义已经超越了单纯的娱乐范畴而成为现代人追求健康生活、表现和超越自我力量与价值的重要活动领域之一。所以，它也导致了评价内容由过分偏重知识与技能的单维评价，变成强调对知识与技能、过程与方法、情感态度与价值观的多维评价或多元化评价。如游戏"智力七巧板"，老师们以前关注的是拼图结果，而现在变成了关注拼图过程中学生的情绪体验与该游戏活动的价值和意义。

三、阅读体验课程的评价

为了能够测评出学生"数学阅读能力"的发展状况，我们引导学生将所学知识用于日常生活，而日常生活的人际沟通以口语表达最为直接便利；因此，以语言为中介的口语表达法纳入阅读体验课程评价，该评价方式对学生数学表达能力的提高具有重要作用。除此之外，还有问题解决法、绘本创作法等方式。口语表达法与问题解决法也有不足之处：难以建立完全客观的评分标准，影响测验的信度；难以区分语言表达能力与真正学习结果，对语言表达能力差的学生不利；评分者的主观意识易造成评分结果的偏差；所需时间较长，且需要较多人员，这也是老师们觉得难以把握和操作之处。基于此，以语言为中介的评价方式应注意以下问题：允许学生有充足的时间回答；老师的态度应和蔼、热情；抓住时机进行评价；事前建立公正客观的口语评价标准，并让小学生充分了解。

（一）口语表达法

在数学情境中的表演、讲数学小故事、说感想等方式。其优点在于：可以评估小学生概念的完整性，更能评量小学生的认知与情感，能立即诊断小学生的学习问题，能增进小学生的语言表达能力与组织能力，能改善小学生的学习方法与态度。

（二）问题解决法

常用于形成性评价，一是老师在教学过程中以提问的方式来评价课程的效果与小学生的发展。如通过阅读，你还能提出哪些数学问题？你能怎样解决？你对某同学的看法有什么补充？你对此项活动有什么建议 ……二是以说题的方式来进行。老师组织学生分小组进行，从选题内容、讲解技能、表达能力和仪表形象等几方面进行评价。问题解决法的优点表现为：有助于提高小学生的参与兴趣，能增强同伴互动学习，可进行及时强化，有利于掌握课程进度。

（三）绘本创作法

常用于表现性评价，如通过自主阅读，鼓励学生创编绘本、制作小报等。改编和创作绘本时从内容是否充实有新意、版面设计是否科学、字体、图画是否整洁美观等角度，目的是符合孩子的审美趣味和欣赏习惯，通过发挥图画的视觉影响力来激发孩子对阅读的兴趣，提升他们对语言、对美的感受力和运用能力。

第二节 教材体验点学习评价

数学体验课程针对教材体验点的评价，遵循课程标准评价实施的建议，基于学生学习数学的过程与结果，倡导多样化学业评价方法的运用，作如下尝试（表6.1）：

表 6.1 数学体验课程评价安排表

育英小学数学体验课程评价			
表现性评价	40 分	1. 课堂观察	20 分
		2. 体验作业	10 分
		3. 单元札记	10 分
结果性评价	60 分	1. 期末学业水平测试	50 分
		2. 分年级体验园闯关	10 分

一、过程评价

（一）课堂观察

课堂观察的主要对象是学生课堂上的学习表现。老师开展课堂观察活动，可对学生在课堂学习活动中知识技能的掌握，对数学思考和问题解决的具体表现和学习活动的参与，以及学生在情感态度方面的变化与发展情况做出评价。具身认知理论的学习观认为：学习是情脉化的，学习是身体力行的，学习是基于感知的。因此，根据教学评价一致性原则，实施针对课堂中数学体验的评价，评价过程要注重指向性、可执行性、即时性。

1. 指向性

指向性是指评价内容的设计应该指向学习目标，并且能被学生理解，能落实在学生具体的学习行为上。老师要深度解读《义务教育数学课程标准（2011年版）》，通过对标准的研读，深度领会数学学科的育人价值、知识框架和核心知识，聚焦目标进行评价内容的设计，让教、学、评能达成内在的一致。

2. 可执行性

可执行性即评价指征的表述或观察方法，都应该具体、明确、简便、易观察、易操作。因此，要求老师能准确地分析学情，既要分析该年级学生学习、认知的普遍特点，又要把握本班学生的学习起点和增长点，并以此来调整学生表现水平等级的指征表述。

3. 即时性

在数学教学中，学生的学习行为能被即时评价。老师在课堂观察中，恰当地、及时地对学生的学习做出评价，使学生得到学习成功和失败的体验，从而为师生调整教与学的行为提供客观依据，老师据此修订教学计划、改进教学方法、完善教学指导，学生据此变更学习策略、改进学习方法、增强学习的自觉性，发挥评价的激励作用和调控功能。

（二）体验作业

针对教材中某一具体的"体验点"，学生完成课堂学习后，老师有针对性地设计体验作业。这样的体验作业，每一个年级在学期中或寒暑假都有具体的内容安排，并主要采用内容分析的方法进行评价，即对各种材料与记录的内容、形式、含义及其重要性进行客观、系统和数量化的描述。相较于传统作业的评价仅仅是判断对错而言，体验作业的评价更侧重于对学生学习过程、数学思考和成果的总体把握。

体验作业的评价分为三个层面：老师、学生、家长。

①老师评价，重在指导。关注学生的参与，关注活动中数学思想方法的运用，关注学生思维的提升，保障实践活动的科学性。如在"探秘身体尺"的体验作业评价中，学生是否经历了对测量对象：估计和实际测量的过程，是老师重点评价并指导的点；此外，学生完成活动后还需记录自己的"收获与问题"，记录所体现的数学思考是否有数学味儿和反思性，也是老师通过评价引导学生努力的方向。

②学生互评，重在影响。通过学生的参与，更好地发挥学生的主动性，激发学生的兴趣，给学生一个出口，通过"展示—投票—奖励"让所有的学生既关注自己的作业，也去欣赏别人的作业，感受到与自己不一样的创意，促进学生在对比、反思中发现别人的长处，受到启发，为下一次体验作业获取经验，同时，可促进学生更加客观公正地认识自我和积极主动地投入学习。

③家长评价，重在激励。由于数学体验作业大部分是在课外完成，家长评价可以为老师提供大量最真实、最详细的信息资料。家长对孩子参与活动的兴趣、细心程度等方面进行评价，促进家长了解、关心和鼓励孩子，提高孩子参与的兴趣和自信心。

（三）单元札记

除了课堂观察和针对某一体验点的作业评价，针对数学学习单元，课程团队设计了单元札记模板，作为学生进行单元整理与复习的一个良好载体，可以帮助学生梳理单元学习的主要内容、参与的体验活动，记录尚且还不清楚的知识点，也是帮助学生解决疑惑的方法与途径，并引导学生有针对性地进行反思、自我评价。

单元札记的评价与体验作业的评价一致，同样倡导评价主体的多元化，增加互动性，更好地凸显学生的主体价值，发挥以评价促进学生发展的功能，如图 6.1 所示。

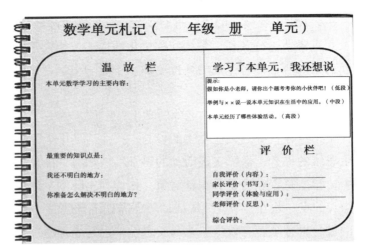

图 6.1　数学单元札记示例

二、期末评价

（一）全校性学业水平测试

期末学生参加由区进修学院统一命题、统一时间的水平测试（测查），以书面测试的形式具体了解学生对相关知识与技能的掌握情况，以及学生在解决问题过程中所反映出来的学习能力与思维发展，该成绩占体验课程评价的50%。

（二）分年级闯关活动

在全校性学业水平测试的前一周，组织学生参加所在年级的体验闯关活动，评价学生在操作、表达等方面是否有较明显的进步，在数学素养上是否有显著提升。一、二年级的体验闯关活动以游园的方式进行，选择一学期最核心的数学概念、最重要的数学语言表达和学生需要掌握的操作技能作为考查点，在摆、数、量、说等体验性闯关活动中进行评价，三到六年级以纸笔、操作和说题结合的形式进行评价。

第三节　体验课程评价样例

一、校本体验课程评价样例

创意体验课程评价汇总表见表6.2。

表6.2　创意体验课程评价汇总表

体验活动主题	平时评价（60%）			期末评价（40%）	综合评价
	自我评价（30%）	同伴评价（30%）	教师评价（40%）		
（1）有趣的四连方					
（2）周长变变变					
（3）围篱笆的学问					
（4）拼拼才知道					
（5）分数在哪里					
（6）神奇的规律					
（7）做个三角形					
（8）"分数"做客					

"智力七巧板"的评价量表见表6.3。

表6.3　"智力七巧板"的评价量表

评价项目	评价要点	分值	得分
参与程度	拼摆积极性高，思维活跃，乐于动手，有强烈的活动欲望	20	
过程体验	能独立开展观察、操作、猜测、推理、验证等探究性的学习活动	20	
活动思考	积极互动，深入思考；敢于提出问题并发表自己的见解；师生、生生之间能进行深层次的对话与交流；提出的问题具有挑战性和独创性；能采纳别人好的建议，做到资源分享	30	
活动效能	活动效能高，基本的数学思想得以体现，基本活动经验得以建立。学生在原有的基础上获得知识、技能、情感态度等方面的发展，特别是积累了数学活动经验，获得学习数学的成功体验	30	

阅读体验课程评价总表见表6.4。

表6.4　阅读体验课程评价总表

活动项目	评价标准				评价等级
讲故事	故事内容	讲解技能	表达能力	仪表形象	达到1～2个标准获★；达到3个标准获★★；达到4个标准获★★★
	切合主题，内容精彩具体，情节完整	故事讲解生动，富于吸引力，感情充沛，有适当的动作手势	语言准确流畅，条理清晰，语音、语调规范、吐字清楚	仪表整齐、仪态大方、体态自然	
做小报	内容丰富	版面设计	创意新颖	字体工整	达到1～2个标准获★；达到3个标准获★★；达到4个标准获★★★
	主题鲜明，内容丰富充实，能展现数学知识多样性	设计合理，编排得当；版面整洁，视觉效果好	形式新颖，有创意，插图设计合理，视觉效果好	文字工整清晰，没错别字。字距、行距适当，文章之间要有空隙	
编绘本	内容丰富	版面设计	创意新颖	图画生动	达到1～2个标准获★；达到3个标准获★★；达到4个标准获★★★
	主题鲜明，内容丰富充实，能将数学知识点融入绘本故事，情节设计合理	页面设计合理；版面整洁，视觉效果好	形式新颖，故事情节设计有创意，绘本整体视觉效果好	绘画基本功好，充满童趣，能吸引人继续阅读	
写感想	文字语言	内容丰富	创意新颖	版面设计	达到1～2个标准获★；达到3个标准获★★；达到4个标准获★★★
	语言流畅、完整、条理清晰，能清晰地表达数学思想	能够围绕数学阅读材料的结合点写具体、真实地表达出自己的感受	观点有创意，结合的数学知识点或自己的感悟有创新	页面设计合理；版面整洁，视觉效果好	
说趣题	选题内容	讲解技能	表达能力	仪表形象	达到1～2个标准获★；达到3个标准获★★；达到4个标准获★★★
	选题内容有意义，能清晰说出选题缘由及其历史背景	能用准确的数学语言清晰、简洁表达，讲清解题过程，富有吸引力，有适当的动作手势	数学语言准确流畅，条理清晰，语调规范、吐字清楚	仪表整齐、仪态大方、体态自然	

二、课堂观察评价样例

（一）数与代数

以西师版二年级上册"乘法的初步认识"为例（表6.5）。

表6.5 "乘法的初步认识"评价细则表

教学目标	1. 正确读、写乘法算式，理解算式中各部分的意思（会读、会写、会表达）。 2. 在具体的情境中通过数一数、摆一摆，沟通加法与乘法之间的联系（会操作、会列式）。 3. 感受乘法与生活现象的联系，初步感知乘法的简便性（会举例）。		
评价指征	表现水平		
	★	★★	★★★
知识技能	正确读、写乘法算式，知道乘法算式中各部分的名称	理解乘法的意义	能用简洁的数学语言表述乘法算式各部分的意思
数学思考	在具体情境中，能正确列出乘法算式	能熟练地运用学具操作表示乘法算式	在具体情境或动手操作的过程中，理解加法与乘法之间的关系，并能灵活举例
问题解决	能正确判断问题是否可以列乘法算式，并尝试解决	能在具体的情境中提出用乘法解决的问题	能自己创设用乘法解决的数学情境，提出问题并解决
情感态度	在他人的帮助下，积极参与探究活动，尝试克服困难	在独立操作和记录的过程中，勇于修正错误	勇于解决学习中的困难，获得成功的乐趣

（二）图形与几何

以西师版教材五年级下册"观察物体"为例（表6.6）。

表6.6 "观察物体"细则表

教学目标	1. 正确辨认从正面、左面、上面观察到的立体图形的形状（会认）。 2. 通过观察、操作、推理等活动，知道从三个方向观察才能确定立体图形的形状及位置，并还原立方体（会操作、会表达，会思考）。 3. 在平面图形与立体图形相互转换的过程中，进一步发展空间观念，体会数学知识与生活的紧密联系（问题解决，情感态度）。

续表

评价指征	表现水平		
	★	★★	★★★
知识技能	观察立体图形后，能正确选择从正面、左面、上面看到的对应平面图形	能根据从正面、左面、上面看到的平面图形，正确还原立体图形	能灵活地进行平面图形和立体图形之间的转换
数学思考	知道同一个立体图形，从正面、左面、上面看到的平面图形是不同的	理解要从三个方向观察才能确定立体图形的形状及位置	能用自己的语言总结：从三个方向观察才能确定立体图形的形状及位置
问题解决	通过拼搭能还原立体图形	能在具体的情境中，提出相关的问题	只给出立体图形正面和左面看到的图形，能想象出该立体图形可能的样子
情感态度	积极参与探究活动，有好奇心	在独立观察和记录的过程中，严谨求实，勇于修正错误	勇于解决学习中的困难，获得成功的乐趣

（三）统计与概率

以西师版教材四年级下册"平均数"为例（表6.7）。

表6.7 "平均数"评价细则表

教学目标	1. 理解并能用自己的语言解释平均数的实际意义，掌握求平均数的方法； 2. 在具体情境中，体会平均数的作用和特点； 3. 解决简单的实际问题，进一步积累分析和处理数据的方法，发展统计观念		
评价指征	表现水平		
	★	★★	★★★
知识技能	掌握求平均数的方法，能正确计算一组数据的平均数	能理解平均数不是一个真正的数	能用自己的语言解释平均数的实际意义
数学思考	能通过具体实例，体会平均数的作用	能通过"移多补少"等操作活动，体会平均数的范围	能够用自己的语言总结平均数所具有的"代表性"和"敏感性"等特点
问题解决	能解决与平均数相关的数学问题	能在具体的情境中，提出用平均数解决的相关问题	能运用平均数的知识分析问题、提出建议

268

评价指征	表现水平		
	★	★★	★★★
情感态度	积极参与探究活动，有好奇心	勇于解决学习中的困难，获得成功的乐趣	在学习活动中，能合作、交流与反思质疑

三、体验作业评价样例

（一）数与代数

以二年级下册"数豆子"体验作业设计与评价为例。

1.活动背景

①学情分析：学生已经具备了初步的估测意识，具有由小推大，由局部推测整体的估计经验，能结合计算得出估计的结果。

②教学需要：数豆子是教材的一个例题，我们思考：与其让学生带着豆子进课堂，在课堂上"热闹"，还不如引导学生通过看书，独立思考进行操作活动。教材以对话的形式给予学生提示，用意在于放手让学生去想各种方法，发挥学生的主体作用。

2.活动目的

灵活使用"数数＋估算"的方法进行数豆子活动，体会数学方法在生活中的运用。

3.活动对象

小学二年级下册的学生。

4.活动准备

豆子、碗或其他容器、照相（家长辅助）。

5.活动内容

根据活动目的，老师引导学生自主设计活动记录单；完成活动的过程中由家长辅助拍照记录活动步骤；最后将过程和结果记录在活动记录单上。

6.活动评价

"数豆子"活动评价细则表见表6.8。

表6.8 "数豆子"活动评价细则表

等级＼指征	方　法	工具使用	过　程	其　他
优秀	多种方法如：数数、计算和推理	除了常用工具，还能使用量杯等专业工具	关键步骤清楚；过程记录数学味较浓	反思活动中有需要注意、强调的地方；思路有创新；能提出问题
良好	教材方法的再现（2种）	教材所示工具	关键步骤清楚；记录有流水账现象	能根据实验过程得出可靠性结果
一般	单纯的数数	无	简单	有结果

（二）图形与几何

以二年级下册"小小测量员"体验作业设计与评价为例。

1. 活动背景

①学情分析：学生已经认识了长度单位厘米、米，知道分米，会进行简单的单位换算，能在测量活动中，选择合适的测量工具和恰当的长度单位，已经初步感受长度测量与实际生活的密切联系。

②教学需要：教材在测量长度这一单元的末尾，安排了"小小测量员"这一综合与实践活动，教材以校园为情境，引导学生操作实践。学生在学习了本单元后，除了会测量书本、橡皮等学习用品，更是对生活物品、房屋的长宽等较长的长度充满了好奇，同时也迫不及待地想尝试除了直尺以外的测量工具。因此，该活动既是教材的要求，也是学生的需要，鼓励学生把观察、操作与探索结合起来，让学生在实践中发现问题，研究并解决有关度量长的问题。

2. 活动目的

通过实践探究，研究并解决有关度量长的问题。

3. 活动对象

小学二年级上册的学生。

4. 活动准备

活动记录单（老师提供）、测量工具。

5. 活动内容

学生阅读教材 62–63 页，自主选择测量对象，并根据活动记录单（图 6.2）的提示，完成活动并记录。

小小测量员

班级：＿＿＿＿＿＿＿　姓名：＿＿＿＿＿＿＿

1. 阅读教材62–63页，选择自己感兴趣的内容；
   我确定自己的测量对象是：＿＿＿＿＿＿＿＿＿＿＿。
2. 要知道＿＿＿＿＿＿的长度（或距离），我的方法是：＿＿＿
   ＿＿＿＿＿＿＿＿＿＿＿＿＿＿＿＿＿＿＿＿＿＿＿＿＿＿＿
3. 我要用到的工具有：＿＿＿＿＿＿＿＿＿＿＿＿＿＿＿＿＿
4. 我的记录：＿＿＿＿＿＿＿＿＿＿＿＿＿＿＿＿＿＿＿＿＿
   ＿＿＿＿＿＿＿＿＿＿＿＿＿＿＿＿＿＿＿＿＿＿＿＿＿＿＿
5. 通过测量，我得到的结果是：＿＿＿＿＿＿＿＿＿＿＿＿＿
6. 活动后，我的收获和问题：＿＿＿＿＿＿＿＿＿＿＿＿＿＿
   ＿＿＿＿＿＿＿＿＿＿＿＿＿＿＿＿＿＿＿＿＿＿＿＿＿＿＿

图 6.2

6. 活动评价

"小小测量员"活动评价细则表见表 6.9。

表 6.9 "小小测量员"活动评价细则表

指征 等级	测量对象选择	工具使用	过程	收获与反思
优秀	多元（曲线段或长距离）	灵活使用卷尺等工具，并借助辅助工具，如棉线、人体等	借助估算、多次测量求平均数等方式得出结果；注重与他人合作	反思活动中需要注意、强调的地方；总结各种方法的优缺点；提出问题
良好	单一（生活中的直线段）	合理使用米尺、直尺	间接测量得出结果	思考不够深入
一般	单一（局限于学习用品）	直尺	直接测量得出结果	无或少

（三）综合与实践

以三年级上册"趣味家庭年历"体验作业设计与评价为例。

1. 活动背景

①学情分析：学生学习了年、月、日后，知道大月、小月、特殊月等知识，但学生对年历的结构还不太了解。

②教学需要：教材在该单元结束后安排了"做一个家庭年历"的综合与实践，其中包括动手制作年历、探索年历中数的排列规律并了解二十四节气。本活动将重点放在家庭年历的制作中，并引导学生在制作的年历上标注重要纪念日，加深对所学知识的理解和灵活运用。

2. 活动目的

通过年历的制作，加深对知识的理解，培养学生的动手能力。

3. 活动对象

小学三年级上册的学生。

4. 活动准备

硬纸板、彩笔、剪刀、直尺等材料。

5. 活动内容

①调查家中的重要纪念日，如家人的生日、自己的入队纪念日等。

②选择合适的材料制作年历。

③美化制作完成的年历，并标记重要纪念日。

6. 活动评价

制作"趣味家庭年历"活动评价表见表 6.10。

表 6.10　制作"趣味家庭年历"活动评价表

指征 / 等级	材料选择	年历设计	美　化	创意加分
优秀	注重废物利用	布局规范，无错误	美观、大方，且有主题	具有立体感，或其他创意元素
良好	材料选择使作品有硬度	不太规范，但无错误	有一定美化	无
一般	普通作业纸	有错误	无美化	无

四、分年级闯关活动评价样例

（一）一、二年级闯关活动方案及评价

一、二年级数学无纸笔"多元"评价方案

1. 指导思想

根据数学课程标准的相关要求，对学生数学学习的过程和结果进行全面了解并作出科学判断。结合"双减"相关要求，改变传统的学业评价方式，全方面、多角度地考查学生的知识掌握情况，在情境中、活动中，考查学生的数学表达、动手操作、计算能力、观察思考等，注重手脑并用、注重对学生学习过程的评价，以促进学生的发展为目的，发展学生的数学素养，提高孩子的数学学习兴趣。我校一、二年级学生将针对本册学生学习的各个知识点开展数学闯关游戏。

2. 评价对象

一、二年级全体学生。

3. 评价时间

2022 年 1 月（具体时间待定）。

4. 评价地点

附中校区一楼、大礼堂右侧玻璃房。

5. 评价形式及要求

【一年级评价内容】

老师准备 5 个游戏关卡，根据闯关情况可获得对应的奖章。学生闯关结束后自行选择下一关，不可重复闯关。最终学生凭所得图章个数到老师处汇报成绩。

关卡一：花样数数

活动内容：按要求数数

活动准备：20 以内数数题卡 5 张，每张卡上 1 个题目。（从 ×× 到 ××，1 个 1 个数，2 个 2 个数，5 个 5 个数，倒着数，顺着数。）

活动规则：

抽取一张数数题卡，按要求数数。

评价标准：

①能按要求正确数数☆☆☆。

②部分出现错误☆☆。

关卡二：巧手拨珠

活动内容：看算式，拨计数器，说出数的组成

活动准备：算式数字卡片，20以内，题卡10张。每张卡片上2个数。

活动规则：

从老师处领取一张数字卡片，用计数器拨出这个数，并说出这个数是由
（　　　）个10和（　　　）个1组成。

评价标准：

①能正确拨数，并说出数的组成，得到奖章☆☆☆。

②能正确拨数，但数的组成表达不清楚，得到奖章☆☆。

关卡三：会算有理

活动内容：20以内加减法计算方法

活动准备：算式卡片4张（2个进位加法，2个进位减法）

活动规则：

任意抽取1张算式卡片，说出计算方法和计算结果。

评价标准：

①能用凑十法或破十法进行计算，得到奖章☆☆☆。

②不能说出算法，只能说出计算结果，得到奖章☆☆。

关卡四：识图达人

活动内容：根据抽取的题卡摸出长方体、正方体、圆柱、球

活动准备：图形题卡，装有4种立体图形实物的不透明袋子

活动规则：

学生随机抽取1张题卡，每张题卡上两个图形。（题卡包括长方体、正方体、
圆柱、球），根据所抽图形从不透明袋子中摸出对应实物。

活动评价：

①正确摸出对应图形，得到奖章☆☆☆。

②部分出现错误，得到奖章☆☆。

关卡五：慧眼识图

活动内容：看图说图意并列式

活动准备：6 张题卡。

活动规则：

从老师那里抽取 1 题卡，说出图意并列式计算。

活动评价：

①能清楚说清图意，正确列式计算，得到奖章⭐⭐⭐。

②能简单描述图意，正确列式计算，得到奖章⭐⭐。

③只能列式计算，得到奖章⭐。

【二年级评价内容】

活动设置 5 个闯关站："火眼金睛""得心应手""测量达人""巧手拼摆""能说会道"。

闯关通过者可获得 1 ~ 2 个奖章，并进入下一站，闯关失败者不得奖章，直接进入下一站。

学生不可重复闯关，所得奖章个数即为最后成绩。

关卡一：火眼金睛

活动内容：观察物体

活动规则：学生观察情境图，说出给定图片分别是从哪个角度观察到的。

活动评价：

①全部说对，获得奖章⭐⭐。

②部分说对，获得奖章⭐。

关卡二：得心应手

活动内容：角的分类

活动规则：老师出示画有角的卡片，能用三角板判断并说出它是____（直角、锐角、钝角）。

活动评价：

①能正确摆放三角板，得到奖章⭐。

②两个角都判断正确，得到奖章⭐。

关卡三：测量达人

活动内容：测量长度

活动规则：用直尺测量指定物体的长度。

活动评价：

①操作熟练，获得奖章⭐。

②结果正确，获得奖章☆。

关卡四：巧手拼摆

活动内容：倍的认识

活动规则：根据卡片要求，用学具摆出倍数关系。

活动评价：

①快速并正确完成，获得奖章☆☆。

②需要提示才能完成，获得奖章☆。

③不能完成，不得奖章。

关卡五：能说会道

活动内容：乘除法的意义

活动规则：看卡片，说出图表示的意思，并口头列算式。

活动评价：

①表达清楚、语言简洁，得到奖章☆。

②算式正确，得到奖章☆。

（二）三—六年级体验测试题

【三年级上册体验测试题】

①掂一掂数学书，（　　）本数学书大约重1千克。

考查内容：千克的认识。

考查能力：对质量单位的掌握。

②在下面画一张本月的月历。

考查内容：年、月、日。

考查能力：对时间关系的掌握与运用。

③图6.3所示正方形的周长大约是（　　）厘米。

图6.3

考查内容：周长，长度单位的认识。

考查能力：周长的理解，估测能力。

④用旁边的工具（棉线、直尺、三角板等）测量一个不规则图形的周长。它的周长大约是（   ）。

考查内容：周长。

考查能力：工具意识，解决问题的能力。

⑤画一画，设计放学回家的线路图。

考查内容：位置与方向，长度单位。

考查能力：位置与方向的灵活运用，正确使用长度单位。

【三年级下册体验测试题】

①你现在使用的课桌，面积大约（   ）平方分米。

考查内容：面积单位。

考查能力：对面积单位的掌握，估测能力。

②想知道黑板面的面积，在下面写下你的方法吧！

考查内容：面积的意义，面积单位。

考查能力：解决问题的能力。

③生活中的平移现象，在下面举两个例子。

考查内容：平移。

考查能力：对平移概念的理解。

④画一画，设计一个美丽的轴对称图形。

考查内容：轴对称图形。

考查能力：对轴对称图形概念的理解，动手能力。

⑤说一说，不计算，看 $25 \times 12 = 300$，说 $25 \times 24 = ?$

考查内容：探索规律。

考查能力：对算法的掌握，运用规律巧算的能力。

【四年级上册体验测试题】

①说一说：说一句话，至少包含一个大于 10 000 的数。

考查内容：万以上的数。

考查能力：数的读法。

②找一找：生活中哪里有编码？

考查内容：数字编码。

考查能力：数字编码在生活中的运用。

③画一画：不用量角器，用三角板画出一个 30° 的角，一个 90° 的角，一个 120° 的角。

考查内容：角的大小，画角。

考查能力：运用三角板上特殊角解决实际问题的能力。

④寻一寻：生活中平行的现象，举一个例子写在下面。

考查内容：平行。

考查能力：对平行这一概念的理解与应用。

⑤说一说：分别用"一定""不可能""可能"描述生活中的三个现象。

考查内容：可能性。

考查能力：对可能性大小的理解。

【四年级下册体验测试题】

①举例子：生活中哪里有三角形？

考查内容：三角形。

考查能力：对三角形概念的理解。

②画一组有规律的图形，写出它的规律。

考查内容：探索规律。

考查能力：考查观察、推理能力。

③创小数：圈一圈、画一画、摆一摆等方式，表示出两个一位小数。

考查内容：小数。

考查能力：对一位小数概念的理解。

④说一说：平均数在生活中的应用。

考查内容：平均数。

考查能力：对平均数概念的理解与运用。

⑤应用确定位置的相关知识，设计游戏。

考查内容：确定位置。

考查能力：用数对确定位置方法的掌握。

【五年级上册体验测试题】

①去菜市场为家里买一次菜，记录下买菜费用的使用情况。

考查内容：整数、小数的读写、四则混合运算。

考查能力：解决实际问题的能力。

②找一张超市买东西的发票，说说每一个数表示什么。

考查内容：计数单位、数位。

考查能力：在具体情境中，对计数单位和数位的理解。

③调查记录你家人的手机话费的计费标准、计费过程、计费结果。

考查内容：小数四则混合运算。

考查能力：解决实际问题的能力。

④体验记录你某一次坐出租车的计费标准、计费过程、计费结果。

考查内容：小数四则混合运算。

考查能力：解决实际问题的能力。

⑤调查记录你家里的水电气费的计费标准、计费过程、计费结果。

考查内容：小数四则混合运算。

考查能力：解决实际问题的能力。

【五年级下册体验测试题】

①用五个相同的正方体积木块搭一个立体图形，画出从前面、右面、上面观察到的图形形状。

考查内容：小数四则混合运算。

考查能力：解决实际问题的能力。

②你家有（　　　）口人，把一块蛋糕平均分给你家里的人，每人吃这块蛋糕的（　　　）。

考查内容：分数的意义。

考查能力：分数概念的理解。

③画一个正方体的展开图。

考查内容：正方体展开图。

考查能力：空间观念。

④测一个鸡蛋的体积，将你的测量过程方法记录在下面。

考查内容：体积，体积单位。

考查能力：体积和体积单位概念的理解。

⑤算一算你家书柜用了多少平方米木料？将你的方法记录在下面。

考查内容：表面积。

考查能力：解决实际问题的能力。

【六年级上册体验测试题】

①摆一个三角形，使它的周长为图6.4所示图形的二分之一。

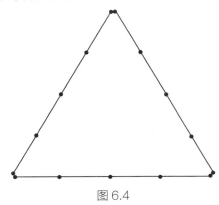

图6.4

考查内容：图形的放大与缩小。

考查能力：对图形放大与缩小方法的掌握。

②小兔家在小鸡家的北偏西30°方向200米处，小松鼠家在小兔家南偏西20°方向300米处，小松鼠家在小兔家南偏西20°方向300米处。请你根据比例尺1：5 000画出它们家的位置。

考查内容：位置与方向，比例尺。

考查能力：对用方向和距离确定位置和比例尺知识的掌握。

③用圆规画圆：画几个圆心在同一点而半径不相等的圆；画几个圆心不在一点而半径相等的圆。

考查内容：画圆。

考查能力：圆相关概念的理解和掌握。

④转盘上均匀分布了四个数字，小冬转动指针，小磊猜指针停在哪个数字上。如果小磊猜对了，小磊获胜；如果小磊猜错了，小冬获胜。判断这个游戏公平吗？为什么？如果不公平，请你设计一个公平的游戏规则。

考查内容：随机事件。

考查能力：对随机事件的理解。

⑤在长方形中画一个最大的圆，说一说你是怎么画的（图6.5）？

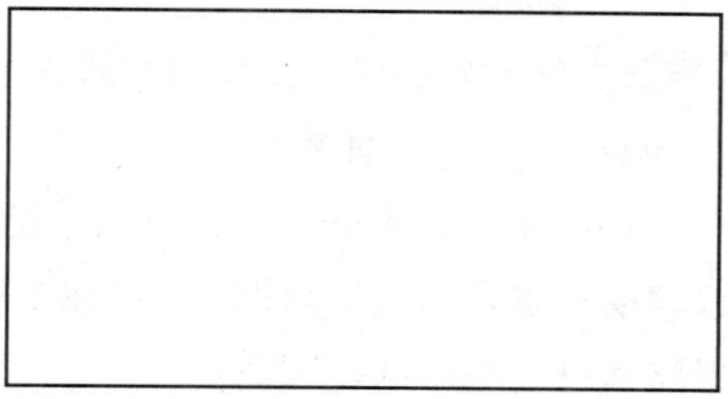

图6.5

考查内容：圆的半径、直径。

考查能力：观察、分析和操作能力。

【六年级下册体验测试题】

①不利用体积计算公式，怎样找出铅锤的体积？把你的思路在下面写一写。

考查内容：圆锥的体积。

考查能力：解决实际问题的能力。

②给讲桌上的圆柱形笔筒进行包装，估一估至少需要多少平方厘米的彩纸？

考查内容：圆柱的表面积。

考查能力：解决实际问题的能力。

③不用尺子，测量学校旗杆的高度，写下你的方法。

考查内容：比和比例。

考查能力：对比例尺概念的理解。

④选择合适的统计图，反映本班男女生人数占总人数的百分比。

考查内容：扇形统计图。

考查能力：统计图的灵活运用。

⑤本金5 000元，4年后取出，在中国银行怎样存储最划算？写下你解决这个问题的思路。

考查内容：利率、利息。

考查能力：对利率的理解和对利息的计算方法的掌握。

（三）数学语言表达能力测评表

育英小学（重庆大学附属小学）数学语言表达能力测评表

班级_____姓名_____

亲爱的同学们，一学期结束了，你的数学语言表达能力有没有提高呢？下面的数学问题包含了这学期很重要的数学知识，你能用简明的数学语言，清楚、流畅地说出你的解题思路和过程吗？试一试吧！

要求：

①先在空白处写出解题过程，再将每一题的解题过程，用简明的数学语言，清楚、流畅地把解题思路和过程说给你的家长听。

②选择其中的一个问题，请家长辅助，用手机拍摄视频（时间 1～2 分钟），将视频传给老师或发送至班级 QQ 群，作为本学期你的数学语言表达能力的测评依据。

评测表见表 6.11。

表 6.11　评测表

数学问题	评价标准	
【一年级】一共有 80 袋牛奶，1 班领了 34 袋，2 班领了 30 袋，还剩多少袋牛奶？	思路清晰	4 分
	数学语言规范	3 分
【二年级】运送 40 张桌子，每辆车运 9 张，最多装满几辆车？还剩几张桌子？	表达流畅、完整	3 分
	总分	10 分
【三年级】思琪家离学校 1.8 千米，早晨上学时，他走到离家 0.6 千米处又返回家里拿文具盒再到学校，这次他比平时多走了多少千米？		
【四年级】2 把椅子的钱正好是 1 张桌子的钱。买 5 张桌子和 8 把椅子，要 720 元，桌子和椅子的单价各是多少元？		
【五年级】在一个长 13 米、宽 8 米的长方体鱼池里有 312 立方米的水，这个鱼池的水有多深？		
【六年级】把一根长 1.5 米的圆柱形钢材截成三段后，表面积比原来增加 9.6 平方分米，这根钢材原来的体积是多少？	得分	

后 记

　　小学数学教学研究一直备受广大教育工作者的关注，在课程的理论、目标、内容、实施及评价等领域做出了许多有价值、有意义的工作，有了丰富的成效。然而，在具身认知理论指导下的小学数学课程开发的相关研究较少。通过对当下的小学数学教学的调查研究，我们发现，广大一线数学教师学科本位严重，缺乏广义的课程观和资源观，不利于自身的专业成长；学生也更多只是单向地从书本去理解抽象的数学，在封闭的教室中学习静态的数学。数学学习缺乏鲜活的情境体验，真实的实践探究，个性的发现创造，不利于学生核心素养和关键能力的提升。基于此，我们团队积极参加沙坪坝区课程创新基地的申报，并于 2017 年 6 月成为重庆市沙坪坝区首批且唯一的小学数学体验课程创新基地。2019 年 11 月，我又领衔核心团队成员成功申报了重庆市教育科学"十三五"规划重点无经费课题。力图从具身认知的视角，聚焦课程文化的浸润，课程的开发与实施，数学核心素养的提升，对小学数学体验课程的开发与实施做一次有益的尝试与探索。

本书着力解决小学数学教学中普遍存在的几个问题：一是教师缺乏广义的课程观和资源观，学科本位严重；二是课程内容没有形成基于国家课程的课堂学习、校园体验活动、社会实践一体化的课程体系；三是学习方式太单一，数学学习缺乏鲜活的情境体验，真实的实践探究。

本书是育英小学数学团队全体成员在专家的指导下，经过数次讨论，思维碰撞的结晶，是老师们集体智慧的见证。全书共六章。各章节执笔依次是：第一章王小燕、王音、张素维；第二章杭仕华、王音、沈妮；第三至五章的第一节分别由朱莉、王媛媛、王书月执笔撰写；第六章王小燕、骆雯、谢维。全书由王小燕、陈丽担任主编，负责全书的结构设计、提纲编拟和统稿等工作。育英小学数学团队的全体老师为本书的写作提供了优秀案例，为本书的顺利出版做出了积极贡献。

本书的形成要特别感谢我的导师——重庆市教育科学研究院初等教育研究所原所长、特级教师李光树研究员，他曾多次莅临学校对体验课程创新基地的建设给予指导，并于百忙之中审阅书稿并为本书作序。同时，也非常感谢重庆市教育科学研究院初等教育研究所所长康世刚博士，他对本书的理论基础给予了方向引领，并对结构框架方面内容搭建进行了悉心指导；感谢沙坪坝区教师进修学院张焕颢、吴行鹏、李帮魁三位数学教研员和沙坪坝区教委相关的领导和老师，感谢育英小学陈丽校长对课程基地建设的大力支持；是他们多年的鞭策和鼓励，让团队老师扎根在体验课程基地进行探索。最后，我还要特别感谢我们数学团队核心成员多年以来的持之以恒、精诚合作，他们分别是朱莉、王音、杭仕华、骆雯、沈妮、张素维、蒋程芳、王媛媛、王书月、谢维。

迄今为止，我们团队通过研究，初步建构了以国家课程为主，校本课程为辅的体验课程体系。全面梳理了国家教材内容的体验点，提出了以主题设计、环境设计、体验活动设计为核心的体验式教学模式。并从环境课程、创意课程、游戏课程、阅读课程等几个方面完成了体验课程资源的开发与设计，优化了课程资源。很好地促进了教师的专业成长，团队成员约50人次在以课程建设为主题的教育教学论文、优秀活动设计及活动案例中获奖。在《数学教育学报》、人大复印《小学数学教与学》、《小学数学教育》、《小学教学》等刊物公开发表论文20余篇。分析、实施并开发以体验为特色的典型录像课50余节，相关教学案例80余节。课程的有效实施，优化了学生数学学习方式，学生的体验感更强，有效激发了学生数学学习的兴趣。其间也不断吸纳优秀青年教师加入团队，增强了教师队伍的整体实力，很好地优化了师资结构。接待了来自福建、甘肃等地校长团队、骨干教师团队 5 000 多人次来校参观交流学习。同行们充分感受到了课程建设在促进学生与教师发展、学校内涵发展等方面的重要价值。在今年 11 月，还成功参选第六届珠海创新成果博览会。

虽然取得了一些成绩，但我们从来没有把这些已经取得的成绩作为研究的终点，而是作为新的起点。

编写《具身认知视角下小学数学体验课程的开发与实施研究》我们尽了最大努力，但鉴于学识水平和时间有限，书中仍有诸多不足之处，恳请专家和相关一线小学数学教育工作者提出宝贵意见，以便我们不断改进和完善。谢谢！

王小燕

2021 年 12 月 1 日

参考文献

［1］辞海编辑委员会.辞海：1979 年版［M］.上海：上海辞书出版社，1979.

［2］孙俊三.从经验的积累到生命的体验：论教学过程审美模式的构建［J］.教育研究，2001，22（2）：34–38.

［3］李坤崇.综合活动学习领域教材教法［M］.台北：心理出版社，2001.

［4］王嘉毅，李志厚.论体验学习［J］.教育理论与实践，2004，24（23）：44–47.

［5］陈佑清.体验及其生成［J］.教育研究与实验，2002（2）：11–16.

［6］王牧华，邱钰超.联通主义视角下课程开发的未来走向［J］.课程·教材·教法，2021，41（12）：26–32.

［7］吴刚平，陈华，徐晨盈，等.校本课程开发 20 年［J］.全球教育展望，2021，50（12）：3–18.

［8］姚小鸽，张俊列.西方近三十年来施瓦布实践课程思想研究新进展［J］.全球教育展望，2021，50（12）：32-46.

［9］李令永.论校本课程开发的逻辑分殊［J］.教育发展研究，2020（08）：27-33.

［10］莫建忠，何雪君.基于学生高阶思维发展的小学数学游戏化创新课程开发与实践［J］.教育观察，2020，9（28）：119-122.

［11］朱姝，李耀平，石修银.具身认知视野下"身心融合"式教师培训模式的探索［J］.福建教育学院学报，2021，22（12）：105-108.

［12］路寻.对梅洛-庞蒂与拉可夫、约翰逊的涉身哲学思考［J］.心智与计算，2008，2（3）：196-202.

［13］刘金忠，孟维杰.从"无身"到"有身"：认知观的逻辑线索与检讨［J］.自然辩证法通讯，2016，38（2）：133-139.

［14］叶浩生.具身认知的原理与应用［M］.北京：商务印书馆，2017.

［15］张博.从离身心智到具身心智：认知心理学研究范式的困境与转向［D］.长春：吉林大学，2018.

［16］张志祯.虚拟现实教育应用：追求身心一体的教育——从北京师范大学"智慧学习与VR教育应用学术周"说起［J］.中国远程教育，2016（6）：5-15，79.